W0258600

PL/SQL – Lernen, Verstehen und Einsetzen

Springer
Berlin
Heidelberg
New York
Barcelona
Budapest
Hongkong
London
Mailand
Paris
Santa Clara
Singapur
Tokio

Gabi Türscher

PL/SQL

Lernen, Verstehen und Einsetzen

Mit 32 Abbildungen und 34 Tabellen

Springer

Gabi Türscher

ISBN-13: 978-3-642-47635-8

Die Deutsche Bibliothek – CIP-Einheitsaufnahme
Türscher, Gabi:
PL-SQL: lernen, verstehen und einsetzen / Gabi Türscher. –
Berlin; Heidelberg; New York; Barcelona; Budapest; Hongkong; London; Mailand; Paris; Santa Clara; Singapur; Tokio: Springer, 1997
ISBN-13: 978-3-642-47635-8 e-ISBN-13: 978-3-642-47633-4
DOI: 10.1007/978-3-642-47633-4

Umschlaggestaltung: Künkel + Lopka Werbeagentur, Heidelberg
Belichtung: perform k+s textdesign, Heidelberg
SPIN: 10540086 33/3142 – 543210 – Gedruckt auf säurefreiem Papier

Vorwort

PL/SQL von Oracle ist seit Oracle Version 6 verfügbar. Bis Version 7.2 mußte PL/SQL als zusätzliche Erweiterung von Oracle (procedural Option) angefordert werden und erst mit Oracle Version 7.2 ist PL/SQL in das Oracle-Basissystem integriert.

Es handelt sich dabei um eine Programmiersprache, die nur in Verbindung mit Oracle eingesetzt werden kann. So betrachtet, ist PL/SQL nur für Anwender interessant, die sich mit der Programmierung von Oracle-Datenbankanwendungen beschäftigen.

Die Motivation, ein Buch über PL/SQL zu schreiben, waren in erster Linie positive Erfahrungen mit dem Einsatz von PL/SQL als Schnittstelle zwischen Datenbank und objektorientierten Client-Server-Anwendungen. Die Gründe dafür sind vielfältig:

- PL/SQL bietet eine Alternative zur Verwendung von Programmiersprachen mit eingebundenen SQL-Aufrufen: Kleinere Anwendungen, die keine graphische Schnittstelle erfordern, können effizient in der Datenbank ausgeführt werden.

- Ein weiterer Aspekt ist die Kapselung und Wiederverwendbarkeit der Datenbankzugriffe durch eine Schnittstelle aus gespeicherten PL/SQL-Modulen in der Datenbank.

- Und schließlich sind PL/SQL-Skripte sehr hilfreich, um inkorrekte Daten in der Datenbank schnell und einfach zu korrigieren.

Das ist Grund genug, sich mit der Datenbanksprache PL/SQL genauer zu beschäftigen. Neben der ausführlichen Beschreibung der Sprachkonstrukte von PL/SQL findet der Leser viele Beispiele, die den praktischen Einsatz von PL/SQL aufzeigen. Ein Schwerpunkt wird des weiteren auf die Rolle von PL/SQL bei der Schichtenarchitektur von Anwenderprogrammen gelegt. Eine Beschreibung des möglichen Einsatzbereiches mit PL/SQL schließt dieses Buch ab.

Leser, für die dieses Buch primär geschrieben wurde, haben Oracle- und SQL-Kenntnisse. Für Leser, die damit noch keine praktische Erfahrung besitzen, ist der einführende Teil in Oracle und SQL gedacht. Lesern mit Programmiererfahrungen, beispielsweise in C, wird PL/SQL sehr leicht erscheinen, da PL/SQL kein neues Programmierparadigma vorstellt, sondern auf traditionelle Ideen wie strenge Blockstrukturierung und Variablentypbindung zurückgreift.

Dank

Ich danke Ulli Weisemann, Sigi Jeske, Stefan Burkert und Joachim Schick für das unentbehrliche Lesen des Manuskriptes.

Besonders bedanke ich mich bei Dr. Peter Münzel, von dem ich eine Menge über Oracle und Datenbankentwurf gelernt habe, für seine Verbesserungsvorschläge und sein wiederholtes Korrekturlesen.

Ich hoffe, das vorliegende Buch kann helfen, Anfangsschwierigkeiten schnell zu überwinden und den Spaß an der Programmierung mit PL/SQL zu steigern.

München, im Februar 1997
Gabi Türscher

Inhalt

1 Grundlagen 1
1.1 Oracle-Datenbank 1
1.1.1 Datenbank-Struktur 3
1.1.2 Data Dictionary 9
1.2 SQL im Überblick 11
1.2.1 DDL-Anweisungen 12
1.2.2 DML-Anweisungen 14
1.2.3 Transaktionssteuerung 18
1.2.4 Sessionsteuerung 20
1.2.5 SQL-Pseudoattribute 21

2 PL/SQL-Architektur 25
2.1 Die Prozessoren 26
2.2 PL/SQL in Precompilern 31

3 Einführung in SQL*Plus 33
3.1 Die Programmierumgebung 33
3.2 Verwendung von PL/SQL in SQL*Plus 34
3.3 Wichtige Befehle 34
3.4 PL/SQL-Aufrufe 41
3.5 Bind-Variablen 42
3.6 Benutzer-Variablen 45

4 PL/SQL-Sprachelemente 49
4.1 Ein einführendes Beispiel 50
4.2 Allgemeines zur Syntax 53
4.3 SQL-Aufrufe in PL/SQL 61
4.4 PL/SQL-Blöcke 62
4.4.1 Deklarationsteil 65
4.4.2 Anweisungsteil 67
4.4.3 Exceptionteil 68
4.5 Verwendung von Labels 72

4.6 Datentypen und Variablen ... 73
4.6.1 Basisdatentypen ... 76
4.6.2 Strukturierte Datentypen ... 76
4.6.3 Abgeleitete Datentypen ... 81
4.6.4 Datentypkonvertierung ... 88
4.6.5 Deklaration ... 91
4.6.6 Zuweisungen ... 94
4.6.7 Gültigkeitsbereich und Sichtbarkeit ... 100
4.7 Operatoren und Ausdrücke ... 102
4.7.1 Arithmetische Operationen ... 104
4.7.2 Vergleichsoperationen ... 106
4.7.3 Logische Operationen ... 108
4.7.4 Operationen mit Zeichenketten ... 109
4.7.5 Operationen mit NULL ... 110
4.7.6 Priorität von Operatoren ... 111
4.7.7 Built-in-Funktionen ... 113
4.8 Kontrollstrukturen ... 125
4.8.1 Konditionale Kontrollstrukturen ... 125
4.8.2 Iterative Kontrollstrukturen ... 129
4.8.3 Sequentielle Kontrollstrukturen ... 133
4.9 Cursorbehandlung ... 136
4.9.1 Explizite Cursor ... 138
4.9.2 Parametrisierte Cursor ... 145
4.9.3 Implizite Cursor ... 149
4.9.4 Cursor-For-Schleifen ... 154
4.10 Ein-/Ausgabe in PL/SQL ... 157
4.11 Transaktionsmechanismen ... 161
4.12 Fehlerbehandlung ... 161
4.12.1 Exceptionhandler ... 163
4.12.2 SQLCODE und SQLERRM ... 166
4.12.3 Ablauf ... 170
4.12.4 Vordefinierte Exceptions ... 172
4.12.5 Pragma Exception_init ... 175
4.12.6 Benutzerdefinierte Exceptions ... 178
4.12.7 Benannte benutzerdefinierte Exceptions ... 179
4.12.8 Unbenannte Exceptions ... 180
4.12.9 Gültigkeit und Sichtbarkeit ... 183
4.13 Dynamisches SQL in PL/SQL ... 184

5 Module ... 201

5.1 Funktionen und Prozeduren ... 203
5.1.1 Aufruf von Unterprogrammen ... 208
5.1.2 Rückkehr aus Unterprogrammen ... 208
5.1.3 Verwendung ... 212
5.1.4 Verwaltung ... 214

5.1.5 Parameterdeklaration 216
5.1.6 Parameterübergabe 220
5.1.7 Vorwärtsdeklaration 223
5.1.8 Rekursive Funktionen 225
5.1.9 Überladene Funktionen 226
5.1.10 StoredProcedures 230
5.2 Packages 231
5.2.1 Verwaltung 232
5.2.2 Packageaufbau 235
5.2.3 Overloading 242
5.2.4 Aufruf 245
5.3 Aufrufe in verteilten Datenbanken 247

6 Trigger 251

6.1 Eigenschaften 252
6.2 Triggeraufbau 256
6.3 Verwaltung 262
6.4 Einschränkungen 267

7 Abhängigkeiten und Verfügbarkeit 271

7.1 Modulstatus 271
7.2 Statuswechsel 272
7.3 Rekompilieren von StoredProcedures 275

8 Berechtigungen 277

8.1 Rechtezuteilung 278
8.2 Privilegien für PL/SQL-Objekte 280

9 Entwicklung und Fehlersuche 283

9.1 Ausführung 283
9.2 Fehlererkennung 285
9.3 Debugmöglichkeiten 286
9.4 Data Dictionary Views 289

10 Einsatzbereiche von PL/SQL 293

10.1 Kapselung der Datenzugriffe 293
10.2 PL/SQL innerhalb von SQL 296

Standard-Packages 301

Literatur 307

Abbildungen 309

Tabellen 311

Index 313

Übersicht über die einzelnen Kapitel

Kapitel 1 skizziert den grundlegenden Aufbau einer Oracle-Datenbank sowie deren physikalische und logische Datenorganisation. Der letzte Abschnitt in diesem Kapitel enthält eine Übersicht über die wichtigsten SQL-Kommandos. Leser, die bereits mit Oracle und SQL vertraut sind, können dieses Kapitel überspringen.

Kapitel 2 veranschaulicht, wie PL/SQL in Oracle eingebettet ist und wie PL/SQL-Programme vom PL/SQL-Prozessor ausgeführt werden. Der PL/SQL-Prozessor kann dabei auf einem Server oder direkt in einem Oracle-Werkzeug wie Oracle*Forms integriert sein. Dieser Prozessor akzeptiert einen Quelltext mit PL/SQL-Anweisungen als Eingabe und generiert einen P-Code als Ausgabe, der in der Datenbank im Data Dictionary abgelegt wird.

Kapitel 3 zeigt, wie man SQL*Plus als Entwicklungsumgebung für PL/SQL-Skripte einsetzen kann. Dieses Kapitel enthält auch eine kurze Einführung in SQL*Plus. Auch Leser, die SQL*Plus nicht benutzen, sollten dieses Kapitel lesen, da alle Beispiele in diesem Buch in der SQL*Plus-Umgebung entwickelt und getestet wurden.

Kapitel 4 führt mit einem Beispiel in die Datenbanksprache PL/SQL ein. Dieses Kapitel erklärt alle notwendigen PL/SQL-Sprachkonstrukte und bildet die Grundlage für alle weiteren Kapitel.

Kapitel 5 zeigt, wie mit PL/SQL StoredProcedures erstellt werden, die direkt in der Datenbank gespeichert werden. Es handelt sich dabei um Funktionen, Prozeduren, Packages und im weiteren Sinn auch um sogenannte Datenbanktrigger. Der Rest des Kapitels beschreibt noch einige Besonderheiten bei Aufrufen von StoredProcedures in einer verteilten Datenbankumgebung.

Kapitel 6 enthält eine Beschreibung des Oracle-Triggerkonzeptes. Trigger sind in der Datenbank gespeicherte Objekte, die zu einer Tabelle gehören und vom RDBMS implizit aufgrund bestimmter DML-Operationen aktiviert werden. Datenbanktrigger werden wie StoredProcedures in PL/SQL und SQL programmiert.

Kapitel 7 zeigt neben den verschiedenen Formen von Abhängigkeiten zwischen Objekten in der Datenbank auch, wie diese vom RDBMS behandelt werden. Ein Schwerpunkt wird dabei auf die Verfahren zur Rekompilierung von PL/SQL-Objekten nach strukturellen Änderungen von abhängigen Objekten gelegt.

Kapitel 8 bietet einen Überblick über das Berechtigungskonzept von Oracle und beschreibt die speziellen Privilegien, die für StoredProcedures und Trigger vergeben werden können.

Kapitel 9 präsentiert anhand einiger Beispiele, wie PL/SQL-Objekte entwickelt und getestet werden. Der letzte Abschnitt in diesem Kapitel zeigt Views aus dem Data Dictionary mit Informationen zu gespeicherten StoredProcedures.

Kapitel 10 beschäftigt sich mit dem Einsatz von PL/SQL als Zugriffsschnittstelle auf die Datenbank und untersucht die relativ neuen Möglichkeiten, die PL/SQL-Funktionsaufrufe innerhalb von SQL-Anweisungen bieten.

Kapitel 11 stellt einige DBMS-Packages vor, die mit dem Oracle-Datenbanksystem zur Verfügung stehen.

1 Grundlagen

Dieses Kapitel beschreibt in knapper Form die interne Struktur des Oracle-Datenbanksystems und die Verwaltung von Metainformationen über eine Datenbank. Diese Kenntnisse sind nicht unbedingt notwendig, um mit PL/SQL zu programmieren. Sie fördern jedoch das Verständnis für die Funktionsweise und das Verhalten der Datenbank.

Des weiteren wird ein komprimierter Überblick über SQL gegeben. Besonderheiten, die spätere Kapitel als bekannt voraussetzen, werden ebenfalls beschrieben.

Das vorliegende Buch erhebt keinen Anspruch auf Vollständigkeit. Leser, denen die Beschreibungen zu knapp sind, können auf eine Vielzahl von Büchern zurückgreifen, die den Aufbau des Oracle-Datenbanksystems und die Sprache SQL genau erläutern.

1.1 Oracle-Datenbank

Ein relationales Datenbanksystem ist vereinfacht ausgedrückt ein Programm zur Verwaltung von Tabellen. Ein Oracle-Datenbanksystem setzt sich aus den Komponenten Datenbank und Instanz zusammen.

Datenbanksystem

Wie in Abbildung 1 schematisiert dargestellt, sind Instanz und Datenbank unabhängige Teilsysteme: Auf einem Server können mehrere Instanzen und Datenbanken aktiv sein. Ein lauffähiges Oracle-Datenbanksystem besteht allerdings aus genau einer Instanz und einer angeschlossenen Datenbank. Beide Komponenten tragen eigene Namen; der Name der Instanz ist die SID (Oracle **S**ystem **Id**entifier) und der Bezeichner der zugeordneten Datenbank ist über den Parameter DB NAME in der Parameterdatei (init.ora[1]) einstellbar.

Datenbank

Als Datenbank versteht man die Gesamtheit an Daten, die nur durch Benutzeranforderungen verändert werden können. Aus diesem Grund wird die Datenbank auch als passiver Teil des Datenbanksystems bezeichnet.

Abbildung 1: Zusammenhang zwischen Instanz und Datenbank

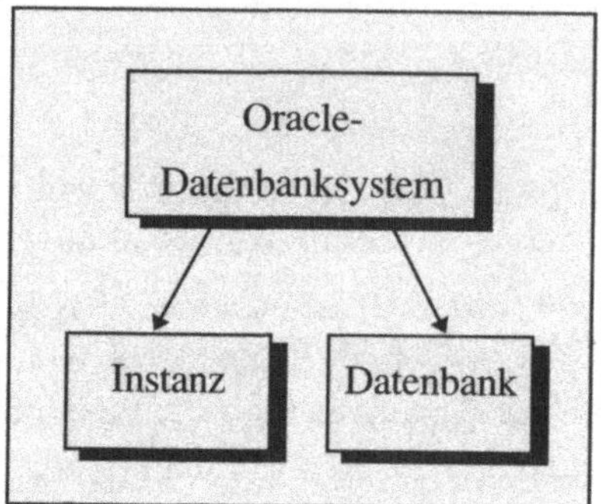

Instanz

Den aktiven Teil, die Verwaltung der Daten in der Datenbank und die Überwachung der Benutzerzugriffe, übernimmt die Instanz.

Eine Instanz besteht aus der SGA (**S**ystem **G**lobal **A**rea) und diversen Oracle-Prozessen (Server- und Hintergrundprozesse). Hintergrundprozesse sind beispielsweise der Database Writer (DBWR) und der Process Monitor (PMON): PMON überwacht die laufenden Prozesse und setzt bei abnormalem Prozeßende alle offenen Transaktionen zurück. Die Daten von abgeschlossenen Transaktionen werden vom DBWR aus dem Database Buffer Cache in die jeweiligen Datenbankdateien geschrieben.

SGA

Die SGA ist ein prozeßübergreifender Speicherbereich, auf den alle Server- und Benutzerprozesse zugreifen.

[1] Alle relevanten Konfigurationsparameter zum Hochfahren einer Oracle-Instanz sind in der sogenannten Parameterdatei enthalten. Bei jedem Start des Datenbanksystems wird diese Datei gelesen. Die Parameterdatei trägt für gewöhnlich den Namen init.ora, der abhängig vom Betriebssystem jedoch variieren kann.

Dieser Speicherbereich ist in drei Komponenten unterteilt, die gemäß ihrer Aufgabe verschiedene Informationen verwalten:

- Database Buffer Cache
- Redo Log Buffer
- Shared Pool

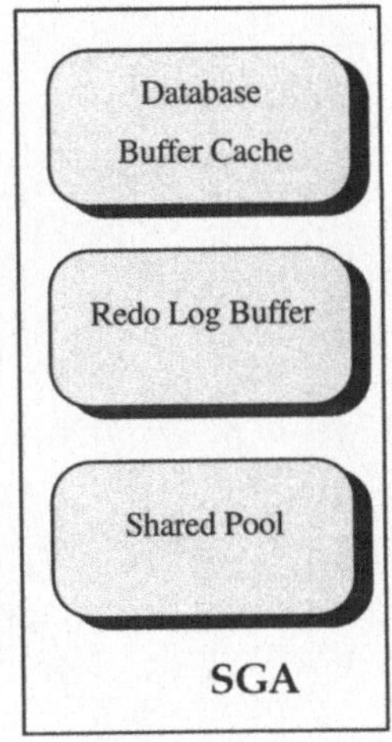

Der Database Buffer Cache dient zum Zwischenspeichern von Datenbankblock-Kopien für Tabellen, Indizes, Rollback-Informationen und Cluster. Die Verwaltung dieses Bereiches erfolgt durch einen LRU-Algorithmus (**L**east **R**e-cently **U**sed). Die Anzahl der zu speichernden Blöcke legt der Parameter DB BLOCK BUFFER (init.ora) fest.

Im Redo Log Buffer werden alle Änderungen auf dem Database Buffer Cache protokolliert. Diese Änderungen werden zeitgleich von einem Oracle-Serverprozeß, dem Log-Writer (LGWR), in die Redo-Log-Datei geschrieben. Die Größe des Speicherbereiches ist über den Parameter LOG BUFFER (init.ora) einstellbar.

Im Shared Pool der SGA werden geparste SQL-Anweisungen, Ausführungspläne von SQL-Anweisungen, kompilierte PL/SQL-Objekte und Datenbank-Trigger sowie Informationen aus dem Data Dictionary abgelegt. Bei Multi-Threaded-Server-Betrieb werden zusätzlich benutzersessionabhängige Informationen in diesem Bereich bereitgehalten. Der Parameter SHARED-POOL-SIZE (init.ora) definiert die Größe.

Die Größe der Cachebereiche und die abhängigen Plattenzugriffe beeinflussen das Laufzeitverhalten des Systems.

1.1.1 Datenbank-Struktur

Umfangreiche Programmsysteme wie Datenbanken, die auf vielen unterschiedlichen Plattformen verfügbar sein müssen, versuchen die physischen und logischen Daten unabhängig voneinander zu organisieren.

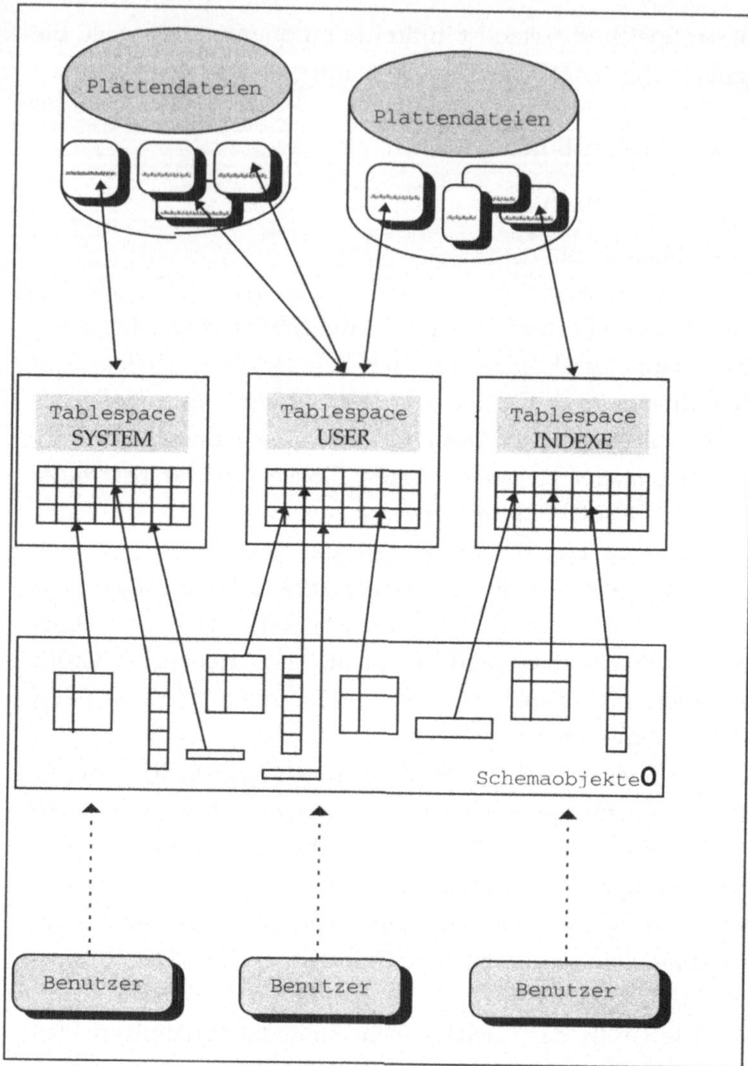

Abbildung 2: Physikalische und logische Ebene

Die physikalische Verwaltung sämtlicher Daten überläßt Oracle dem jeweiligen Betriebssystem. Um in jeder Systemumgebung gleiche Funktionalität, gleiches Verhalten und Aussehen zu gewährleisten, werden alle Datenbankobjekte wie Tabellen und Indizes in einer zweiten logischen Struktur gehalten. Abbildung 2 verdeutlicht den Zusammenhang zwischen den beiden Speicherstrukturen.

Physikalische Struktur

Alle Daten, die zu einer Datenbank gehören, werden in normalen Betriebssystemdateien gespeichert. Nach Inhalt und Verwendung werden dabei drei Dateiarten unterschieden:

- Datenbankdatei(en)
- Redo-Log-Datei(en)
- Steuerdatei(en)

Datenbankdatei(en)

Datenbankdateien enthalten die Datenbankobjekte und alle Daten, die zur Datenbank gehören.

Redo-Log-Datei(en)

Jede Datenbank besitzt mindestens zwei Redo-Log-Dateien, in denen sämtliche Änderungen an den Daten und den Datenbankobjekten protokolliert werden. Benötigt werden die Protokolle zur Wiederherstellung von Daten, die aufgrund eines unerwarteten Ereignisses (z.B. Systemabsturz oder Stromausfall) nicht mehr in die Datenbankdateien geschrieben werden konnten.

Steuerdatei(en)

Die Steuerdateien beschreiben die physikalische Grundstruktur der Datenbank. Zum Beispiel enthalten sie den Datenbanknamen sowie die Namen der Datenbankdateien und der Redo-Log-Dateien.

Um eine hohe Ausfallsicherheit zu gewährleisten, sollten Redo-Log-Dateien und Steuerdateien gespiegelt werden.

Änderungen an der physikalischen Struktur sollte nur ein privilegierter Benutzer, der Datenbankadministrator, durchführen. Anwender bemerken Strukturveränderungen auf dieser Ebene nur selten oder gar nicht.

Logische Struktur

Der physikalisch in den Datendateien vorhandene Speicherplatz wird in logische Speicherbereiche unterteilt.

Die logische Struktur einer Datenbank wird dabei aus folgenden Komponenten gebildet:

- Tablespaces
- Segmenten
- Extents
- Blöcken

Tablespace

Ein Tablespace faßt logisch zusammengehörende Datenbankobjekte zusammen. Jedem Tablespace wird mindestens eine Datendatei auf physikalischer Ebene zugeordnet. Maximal kann ein Tablespace aus 255 Datendateien bestehen, wobei eine Datendatei nur jeweils zu einem Tablespace gehören kann. Die Datendateien können beliebige Größen besitzen und auf verschiedene Platten verteilt sein. Die Gesamtspeicherkapazität einer Datenbank berechnet sich damit aus der Summe über die Speicherkapazität aller Tablespaces.

Tablespace SYSTEM

Jede Datenbank besteht mindestens aus dem Tablespace SYSTEM, der während der Installation einer Datenbank erzeugt wird. Nach Inbetriebnahme der Datenbank können mit SQL-Kommandos und entsprechenden Werkzeugen weitere Tablespaces erzeugt werden. Anzahl und Größe der Tablespaces orientieren sich an der Menge und Art der zu verwaltenden Daten. Durch die Verteilung der Tablespaces auf mehrere physikalische Platten kann die Anzahl der gleichzeitig ausführbaren Plattenzugriffe erhöht und damit die Performance verbessert werden.

Segment

Ein Segment enthält alle zu einem bestimmten Schema-Objekt gehörenden Daten (zum Beispiel alle Indexdaten eines Indizes oder alle Datensätze einer Tabelle) und wird genau einem Tablespace zugeordnet.

Segmente werden weiter in logische Einheiten, Extents, unterteilt. Dabei besteht jedes Segment aus einem sogenannten Initial Extent und bei Speicherbedarf aus weiteren Extents.

Extent, Block

Ein Extent setzt sich aus Oracle-Blöcken zusammen, die auf Betriebssystemblöcke abgebildet werden.

Ein Oracle-Block kann einem Vielfachen der Blockgröße des jeweiligen Betriebssystems entsprechen. Entscheidend ist hierbei, daß ein Oracle-Block die kleinste Einheit zur Verwaltung von Speicherplatz in der Datenbank darstellt.

Schema

Eine weitere logische Struktur, das Schema, faßt beliebig viele Schema-Objekte zusammen. Folgende wichtige Schema-Objekte (im Text auch als Datenbank-Objekte bezeichnet) können in einer Oracle-Datenbank vorkommen:

- Tabellen
- Views
- Sequenzen
- PL/SQL-Objekte
- Synonyme
- Indizes
- Cluster

Tabellen

Die grundlegende Einheit jeder relationalen Datenbank ist die Tabelle. Tabellen speichern die eigentlichen Daten, auf die ein Benutzer Zugriff hat. Jede Spalte einer Tabelle besitzt einen Namen, einen Datentyp und eine definierte Länge des zu speichernden Wertes. Die Zeilen enthalten die einzelnen Datensätze.

Views

Views werden in der Literatur oft als „gespeicherte Abfragen" oder „virtuelle Tabellen" bezeichnet, da sie dem Benutzer eine bestimmte Sicht auf die Daten einer oder mehrerer Tabellen gestatten. Im Gegensatz zu einer Tabelle benötigt eine View nur physikalischen Speicherplatz für ihre Definition, da zur Laufzeit mit Hilfe des Select-Kommandos die Daten aus den definierten Tabellen gelesen werden. Basiert die Definition einer View auf nur einer Tabelle, so sind auch Delete-, Update- und Insert-Operationen auf der verbundenen Tabelle über die View möglich.

Sequenzen

Eine Sequenz erzeugt eine von Tabellen und Benutzern unabhängige fortlaufende Folge von numerischen Zahlen.

Eingesetzt werden Sequenzen vor allem, um eindeutige numerische Werte für Tabellenspalten zu erzeugen.

PL/SQL-Objekte

Unter diesem Begriff werden gespeicherte Funktionen, Prozeduren, Packages und Datenbanktrigger zusammengefaßt. Diese PL/SQL-Objekte können allerdings nur in einem Oracle-System mit prozeduraler Option verwaltet werden.

Synonyme

Ein Synonym ist kein eigenständiges Objekt, sondern ein direkter (benannter) Verweis auf eine Tabelle, View, Sequenz oder ein PL/SQL-Objekt. Synonyme ermöglichen einen transparenten Zugriff auf Objekte, ohne deren Eigentümer oder den Datenbanknamen zu kennen.

Indizes

Ein Index wird über eine oder mehrere Spalten einer Tabelle gebildet. Indizes werden für indizierte Zugriffe auf Tabellen benötigt, wobei der wesentliche Vorteil gegenüber dem sequentiellen Zugriff darin besteht, die Zugriffsgeschwindigkeit zu erhöhen. Indizes können in einer Baum- oder Hashstruktur verwaltet werden. Bei der Vergabe von Indizes in Oracle ist zu beachten, daß Primärschlüssel und Unique-Schlüssel implizit indiziert und vom Optimizer berücksichtigt werden. Zusätzliches Indizieren dieser Spalten ist zwar erlaubt, kostet aber nur unnötigen Plattenplatz. Aus Performancegründen sollten die eigentlichen Tabellendaten und die zugehörigen Indexdaten in verschiedenen physikalischen Dateien angelegt werden.

Cluster

Um Daten aus unterschiedlichen Tabellen physikalisch in denselben Datenblöcken zu speichern, können Tabellen in einem Clustern gruppiert werden. Abhängig vom gewählten Verfahren beim Erzeugen der Schlüssel eines Clusters unterscheidet man Index- oder Hashcluster. Die Entscheidung, Cluster einzusetzen, ist von den jeweiligen Tabellenstrukturen und der erwarteten Häufigkeit von Datenänderungen abhängig. Bei häufigen Änderungen ist diese Form der physikalischen Organisation wegen der starken Verteilung der Daten nicht zu empfehlen.

Catalog

Mit dem Einsatz von verteilten Datenbanken wurde ein neuer Oberbegriff, genannt Catalog, notwendig, der wiederum verschiedene Schemata zusammenführt. Der Name einer Tabelle in einem verteilten Datenbanksystem setzt sich damit aus den Teilen Catalogbezeichner, Schemabezeichner und Tabellenbezeichner zusammen.

1.1.2 Data Dictionary

Oracle speichert sämtliche Informationen, die zur Verwaltung und für die Funktionsfähigkeit eines Datenbanksystemes nötig sind, in Tabellen in der Datenbank und stellt zur Visualisierung dieser Informationen vordefinierte Views zur Verfügung[2].

Data Dictionary = Systemtabellen und Views

Die Gesamtheit an Tabellen und Views wird Data Dictionary oder Systemkatalog genannt. Zur Unterscheidung von Tabellen, die von „normalen" Datenbankbenutzern erzeugt werden, bezeichnet man diese Tabellen auch als Systemtabellen. Beispielsweise enthalten Systemtabellen Informationen zu Benutzern und deren Berechtigungen, Angaben zu allen Datenbankobjekten, wie Anzahl und Namen der Objekte, sowie Informationen zu deren physikalischen und logischen Datenbankstrukturen.

Eigentümer SYS
Tablespace SYSTEM

Das Data Dictionary wird beim Erzeugen einer Datenbank automatisch unter dem Eigentümer SYS im Tablespace SYSTEM angelegt[3]. Während des Datenbankbetriebes aktualisiert Oracle selbständig die Systemtabellen. Dabei werden alle Änderungen in der Datenbank, die durch DDL-Operationen (siehe Kap. 1.2.1) entstehen, in den entsprechenden Systemtabellen eingetragen.

Die Systemtabellen speichern die notwendigen Daten in einem normalisierten und komprimierten Format. Für privilegierte Benutzer besteht zwar die Möglichkeit, diese Daten zu verändern, allerdings wird in diesem Fall die Funktionalität der Datenbank nicht mehr gewährleistet.

---

[2] Eine komplette, detaillierte Übersicht aller Views findet der Leser im Oracle-Handbuch „Administration User Guide".

[3] Die notwendigen Definitionen enthält das Datenbankskript catalog.sql, das zum Erzeugungszeitpunkt der Datenbank ausgeführt wird. Das Skript catproc.sql führt alle weiteren Skripte aus, die zur Verwaltung von prozeduralen Objekten (StoredProcedures, Packages und Trigger) benötigt werden.

Aus Gründen der Datensicherheit und Lesbarkeit wird auf die Tabellen nicht direkt, sondern über eine Vielzahl von komplexen Views zugegriffen. Nach dem Anlegen des Data Dictionary wird das Leserecht an den meisten Views dem Benutzer PUBLIC zugeteilt, einige Views sind jedoch nur für DBA-privilegierte Benutzer verfügbar.

Alle Views können wie gewohnt mit SQL abgefragt werden. Für Benutzer sind die Views des Data Dictionary sehr hilfreich, um notwendige Informationen über die Datenbank zu erhalten.

Data Dictionary Viewbezeichner

Die Views des Data Dictionary sind in mehrere Gruppen unterteilt. Ein Gruppe bilden Views, die jeweils gleiche Informationen auf drei unterschiedlichen Ebenen bieten. Die Namen der Views unterscheiden sich dabei lediglich durch ihre Präfixe, die den Informationsumfang kennzeichnen.

- **USER_**
  Diese Views sind für „normale" Datenbankbenutzer interessant, da sie Informationen über die Umgebung des jeweiligen Benutzers anbieten. Der Benutzer sieht dabei alle Objekte, deren Eigentümer er ist[4].
- **ALL_**
  Diese Views zeigen den Teil der Datenbank, auf den der Benutzer Zugriff hat. Die Objekte können dabei dem Benutzer selbst gehören oder über Datenbankrechte bzw. Rollen dem Benutzer zugeteilt sein.
- **DBA_**
  Views mit diesem Präfix zeigen die gesamte Datenbank mit allen Objekten und sind daher nur durch Benutzer mit DBA-Rechten („select any table") aufrufbar.

[4] Ein Anwender, der ein Objekt mittels create in der Datenbank anlegt, ist automatisch Eigentümer dieses Objekts.

Die nachfolgende Zusammenstellung zeigt exemplarisch einige nützliche Views.

Tabelle 1: Data Dictionary Views

Name der View	Beschreibung
user_objects	Zeigt alle Objekte (wie Tabellen, Views, Prozeduren) eines Benutzers an.
all_objects	Zeigt alle Objekte an, auf die der Benutzer zugreifen darf.
dba_objects	Zeigt alle Objekte, die in der Datenbank vorhanden sind.
user_tables	Zeigt alle Tabellen des Benutzers u.a. mit Informationen zu den benutzten logischen Strukturen (Tablespace, Segmente, Extent).
all_indexes all_ind_columns	Beschreibung der Tabellenindizes bzw. der Spalten von Indizes, auf die der Benutzer Zugriff hat.
all_contraints all_cons_columns	Zeigt die Definitionen der Integritätsregeln für alle zugreifbaren Tabellen bzw. zugreifbaren Spalten.
user_object_size	Listet die Größe der gespeicherten PL/SQL-Objekte des Benutzers auf.
user_source	Zeigt die Text-Sourcen der gespeicherten PL/SQL-Objekte des Benutzers.
all_dependencies	Zeigt die Abhängigkeiten zwischen den Objekten, auf die der Benutzer Zugriff hat.

1.2 SQL im Überblick

SQL (**S**tructured **Q**uery **L**anguage) ist die wichtigste und verbreitetste Sprache zur Kommunikation mit einer relationalen Datenbank. Bereits seit 1986 liegt SQL als ANSI/ISO standardisierte Sprache vor. Die unter Oracle implementierte SQL-Version entspricht zwar diesem Standard, allerdings existieren für spezifische Anforderungen zahlreiche Erweiterungen von ANSI/ISO SQL. Zum Beispiel bietet Standard-SQL keine SQL-Funktionen wie AVG und COUNT und kein dynamisches SQL.

Für Oracle ist SQL eine Schnittstelle zum Austausch von Informationen zwischen Benutzerprogrammen und Datenbank. SQL kann sowohl interaktiv (z.B. mit SQL*Plus) als auch innerhalb prozeduraler Programmiersprachen, wie zum Beispiel in C, C++ oder in Cobol, und mit vielen Oracle-Werkzeugen, wie zum Beispiel SQL*Forms, eingesetzt werden.

Einsatzbereich von SQL

In der Literatur wird SQL oft als Abfragesprache bezeichnet. Diese Bezeichnung deckt allerdings nur einen Einsatzbereich von SQL ab. SQL ist eine mengenorientierte, deskriptive Sprache mit Sprachkonstrukten, die es erlauben, alle notwendigen Datenbankabfragen und Datenbankoperationen als SQL-Anweisungen zu formulieren. SQL-Anweisungen werden je nach Verwendungszweck in folgende Kategorien unterteilt:

- Definition von Datenbankobjekten (DDL)
- Lesen und Manipulation von Tabellendaten (DML)
- Anweisungen zur Transaktionssteuerung
- Anweisungen zur Steuerung einer Session

Allerdings besitzt SQL keine prozeduralen Elemente wie Schleifenkonstrukte oder Bedingungsanweisungen.

Die verschiedenen Anwendungsbereiche werden nachfolgend kurz beschrieben[5].

1.2.1 DDL-Anweisungen

Mittels DDL-Anweisungen (**D**ata **D**efinition **L**anguage) werden Datenbankobjekte erzeugt, in ihrer Struktur verändert oder gelöscht sowie den Objekten Privilegien und Rollen zugeteilt und entzogen. Datenbankobjekte sind Tabellen, Views, Synonyme, Cluster, Sequenzen, Indizes, StoredProcedures,

[5] Das Oracle-Handbuch „Server Language Reference Manual" enthält eine komplette Beschreibung von SQL mit Oracle.

Packages, Trigger, Snapshots, Profile, Rollen, Benutzer oder die Datenbank selbst. Die wichtigsten SQL-Schlüsselworte[6] lauten:

- CREATE
- ALTER
- DROP
- RENAME
- GRANT, REVOKE

CREATE

Der Befehl CREATE erzeugt ein neues Datenbankobjekt. Im folgenden Beispiel wird eine Tabelle mit dem Namen „Film" und vier Attributen angelegt. Der Primärschlüssel (Attribut *film_id*) wird dabei als Constraint mit dem Bezeichner *pk_film* definiert.

```
CREATE TABLE film
(
      film_id   number(4),
      jahr      char(3),
      typ       char(2),
      genre     number(2),
      CONSTRAINT pk_film PRIMARY KEY (film_id)
)
TABLESPACE users
STORAGE         (INITIAL 10K NEXT 10K MINEXTENTS 1
                 MAXEXTENTS 121 PCTINCREASE 0);
```

ALTER

Das Kommando ALTER verändert die Struktur eines Datenbankobjekts. Die folgenden Operationen fügen ein zusätzliches Attribut in die Tabelle „Film" ein und vergrößern den Datentyp für das Attribut „Land":

```
ALTER TABLE film ADD laenge number(3);

ALTER TABLE film MODIFY jahr char(4);
```

[6] Die genaue Syntax dieser Befehle ist kurz zusammengefaßt im Oracle Handbuch „SQL Language Quick Reference" beschrieben.

Die Länge eines Attributs kann seit Oracle Version 7.2 auch verkleinert werden. Allerdings können Attribute mit keiner DDL-Anweisung aus einer Tabelle gelöscht werden.

DROP

Die DROP-Anweisung löscht ein Objekt mit allen direkt zugeordneten Objekten. Zum Beispiel entfernt folgende Anweisung die Tabelle „Film“ sowie alle für die Tabelle definierten Constraints, Indizes, Trigger und Berechtigungen:

```
DROP TABLE film;
```

RENAME

Der Befehl RENAME dient zum Umbenennen einer Tabelle, einer View oder eines Synonyms:

```
RENAME Bezeichner_alt TO Bezeichner_neu;
```

GRANT, REVOKE

Der Befehl GRANT gewährt einem Benutzer, entweder direkt oder über eine Rolle, System- und Objektberechtigungen. Das Gegenteil von GRANT ist der Befehl REVOKE zugeteilte Berechtigungen werden wieder entzogen. Im nachfolgenden Beispiel darf der Benutzer „Hugo“ Datensätze in der Tabelle „Film“ anlegen, ändern und lesen, aber nicht löschen.

```
GRANT INSERT, UPDATE, SELECT ON film TO Hugo;
```

DDL-Anweisungen werden im Unterschied zu den folgenden DML-Befehlen implizit durch COMMIT abgeschlossen, müssen also nicht durch den Benutzer bestätigt werden.

1.2.2 DML-Anweisungen

Mit DML-Anweisungen (**D**ata **M**anipulation **L**anguage) werden Datensätze in Tabellen eingefügt und bereits vorhandene Datensätze verändert bzw. gelöscht. Zusätzlich können Daten aus verschiedenen Tabellen mittels komplexer Anweisungen abgefragt und aufbereitet werden.

Folgende Schlüsselworte stehen für diese Operationen zur Verfügung:

- INSERT
- UPDATE
- DELETE
- TRUNCATE
- SELECT

Mit dem Befehl INSERT werden Datensätze in eine bestehende Tabelle eingetragen. Die einzelnen Werte werden dabei in der sogenannten value-Klausel angegeben. Für die Zuordnung dieser Werte zu den einzelnen Spalten existieren zwei syntaktische Varianten: INSERT

1. Die Spalten werden nicht explizit aufgelistet; damit müssen die Reihenfolge und Anzahl der Werte in der Value-Klausel und der Datentyp jedes einzelnen Wertes der Definition der Spalten in der Tabelle entsprechen.
2. Die relevanten Spalten werden in einer Liste angegeben, die in Reihenfolge und Anzahl sowie dem Datentyp entsprechend mit den Werten in der Value-Klausel übereinstimmen muß.

Progammiertechnisch gesehen, ist die zweite Möglichkeit vorzuziehen, da Änderungen an der jeweiligen Tabellenstruktur frühere Insert-Anweisungen nicht ungültig machen. Das folgende Beispiel verdeutlicht den Unterschied:

```
INSERT INTO titel
VALUES (174, 121, NULL, 'STAR TREK MEMORIES');

INSERT INTO titel (titel_id, film_id, typ, titel)
VALUES (174, 121, NULL, 'STAR TREK MEMORIES');
```

Die beiden Anweisungen fügen den gleichen Datensatz in die Tabelle „Titel" ein. Der Unterschied besteht in der Angabe der Attribute im zweiten Beispiel, die den jeweiligen Wert der Werteliste aufnehmen sollen.

Die folgende Anweisung erweitert die Tabelle „Titel" um ein neues Attribut:

```
ALTER TABLE titel ADD sprache char(2);
```

Die wiederholte Ausführung der Insert-Anweisungen liefert im ersten Beispiel folgende Fehlermeldung, da die Value-Klausel nur vier statt der erwarteten fünf Werte enthält:

```
ORA-00947: not enough values
```

Die Ausführung der zweiten Anweisung liefert keinen Fehler, da die Attribute per Namen aufgelistet sind und kein *NOT-NULL*-Constraint für die neue Spalte definiert wurde.

NULL

Im obigen Beispiel steht innerhalb einer Werteliste der Wert NULL als Attributwert. NULL ist ein datentypunabhängiger Wert, der einen nicht vorhandenen oder unbekannten Wert repräsentiert. NULL ist dabei weder mit 0 noch mit einem leeren String vergleichbar. Zur Überprüfung der Äquivalenz eines Wertes mit NULL steht ein eigener Operator IS bzw. IS NOT zur Verfügung. Tabelle 2 zeigt die korrekte Verwendung dieser Operatoren und zum Unterschied auch die entsprechenden Ergebnisse bei der Verwendung von = bzw. != mit NULL.

Tabelle 2: Vergleiche mit NULL

Vergleich	Ergebnis des Vergleiches
`NULL IS NULL` `'1995' IS NOT NULL`	TRUE

`NULL IS NOT NULL`
`0 IS NULL`
`' ' IS NULL`
	FALSE

`NULL = NULL`
`'1995' = NULL`
`'1995' != NULL`
`0 = NULL`
`0 != NULL`
`' ' = NULL`
	NULL (unbekannt)

Existiert für ein Attribut ein NOT-NULL Constraint, so kann kein NULL-Wert in diese Spalte eingefügt werden.

Speicherbedarf für NULL-Werte

NULL-Werte belegen nur Speicherplatz, wenn das entsprechende Attribut zwischen zwei anderen Attributen angeordnet ist, die keine NULL-Werte enthalten. Der erforderliche Speicherplatz für NULL-Werte kann deshalb durch geeignete Strukturierung einer Tabelle reduziert werden: Attribute, die wenige von NULL verschiedene Werte erwarten, sollten am Ende einer Tabelle stehen.

UPDATE

Bereits bestehende Datensätze in Tabellen werden mit Hilfe des Befehls UPDATE geändert. Das nächste Beispiel setzt die Werte des Attributs „Titel" in der Tabelle „Titel" in Großschreibweise um:

```
UPDATE  titel
SET     titel = UPPER(titel);
```

DELETE

Eine DELETE-Anweisung löscht Datensätze aus Tabellen. Wie Tabellen mit mehrfach gleichen Sätzen bereinigt werden können, zeigt das nächste Beispiel; aus der Tabelle „Film" werden identische Datensätze gelöscht:

```
DELETE FROM  titel
WHERE rowid  NOT IN
       (SELECT min(rowid)
        FROM   titel
        GROUP BY titel, typ, sprache, film_id);
```

TRUNCATE

Das Kommando TRUNCATE löscht alle Datensätze aus einer Tabelle oder aus einem Cluster, ohne Einträge in die Rollback-Segmente zu erzeugen und Integritätsregeln zu beachten. Aus diesem Grund sind – im Vergleich zu der Anweisung DELETE – mit TRUNCATE durchgeführte Löschungen schneller, können aber nicht rückgängig gemacht werden, da die Änderungen sofort festgeschrieben werden. Folgende Anweisung löscht alle Zeilen aus der Tabelle „Film":

```
TRUNCATE TABLE film;
```

SELECT

SELECT liest Daten aus einer oder mehreren Tabellen und stellt sie in einem bestimmten Format dar. Welche Daten aus den jeweiligen Tabellen gelesen werden sollen, kann über sehr komplexe Abfragen wie zum Beispiel Joins, Outer-Joins und Sub-Queries formuliert werden. Das Ergebnis einer Abfrage besteht aus keinem, einem oder mehreren Datensätzen, die nach bestimmten Kriterien sortiert sein können. Der Select-Befehl wird auch innerhalb von Insert, Update und Delete-Anweisungen als Sub-Query verwendet. Einzelne Abfragen können durch Mengenoperationen wie UNION, MINUS, INTERSECTION verknüpft werden. Für die Verarbeitung von Hierarchien existiert die CONNECT-BY-Klausel.

Folgende Abfrage stellt alle Filme vor 1955 fest, in denen Marilyn Monroe gespielt hat. Die Sortierung des Ergebnisses erfolgt nach Jahr und Titel:

```
SELECT    f.jahr, t.titel
FROM      film f, titel t, mitwirkung m, person p
WHERE     f.film_id   = t.film_id
  AND     f.film_id   = m.film_id
  AND     m.person_id = p.person_id
  AND     p.name      = 'MONROE'
  AND     p.vorname   = 'MARILYN'
  AND     f.jahr      < 1955
ORDER BY jahr, titel;
```

1.2.3 Transaktionssteuerung

SQL-Anweisungen werden logisch als Einheit zusammengefaßt, um die durchgeführten Operationen gemeinsam zu verwerfen oder zu bestätigen. Diese logischen Einheiten werden als Transaktionen bezeichnet. Ziel der Transaktionssteuerung ist, die logische Datenkonsistenz in der Datenbank sicherzustellen.

Implizite Transaktionen bei DDL-Operationen

DDL-Anweisungen unterliegen einem impliziten Transaktionskonzept, müssen also vom Benutzer nicht bestätigt werden. DML-Anweisungen können vom Benutzer explizit in logische Einheiten zusammengefaßt werden.

Dabei beginnt eine Transaktion mit der ersten Anweisung und endet mit einem der folgenden Befehle:

- COMMIT
- ROLLBACK

COMMIT

COMMIT fordert den Datenbankserver zum Festschreiben der innerhalb der Transaktion durchgeführten Änderungen auf. Erst nach Ausführung dieser Anweisung werden die Änderungen auch für andere Benutzer sichtbar.

Ein Beispiel:

```
DELETE FROM  person
WHERE        person_id = 54;

COMMIT;

SELECT       *
FROM         person
WHERE        person_id = 54;
.................................................
no rows selected
```

ROLLBACK

Der Rollback-Befehl verwirft alle während der Transaktion durchgeführten Änderungen und gibt alle gesperrten Datenbankresourcen wieder frei. Die relevanten Daten befinden sich nach der Ausführung dieses Befehls wieder im gleichen Zustand wie vor der Ausführung der gesamten Transaktion.

```
DELETE FROM  person
WHERE        person_id = 54;

ROLLBACK;

SELECT       *
FROM         person
WHERE        person_id = 54;
.................................................
54 BOGNER    WILLY
```

SAVEPOINT

Der Befehl SAVEPOINT unterteilt eine Transaktion durch Definition von Zwischenmarken in einzelne zurücksetzbare Teilschritte.

In Verbindung mit solchen Zwischenmarken wird die Rollback-Anweisung in einer weiteren Form benutzt:

SAVEPOINT *Zwischenmarke;*

...

ROLLBACK *Zwischenmarke;*

Die Transaktion wird nach Ausführung dieser Rollback-Anweisung bis zu der durch SAVEPOINT definierten Zwischenmarke zurückgesetzt. Allerdings beendet diese Variante nicht die gesamte Transaktion, da eine Transaktion erst mit COMMIT bzw. ROLLBACK (ohne Angabe einer Marke) abgeschlossen ist.

Wie bereits erwähnt, wird eine Transaktion nicht durch einen expliziten Befehl, sondern durch eine Select-, Insert-, Update- oder Delete-Anweisung eingeleitet. Die Dauer einer Transaktion kann abhängig von den durchgeführten Anweisungen das Antwortzeitverhalten der Datenbank negativ beeinflussen, da bestimmte Betriebsmittel für einen weiteren Zugriff von Oracle gesperrt werden. Aus diesem Grund sollten umfangreiche Transaktionen – soweit die Applikationslogik dies erlaubt – in kleinere Einheiten zerlegt werden.

1.2.4 Sessionsteuerung

Die aktive Verbindung zwischen einer Oracle-Instanz und einem Benutzerprozeß wird als Session bezeichnet. Eine Session beginnt mit dem erfolgreichen Anmelden eines Benutzers an die Datenbank („Connect" mit Benutzernamen, der durch ein Paßwort geschützt sein kann) und endet mit dem Abmelden des Benutzers von der Datenbank. Dabei können für einen Benutzer gleichzeitig mehrere Sessions aktiv sein.

ALTER SESSION

Innerhalb einer Session kann der Benutzer durch das Kommando ALTER SESSION sessionabhängige Einstellungen vornehmen, bzw. einen Parameter der aktuellen Session ändern.

Zum Beispiel wird durch folgende Anweisungen das Tracing aktiviert und das Datumformat neu definiert:

```
ALTER SESSION SET sql_trace = TRUE;

ALTER SESSION
    SET NLS_DATE_FORMAT = 'DD-MM-JJ HH24:MM';
```

SET ROLE

Das Oracle-Berechtigungskonzept sieht neben der expliziten Zuweisung von Datenbankprivilegien an einen Benutzer vor, Privilegien über sogenannte Rollen zu definieren. Eine Rolle faßt dabei beliebig viele Objekt- oder Systemprivilegien unter einem Namen zusammen. Mit dem Befehl SET ROLE wird dem Benutzer für die aktuelle Session eine Rolle zugeteilt oder eine bereits zugewiesene Rolle wieder entzogen. Beispielsweise weist die Anweisung

```
SET ROLE Film_Leserecht;
```

dem aktiven Benutzer die definierte Rolle *Film_Leserecht* zu. Nach Ab- und erneutem Anmelden an Oracle ist diese Rolle nicht mehr zugeteilt, der Befehl muß bei Bedarf neu ausgeführt werden.

Rollen können auch unabhängig von einer bestimmten Session dauerhaft zugeteilt werden. Diese Funktionalität ist im Oracle-Handbuch „Server SQL Language Reference Manual" beschrieben.

1.2.5 SQL-Pseudoattribute

Jeder Datensatz in einer Oracle-Tabelle besitzt die folgenden Pseudoattribute:

- ROWID, ROWNUM
- CURRVAL, NEXTVAL
- LEVEL

Diese Attribute können in Select-Anweisungen über ihren Namen wie gewohnt angesprochen werden. Abfragen wie SELECT * FROM ... oder DESC *Tabellenname* zeigen allerdings diese Pseudoattribute nicht automatisch an.

ROWID

Die Pseudospalte ROWID kennzeichnet jeden Datensatz innerhalb der gesamten Datenbank durch eine eindeutige physikalische Adresse. Diese Adresse setzt sich aus drei Teilen zusammen:

Stelle 1-8: Die ersten acht Stellen kennzeichnen die Blocknummer in der Plattendatei, die den jeweiligen Datensatz enthält.

Stelle 10-13: Der zweite Teil zeigt die Nummer der Zeile im Block an (0000 entspricht dabei der ersten Zeile).

Stelle 15-18: Der letzte Teil enthält die eindeutige Nummer der Plattendatei.

Beispielsweise besitzt der erste Datensatz in der Tabelle „Person“ folgende ROWID:

```
SELECT   rowid
FROM     person
WHERE    rownum < 2;
```

```
0001F36C.0004.0006
```

Diese Adresse ändert sich während der gesamten Lebensdauer eines Datensatzes nicht, kann jedoch von Oracle nach Löschen des Datensatzes einem neuen Datensatz zugeteilt werden. Intern wird diese Adresse von Oracle für verschiedende Operationen, beispielsweise zum Aufbau von Indizes, benötigt. Für den Anwender stellt die ROWID die schnellste Zugriffsmöglichkeit auf einen einzelnen Datensatz dar.

ROWNUM

Jeder Datensatz im Ergebnis einer Abfrage erhält eine eindeutige Nummer (der erste Datensatz die 1, usw.), die durch das Attribut ROWNUM abgefragt werden kann.

Eine durch ORDER BY definierte Sortierreihenfolge hat allerdings keinen Einfluß auf die Numerierung, da die jeweilige Nummer vor der Sortierung der Ergebnismenge dem Attribut ROWNUM zugewiesen wird.

Eine Verwendung dieser Pseudospalte zeigt ein Beispiel im Kapitel 1.2.2. ROWNUM wird auch benutzt, um die Menge der Zeilen im Abfrageergebnis einzuschränken:

```
SELECT   *
FROM     film
WHERE    rownum <= 3;
```

```
FILM_ID JAHR TY      GENRE     LAENGE
-----------------------------------
    141 1990 SE                  30
    142 1966 SS          8        0
    143 1966 SE                  30
```

NEXTVAL

Die Pseudospalte NEXTVAL wird für die Generierung von Integer-Werten für eine bestimmte Sequenz verwendet. Diese Generierung erfolgt unabhängig von einer Session oder Transaktion.

CURRVAL

Der aktuelle Wert einer Sequenz kann über CURRVAL abgefragt werden. Dabei muß vor der ersten Abfrage durch CURRVAL die Sequenz durch NEXTVAL einen ersten Wert erhalten. NEXTVAL und CURRVAL können nur in Verbindung mit einem Sequenznamen benutzt werden, die Syntax dafür lautet:

Sequenzname.NEXTVAL
Sequenzname.CURRVAL

Verwendung

Diese Pseudospalten können in der Select-Liste einer Select-Anweisung, in der Value-Klausel einer Insert-Anweisung oder in der Set-Klausel einer Update-Anweisung benutzt werden.

Beispielweise erzeugt folgende Anweisung eine Sequenz mit dem Namen *seq_film_id*, die in der nächsten Anweisung den eindeutigen Wert für das Schlüsselattribut *film_id* liefert.

Durch Zugriff auf die Tabelle „Dual“ wird der aktuelle Wert der Sequenz abgefragt:

```
CREATE SEQUENZ seq_film_id;

INSERT INTO   film (film_id, jahr)
VALUES        (seq_film_id.nextval, '1980');

SELECT        seq_film_id.currval
FROM          dual;
```

LEVEL

In Abfragen von hierarchisch strukturierten Daten wird das Pseudoattribut LEVEL verwendet, um die Ebene eines Knotens in der Hierarchie zu erfragen.

```
SELECT lpad('  ', 2*(LEVEL-1)) || name
FROM   gebiet
START WITH name = 'Europa'
CONNECT BY PRIOR gebiet_id = vater_id;
LPAD('',2*(LEVEL-1))||NAME
--------------------------
Europa
  Deutschland
    Munchen
    Hamburg
    Berlin
    Dusseldorf
    Bonn
  Italien
    Rom
    Venedig
  England
    London
    ...
```

In diesem Beispiel wird LEVEL zur Formatierung der Ausgabe eines Gebietsbaumes verwendet.

2 PL/SQL-Architektur

PL/SQL ist keine unabhängige Sprache, sondern integraler Bestandteil von Oracle. PL/SQL mit prozeduraler Option stand erstmals mit Oracle Version 6 zur Verfügung.

Im wesentlichen stellt PL/SQL eine Erweiterung von SQL um prozedurale Elemente dar. Ein zentrales Ziel für die Entwicklung von PL/SQL war, eine performante Verarbeitung von zusammenhängenden Datenbankoperationen auf dem Server zu ermöglichen. Dazu sollte PL/SQL innerhalb des Oracle-Servers und innerhalb aller Oracle-Entwicklungsumgebungen als gemeinsame portable Sprache zur Verfügung stehen. PL/SQL ist mittlerweile in nahezu allen Oracle-Produkten verfügbar. Folgende Auflistung gibt einen Überblick über diese Werkzeuge:

- SQL*DBA (alle Versionen)
- SQL*Forms (ab Version 3)
- SQL*Graphics (ab Version 2)
- SQL*Menu (ab Version 5)
- SQL*Plus (ab Version 3)
- SQL*ReportWriter (ab Version 2)
- Oracle Precompiler (wie Pro*C, Pro*Cobol)
- Oracle Call Interface (OCI)

Die Bausteine, mit denen PL/SQL-Programme erstellt werden, sind anonyme Blöcke, Prozeduren, Funktionen, Packages und Trigger.

Prozeduren, Funktionen und Packages werden unter dem Begriff „StoredProcedures" zusammengefaßt, da sie direkt in der Datenbank gespeichert werden können. Diese Funktionalität bietet Oracle mit prozeduraler Option ab Version 7.

PL/SQL-Programme können dabei in verschiedenen Umgebungen ausgeführt werden. Beispielsweise kann eine StoredProcedure aus einem anonymen Block, aus anderen StoredProcedures oder aus einem Client-Anwenderprogramm aufgerufen werden. Dieses Kapitel beschreibt die PL/SQL zugrundeliegende Architektur, die dies ermöglicht.

2.1 Die Prozessoren

Um PL/SQL-Programme ausführen zu können, sind folgende Komponenten notwendig:

- ein PL/SQL-Prozessor und
- ein SQL-Prozessor

Der PL/SQL-Prozessor, auch PL/SQL-Engine genannt, ist Bestandteil des RDBMS. Seine Aufgabe besteht darin, PL/SQL-Programme zu parsen und zu interpretieren. Prozedurale Elemente im Programmtext werden an die ausführende Einheit innerhalb des PL/SQL-Prozessors übergeben. SQL-Anweisungen, die im PL/SQL-Programm enthalten sind, werden nicht vom PL/SQL-Prozessor direkt behandelt, sondern an den SQL-Prozessor weitergereicht. Der SQL-Prozessor prüft die syntaktische und semantische Korrektheit der SQL-Anweisung und führt diese anschließend aus. Nach Beendigung der Ausführung liefert der SQL-Prozessor das Ergebnis der SQL-Anweisung an den PL/SQL-Prozessor zurück.

Erzeugung von StoredProcedures

Eine StoredProcedure wird bei ihrer Erzeugung vom PL/SQL-Prozessor in einen ablauffähigen P-Code umgewandelt und im Data Dictionary gespeichert.

Bei Aufruf einer StoredProcedure wird der bereits kompilierte P-Code aus dem Dictionary in den Shared Pool der SGA geladen, an den PL/SQL-Prozessor übergeben und gemeinsam vom PL/SQL- und SQL-Prozessor ausgeführt.

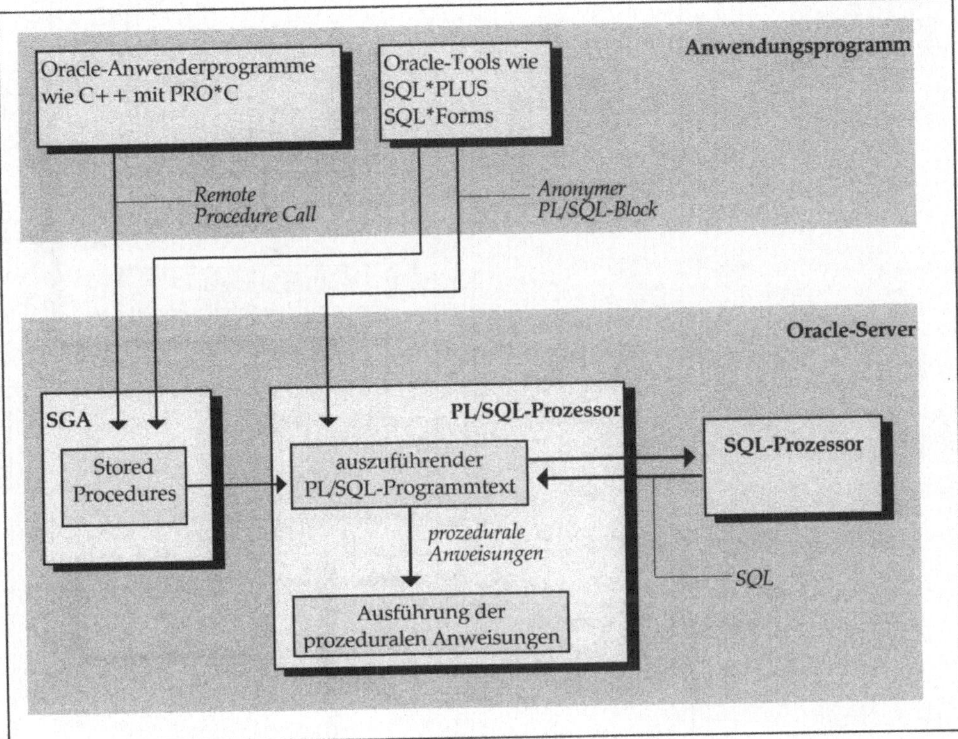

Abbildung 3: Architektur des PL/SQL-Prozessors im Server

Im Unterschied zum SQL-Prozessor, der immer Bestandteil des Datenbankservers ist, kann die PL/SQL-Engine

- im Oracle-Datenbankserver und
- in einer Client-Oracle-Anwendung

implementiert sein.

PL/SQL-Prozessor im Server

Auf dem Oracle-Server führt der PL/SQL-Interpreter PL/SQL-Blöcke aus, die direkt an den Server übergeben wurden oder bereits kompiliert in der Datenbank vorliegen. Abbildung 3 stellt die Architektur des PL/SQL-Prozessors und die Kommunikation zwischen Client und Server bei Einsatz von PL/SQL auf der Clientseite dar.

Der Aufruf einer StoredProcedure vom Client erfolgt mittels RPC (**R**emote **P**rocedure **C**all), und anonyme Blöcke werden direkt an den PL/SQL-Prozessor übergeben.

Abbildung 4: Architektur des PL/SQL-Prozessors im Client

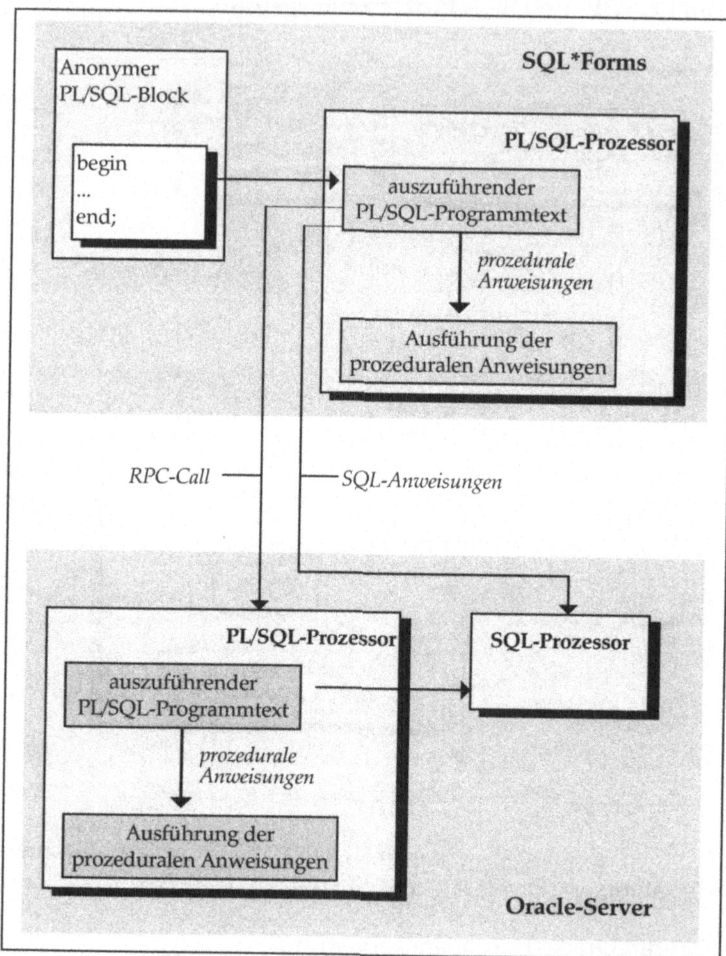

Abbildung 4 zeigt den Ablauf bei der direkten Ausführung von PL/SQL-Aufrufen innerhalb von SQL*Forms. Das jeweilige PL/SQL-Programm kann innerhalb von Anwendungen, die mit Oracle-Werkzeugen wie beispielsweise SQL* Forms entwickelt wurden, direkt vom integrierten PL/SQL-Prozessor auf der Clientseite ausgeführt werden. Alle SQL-Anweisungen, die im PL/SQL-Programm enthalten sind, sendet der lokale PL/SQL-Prozessor zur Ausführung an den Oracle-Server.

Je nach Umfang der SQL-Anweisungen ist für dieses Zusammenspiel eine rege Kommunikation zwischen Client und Server notwendig.

Alle sonstigen Client-Datenbankprogramme wie beispielsweise embedded-SQL-Anwendungen müssen auf die PL/SQL-Engine im Oracle-Server zurückgreifen.

Unabhängigkeit der PL/SQL-Prozessoren

Zu beachten ist die Unabhängigkeit der PL/SQL-Prozessoren in den verschiedenen Umgebungen. Auf einem Datenbankserver und auf den Oracle-Clients können gleichzeitig PL/SQL-Prozessoren aktiv sein. Ein Client-Programm kann dadurch auf den eigenen PL/SQL-Prozessor und durch Aufruf einer StoredProcedure auf den PL/SQL-Prozessor des Servers zugreifen. Der StoredProcedure-Aufruf wird dabei vom PL/SQL-Prozessor des Clients an den Oracle-Server weitergeleitet und durch den PL/SQL-Prozessor des Servers ausgeführt. Das Ergebnis der Ausführung wird an den lokalen PL/SQL-Prozessor des Clients zurückgeliefert.

Diese Unabhängigkeit der PL/SQL-Prozessoren bedeutet, daß die installierten PL/SQL-Versionen nicht übereinstimmen müssen. Da höhere Versionen zumeist erweiterte Funktionalität bieten, kann dies jedoch in bestimmten Situationen zu Fehlern führen. Beispielsweise wird eine PL/SQL-Prozedur mit Ausgabeparametern vom Typ PL/SQL-Table mit der aktuell verfügbaren PL/SQL-Version erstellt und getestet. In einer Umgebung mit einer niedrigeren Version des PL/SQL-Prozessors wird die Ausführung dieser Prozedur abgebrochen, da die Verwendung von Parametern vom Typ PL/SQL-Table noch nicht erlaubt war.

Versionsbestimmung

Die Version des installierten PL/SQL-Prozessors auf dem Server gibt beispielsweise SQL*Plus nach Aufruf am Bildschirm aus. Analog kann nach dem Start des jeweiligen Client-Werkzeuges die lokale PL/SQL-Version ermittelt werden.

Zusammengefaßt sind folgende Kombinationen von Anwenderprogrammen und PL/SQL möglich:

1. Innerhalb von Anwendungen, die mit Oracle-Werkzeugen wie SQL*Forms erstellt wurden, können PL/SQL-Blöcke durch einen lokalen PL/SQL-Prozessor ausgeführt werden.
2. Das Client-Programm wie beispielsweise SQL*Plus übergibt anonyme PL/SQL-Blöcke zur Verarbeitung an den Server. Innerhalb von Programmiersprachen wie C und Fortran ist diese Variante seit Oracle7 nicht mehr so gebräuchlich.
3. Seit Oracle Version 7 werden in der Datenbank gespeicherte PL/SQL-Objekte von Client-Programmen aufgerufen und auf dem Server zur Ausführung gebracht.

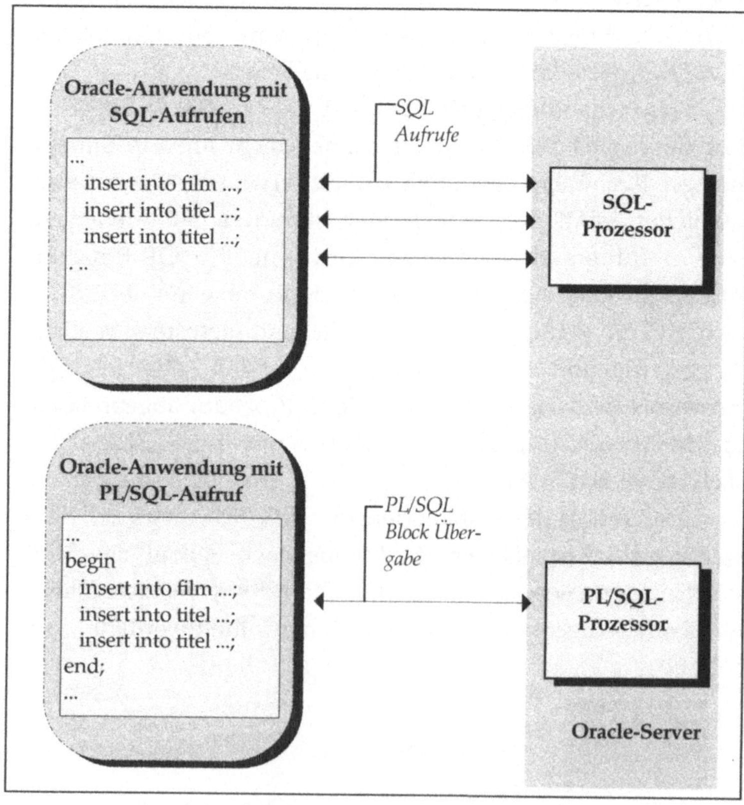

Abbildung 5: SQL und PL/SQL-Aufrufe aus Clientprogrammen

2.2 PL/SQL in Precompilern

PL/SQL kann in den folgenden Programmiersprachen eingesetzt werden:

- Ada
- C
- Cobol
- Fortran
- Pascal
- PL/1

PL/SQL-Aufrufe können dabei an den gleichen Stellen wie SQL-Anweisungen in Precompiler-Programmen eingebunden sein. PL/SQL-Blöcke stehen beispielsweise zwischen den folgenden Precompiler-Anweisungen:

```
EXEC SQL EXECUTE
        [declare]
        begin
                PL/SQL-Block bzw. Aufruf einer StoredProcedure
        end;
END-EXEC
```

Beispielsweise wird eine StoredProcedure innerhalb eines C-Programms wie folgt aufgerufen:

```
main()
{
    ...
    EXEC SQL EXECUTE
        begin
             titel_op.del_titel(:titel_id);
        end;
    END-EXEC;
    ...
}
```

Precompiler-Anwendungen greifen dabei auf den PL/SQL-Prozessor des Oracle-Servers zu. Sofern das Anwendungsprogramm und der Oracle-Server auf unterschiedlichen Rechnern laufen, erfolgt die Abarbeitung von mehreren SQL-Anweisungen innerhalb von PL/SQL-Blöcken in der Regel schneller. Der Grund dafür ist, daß PL/SQL-Blöcke als Einheit durch einen Netzwerkaufruf an den Server übergeben werden. Insbesondere können erhebliche Performance-Verbesserungen durch Auslagerung von zeitkritischen PL/SQL-Programmen auf den Server erzielt werden. PL/SQL-Programme gelten dann als zeitkritsch, wenn sie datenbankintensive Operationen enthalten.

Ein einfaches Beispiel zeigt diesen Vorteil auf (siehe auch Abbildung 5):

Innerhalb eines Clientprogramms werden zehn neue Datensätze erstellt, die in die Datenbank übernommen werden müssen. Bei sequentieller Abarbeitung der einzelnen Insert-Anweisungen sind zehn SQL-Aufrufe über das Netzwerk an den Datenbankserver und weitere zehn zur Rückgabe der einzelnen Ergebnisse notwendig. Stehen diese Anweisungen innerhalb eines PL/SQL-Blocks, so ist nur ein Netzwerkzugriff zur Übergabe des Blocks an die Datenbank und ein weiterer zur Rückgabe des Resultates erforderlich.

3 Einführung in SQL*Plus

Dieses Kapitel beschreibt, wie anonyme PL/SQL-Blöcke und StoredProcedures aus SQL*Plus aufgerufen und getestet werden. Dazu wird die Programmierumgebung SQL*Plus in ihrer Funktionalität kurz beschrieben und die wichtigsten Befehle werden vorgestellt.

3.1 Die Programmierumgebung

SQL*Plus ist ein von Oracle entwickeltes interaktives Werkzeug, mit dem SQL-, SQL*Plus-Anweisungen und PL/SQL-Blöcke entwickelt, getestet und ausgeführt werden können. Der Befehlssatz von SQL*Plus unterteilt sich in folgende Klassen:

- Editieren, Verwalten und Ausführen von SQL-Anweisungen und PL/SQL-Blöcken.
- Formatierung, Aufbereitung und Ausgabe von Ergebnissen aus Select-Anfragen sowie Durchführung von arithmetischen Funktionen auf den Ergebnissätzen.
- Einstellen von SQL*Plus-Umgebungsvariablen.
- Definition und Verwaltung von Bind- und Benutzer-Variablen zur interaktiven Verarbeitung von Parametern.
- Datenaustausch zwischen verschiedenen Datenbanken.

SQL*Plus wird in dem Umfang vorgestellt, der für die Anwendung als Programmierumgebung für PL/SQL notwendig ist. Die einzelnen Befehle sind nicht mit allen optionalen Parametern beschrieben, da einfache Befehle ausreichen, die in diesem Buch beschriebenen Beispiele nachzuvollziehen.

Die Funktionalität, die SQL*Plus bietet, ist weitaus mächtiger; an dieser Stelle sei auf Literatur zu diesem Thema verwiesen[7].

3.2 Verwendung von PL/SQL in SQL*Plus

In SQL*Plus steht kein eigener PL/SQL-Prozessor zur Verfügung. PL/SQL-Blöcke werden als Einheit an das Oracle-RDBMS zur Verarbeitung im PL/SQL-Prozessor weitergereicht (vgl. dazu auch Kapitel 2).

Der Vorteil ist vor allem in vernetzten Client-Server-Umgebungen erkennbar. Um einen gesamten PL/SQL-Block auszuführen, sind nur zwei Netzwerkzugriffe nötig: Der Block wird an das RDBMS zur Verarbeitung übergeben und das Ergebnis der Verarbeitung liefert das Oracle-RDBMS an SQL*Plus zurück.

3.3 Wichtige Befehle

SQL*Plus unterscheidet keine Groß- und Kleinschreibung.

Aufruf von SQL*Plus

Der Aufruf von SQL*Plus aus dem Betriebssystem erfolgt über das Kommando:

SQLPLUS [*Benutzer*[*/Paßwort*] [*@Datenbankname*]]
[*Dateiname* [*Parameter1* ...]]

[7] Der Titel des Oracle-Handbuches zu diesem Thema lautet „SQL*Plus User's Guide and Reference".

Eingaben in SQL*Plus sind nur während einer bestehenden Verbindung zu einer Datenbank möglich. Der Benutzername und das Paßwort zum Anmelden an die Datenbank können dabei auf unterschiedliche Weise an SQL*Plus übergeben werden:

- Die Kennung *Benutzer*[/*Paßwort*] wird beim Aufruf direkt angegeben.
- Die übergebene Datei (*Dateiname*) enthält eine gültige Login-Anweisung an Oracle.
- Wird keine Kennung übergeben, fordert SQL*Plus zur interaktiven Eingabe der Benutzerkennung auf.

Der Name der Datenbank, zu der die Verbindung hergestellt wird, steht optional in *Datenbankname*. Als weitere Option kann durch *Dateiname* der Name einer Datei angegeben werden, deren Inhalt nach dem Anmelden an die Datenbank sofort ausgeführt wird. Typischerweise enthält eine solche Datei SQL*Plus-, SQL- bzw. PL/SQL-Anweisungen. Zusätzlich besteht die Möglichkeit, die Programmdatei parametrisiert durch Angabe von Argumenten (*Parameter1, ...*) auszuführen.

SQL*Plus Eingabeaufforderung

Nach dem erfolgreichen Anmelden an SQL*Plus werden die aktuellen Versionsstände von SQL*Plus, PL/SQL und des verbundenen Oracle-Datenbanksystems auf dem Bildschirm angezeigt. Mit dem Erscheinen von

```
SQL>
```

steht SQL*Plus für Eingaben bereit.

CONNECT

Innerhalb von SQL*Plus kann durch den Befehl CONNECT die Datenbank bzw. der angemeldete Benutzer gewechselt werden. Dieser Befehl bewirkt die automatische Ausführung eines „commit“ auf die aktuelle Transaktion; die bestehende Datenbankverbindung wird gelöst und die neue Verbindung hergestellt.

Ein Beispiel dazu:

```
CONNECT mueller/mypasswort@dbserver1;
```

Beenden von SQL*Plus

Verlassen wird SQL*Plus mit dem Befehl EXIT oder QUIT. Die aktuelle Transaktion wird wieder implizit durch „commit" bestätigt und offene Spool-Dateien werden geschlossen.

Hilfesystem

Mit ? oder help wird das Hilfesystem von SQL*Plus aufgerufen, es erklärt die wichtigsten SQL*Plus-, SQL- und PL/SQL-Befehle.

Kommando HOST

Mit dem Kommando HOST kann man innerhalb von SQL*Plus Betriebssystemkommandos ausführen bzw. auf die jeweilige Betriebssystemebene wechseln. Beispielsweise kann unter Windows die Struktur des Verzeichnisses *test* wie folgt angezeigt werden:

```
SQL> host dir d:\test
SQL>
```

Nach Ausführung des Kommados *dir d:\test* kehrt die Kontrolle sofort wieder an SQL*Plus zurück.

Kommando SPOOL

Ein nützlicher SQL*Plus-Befehl ist SPOOL, der die Ausgabe des Ergebnisses einer Abfrage in eine Datei (Default-Endung .lst) oder auf einen Drucker umlenkt.

Ein Beispiel:

```
SQL> spool testout

SQL> SELECT f.film_id, f.jahr, t.titel
   2 FROM   film f, titel t
   3 WHERE  f.film_id = t.film_id
   4   AND  f.film_id = &1;

SQL> spool off
```

Das Ergebnis der Select-Anweisung wird mit einfachem SPOOL-Befehl in die Datei mit dem Namen „testout.lst" ausgegeben. Der abschließende Befehl SPOOL OFF beendet die Ausgabe und schließt die Datei „testout.lst".

Der Befehl DESC[RIBE] zeigt die Struktur eines Datenbankobjekts. Beispielhaft wird die Struktur der Data Dictionary View „User_Objects" aufgelistet:

Kommando DESCRIBE

```
SQL> DESC user_objects;

Name              Null?     Type
-------------------------------------
OBJECT_NAME                 VARCHAR2(128)
OBJECT_ID                   NUMBER
OBJECT_TYPE                 VARCHAR2(13)
CREATED                     DATE
LAST_DDL_TIME               DATE
TIMESTAMP                   VARCHAR2(75)
STATUS                      VARCHAR2(7)
```

Wichtig zu wissen ist, daß SQL*Plus jede aktuell eingegebene SQL-Anweisung bzw. jeden PL/SQL-Block im sogenannten SQL*Plus-Befehlsspeicherbereich ablegt. Dieser Bereich kann auch editiert werden; dazu zeigt Tabelle 3 die wichtigsten Befehle.

Befehlspufferbereich

Tabelle 3: Befehle des SQL*Plus-Befehlspeichers

Kommando	Beschreibung
a[ppend] *Text*	Fügt an das Ende der aktuellen Zeile im Befehlsspeicher den Text *Text* an.
c[hange] *aText/nText*	Ersetzt den Text *aText* in der aktuellen Zeile durch den Text *nText*.
cl[ear] buff[er]	Löscht den gesamten Befehlsspeicher.
edit [*Dateiname*]	Aufruf eines Betriebssystemeditors mit Übergabe der angegebenen Datei bzw. des Befehlsspeicherinhaltes.
i[nput] [*Text*]	Ohne Angabe eines Textes können interaktiv beliebig viele Zeilen eingegeben werden, die hinter die aktuelle Zeile im Befehlsspeicher eingefügt werden. Als Argument kann nur ein einzeiliger Text übergeben werden.
l[ist] [*Zeilennr*] l[ist] [*von*] [*bis*]	Gibt den Inhalt des gesamten Befehlsspeichers, die gewünschte Zeile oder den angegebenen Bereich aus.

Kommando	Beschreibung
sav[e] *Dateiname* [cre[ate] | rep[lace] | app[end]]	Speichert den Inhalt des Befehlsspeichers in eine Datei. Optional kann der Dateiinhalt mit dem Befehlsspeicherinhalt auch überschrieben bzw. erweitert werden.

Der Inhalt des Speicherbereiches wird durch das Kommando LIST angezeigt, durch die Befehle APPEND bzw. INPUT editiert, mit EDIT an einen Texteditor übergeben oder direkt mit SAVE in eine Datei gespeichert. Allerdings kann der Speicherbereich nur eine SQL-Anweisung bzw. einen PL/SQL-Block speichern; mit jeder neuen Anweisung wird der Befehlsspeicherbereich überschrieben.

Aktuelle Zeile im Befehlsspeicher

Jede Zeile in diesem Bereich wird fortlaufend numeriert, wobei genau eine Zeile als aktuelle Zeile interpretiert wird. Die Kennzeichnung der aktuellen Zeile erfolgt nach der Zeilennummer durch das Zeichen „*". Alle Befehle, die den bestehenden Befehlsspeicherbereich verändern, können nur auf die aktuelle Zeile angewandt werden.

Folgendes Beispiel zeigt die Anwendung einiger dieser Befehle:

```
SQL> select   name
  2  from     person
  3  where    nname like 'MOR%';
where nname like 'MOR%'
      *
ERROR at line 3:
ORA-00904: invalid column name

SQL> c/nname/name
  3* where name like 'MOR%'
SQL> r
  1  select   name
  2  from     person
  3* where    name like 'MOR%'
NAME
------------------------------
MORLEY
MOROSCO
MORLEY
```

```
SQL> i order by name, vorname;

SQL> l 1
  1* select name

SQL> a , vorname
  1* select name, vorname

SQL> l
  1  select  name, vorname
  2  from    person
  3  where   name like 'MOR%'
  4* order   by name, vorname
SQL> sav d:\test\selpe.sql app
Appended file to d:\test\selpe.sql
```

Die erste Select-Anweisung kann nicht ausgeführt werden, da keine Spalte mit dem Namen „nname" existiert. Dieser Tippfehler bei der Eingabe wird durch Ausgabe der Zeilennummer angezeigt.

Die letzte Zeile im Befehlsspeicher wird nach Ausführung einer Anweisung zur aktuellen Zeile. Daher korrigiert die nächste Anweisung den Fehler in der letzten Zeile durch Ersetzen von *nname* durch *name*.

Das Kommando RUN wurde bisher noch nicht erklärt; damit wird der Inhalt des Befehlsspeichers ausgeführt und angezeigt. Als Ergebnis der Select-Anweisung werden die gefundenen Namen ausgegeben.

Die nächste Anweisung fügt an die letzte Zeile im Befehlsspeicher eine Order-by-Klausel an.

Daraufhin folgt die Ausgabe der ersten Zeile auf dem Bildschirm und die Zeile wird durch *, vorname* ergänzt. Wäre die vorausgehende Anweisung *l 1* nicht erfolgt, so hätte das Kommando A[PPEND] die letzte Zeile, und nicht die gewünschte erste Zeile, als aktuelle Zeile interpretiert und erweitert.

Die gesamte Select-Anweisung wird noch einmal aufgelistet und durch den abschließenden Befehl in die Datei mit dem Namen *selpe.sql* eingefügt.

Umgebungsvariablen

SQL*Plus bietet etwa 50 Variablen, um die Arbeitsumgebung innerhalb von SQL*Plus einzustellen. Alle Umgebungsvariablen sind durch Standardwerte vorbesetzt, die innerhalb einer

Benutzersession mit dem Kommando *SET* verändert und mit dem Kommando *SHOW* angezeigt werden. Die Syntax lautet:

SET *Umgebungsvariable Wert*

SHO[W] *Umgebungsvariable*

Der Name der jeweiligen Umgebungsvariablen wird in *Umgebungsvariable* und der gewünschte Wert in *Wert* angegeben.

Beispiele zu Umgebungsvariablen

Einige Beispiele zu häufig benutzten Umgebungsvariablen:

```
SET PAGESIZE 20
```

Limitiert die Anzahl der Zeilen (20) je Bildschirmseite.

```
SET PAUSE ON
```

Hält die Bildschirmausgabe nach jeder Seite an und wartet auf eine Benutzereingabe, um die Ausgabe fortzusetzen.

```
SET ARRAYSIZE 50
```

Anzahl der Datensätze, die SQL*Plus innerhalb eines Zugriffes aus der Datenbank überträgt.

```
SET AUTOCOMMIT ON
```

Nach jedem DML-Befehl wird implizit ein COMMIT ausgeführt.

```
SET SERVEROUTPUT ON
```

Während der Abarbeitung von PL/SQL-Blöcken erzeugte Meldungen werden auch am Bildschirm angezeigt.

```
SHOW ALL
```

Listet alle Umgebungsvariablen mit ihren aktuellen Werten auf.

3.4 PL/SQL-Aufrufe

Um SQL-Anweisungen bzw. PL/SQL-Blöcke über die SQL*Plus-Schnittstelle auszuführen, stehen unterschiedliche Kommandos zur Verfügung. Tabelle 4 stellt diese mit kurzer Beschreibung vor.

Tabelle 4: Ausführung von PL/SQL-Blöcken

SQL*Plus-Befehl	Beschreibung
;	Die Eingabe einer einzelnen SQL-Anweisung wird mit „;" abgeschlossen.
/	Durch Eingabe des „Schrägstrichs" am Beginn einer Zeile wird der Inhalt des Befehlsspeichers sofort ausgeführt.
R[UN]	Die im Befehlsspeicherbereich enthaltene SQL-Anweisung bzw. der PL/SQL-Block wird zuerst am Bildschirm ausgegeben und dann gestartet.
STA[RT] *Dateiname*[*.end*] [*Par1 Par2 ...*] @ *Dateiname*[*.end*] [*Par1 Par2 ...*]	Führt den Inhalt der angegebenen Datei sofort aus. Als Default-Endung für den Dateinamen wird „.sql" erwartet; in diesem Fall muß die Endung nicht explizit angegeben werden. Mit dem Umgebungsparameter *SUFFIX* kann die Default-Einstellung verändert werden. Optional können an die Programmdatei Parameter übergeben werden.
EXEC[UTE] *Anweisung*	Startet eine PL/SQL-Prozedur oder eine PL/SQL-Funktion.

Aufruf von PL/SQL und SQL

Der Aufruf einer Anweisung bzw. eines PL/SQL-Blocks kann interaktiv über die SQL*Plus-Schnittstelle bzw. im Batch durch Aufruf von SQL*Plus mit Übergabe einer Kommandodatei erfolgen. Der Inhalt einer Kommandodatei kann aus PL/SQL-Blöcken, SQL- und SQL*Plus-Anweisungen bestehen. Damit können SQL-Anweisungen, deren Verwendung PL/SQL nicht direkt unterstützt, vor oder nach PL/SQL-Blöcken stehen.

Aufruf von SQL*Plus-Kommandos

SQL*Plus-Kommandos müssen nicht explizit durch einen Strichpunkt beendet werden. Im Unterschied zu SQL-Anweisungen werden sie sofort gestartet und nicht im Befehlsspeicher abgelegt.

3.5 Bind-Variablen

In SQL*Plus können sogenannte Bind-Variablen definiert werden, deren Werte innerhalb von PL/SQL und SQL referenziert und verändert werden können. Bind-Variablen bilden dadurch eine Schnittstelle, um Werte, die innerhalb eines PL/SQL-Progamms entstehen, in SQL*Plus und SQL abzufragen. Auch die Umkehrung gilt: Bind-Variablen können in SQL*Plus und SQL verändert werden.

Diese Eigenschaft wird beispielsweise zur Rückgabe eines PL/SQL-Funktionsergebnisses oder zur Fehleranalyse von PL/SQL-Blöcken genutzt.

Kommando VARIABLE

Die Definition einer Bind-Variablen geschieht in SQL*Plus durch folgende Syntaxvorschrift:

VAR[IABLE] *Variablenname* { NUMBER | CHAR | CHAR (n) |
VARCHAR2 | VARCHAR2(n) }

Der Bezeichner der Variablen wird durch *Variablenname* vereinbart. Als Datentyp einer Bind-Variablen sind nur die angegebenen Typen erlaubt. Handelt es sich um den Datentyp *char* bzw. *varchar2*, kann die maximale Länge in *n* angegeben werden. Fehlt diese Angabe, so wird als Voreinstellung 1 Zeichen angenommen. Bind-Variablen sind ab ihrer Definition bis zum Ende der aktuellen Benutzersession gültig.

Das Kommando VARIABLE kann auch ohne Argumente aufgerufen werden, um eine Übersicht über alle bereits definierten Bind-Variablen zu erhalten.

Eine Anwendung dieses Kommandos zeigt das folgende Beispiel:

```
SQL> var v_ergebnis char;

SQL> var
variable    v_ergebnis
datatype    CHAR

variable    v_anzpers
datatype    NUMBER
```

Die erste Anweisung erzeugt eine Variable mit dem Namen *v_ergebnis*. Die zweite Anweisung zeigt die Definition aller Bind-Variablen an; in diesem Fall existieren nur die Variablen *v_ergebnis* und *v_anzpers*.

Kommando PRINT

Um den Inhalt einer bestimmten Variablen anzuzeigen, steht folgendes Kommando zur Verfügung:

PRI[NT] *Variablenname*

Der Aufruf dieses Befehls mit dem Variablenbezeichner *v_ergebnis* führt beispielsweise zu folgender Ausgabe:

```
SQL> print v_ergebnis

V_ERGEBNIS
--------------------------------
```

Als Ergebnis wird eine leere Zeichenkette angezeigt, da die Variable *v_ergebnis* noch nicht initialisiert ist.

Referenzieren von Bind-Variablen

Bind-Variablen können innerhalb von PL/SQL referenziert werden. Zur Unterscheidung von PL/SQL-Programmvariablen steht vor dem Namen einer Bind-Variablen ein Doppelpunkt.

Folgender PL/SQL-Block zeigt eine Zuweisung, die den Wert der Variablen *v_ergebnis* ändert

```
SQL> begin
  2        :v_ergebnis := '0';
  3  end;
  4  /
PL/SQL procedure successfully completed.

SQL> print v_ergebnis;
V_ERGEBNIS
-----------
0
```

Die Bind-Variable wird innerhalb des PL/SQL-Blocks mit dem Zeichen '0' belegt. Der wiederholte Aufruf des Print-Kommandos zeigt den veränderten Wert der Variablen *v_ergebnis* an.

Folgendes einfaches Beispiel demonstriert abschließend den Einsatz einer Bind-Variablen als Brücke zwischen PL/SQL und SQL:

```
SQL> var persid number
SQL> begin
  2        :persid := 12;
  3  end;
  4  /
PL/SQL procedure successfully completed.

SQL> SELECT  person_id,
             rtrim(name) || ',' || vorname nv
  2  FROM    person
  3  WHERE   person_id = :persid;
PERSON_ID NV
--------- ------------
       12 WILDER, BILLY
```

Bei Aufruf von PL/SQL-Blöcken können keine Argumente direkt an Bind-Variablen übergeben werden. Diese Funktionalität stellen sogenannte Benutzer-Variablen zur Verfügung, die im folgenden Abschnitt behandelt werden.

3.6 Benutzer-Variablen

Benutzer-Variablen dienen zur Übergabe von Werten an PL/SQL-Blöcke und zur Referenzierung von Werten innerhalb von SQL-Anweisungen. Damit können Benutzer-Variablen beispielsweise zur indirekten Übergabe von Werten aus PL/SQL an DDL-Anweisungen genutzt werden. Diese Möglichkeit ist besonders interessant, da die PL/SQL-Syntax keine DDL-Anweisungen innerhalb von PL/SQL-Blöcken erlaubt.

Kommando DEFINE

Ein Ausdruck zur Definition einer Benutzer-Variablen in SQL*Plus hat die Form:

DEF[INE] [*Variablenname = Text*]
DEF[INE] [*Variablenname*]

Die erste Form der Anweisung definiert eine Variable mit dem Namen *Variablenname* und belegt diese durch den Anfangswert *Text* vor. Der Datentyp ist immer auf *char* festgelegt. Die zweite Form der Anweisung liefert die Definitionsvereinbarung der Variablen, die durch den Bezeichner *Variablenname* repräsentiert wird. Der Aufruf des Kommandos DEFINE ohne Argumente zeigt alle bereits definierten Benutzer-Variablen an.

Das nächste Beispiel zeigt einige Varianten dieses Kommandos:

```
SQL> define tab_name = PERSON

SQL> def
DEFINE _O_VERSION       = "Oracle7 Server Release
7.2.2.4.0 - Production Release
With the distributed, replication and parallel query
options
PL/SQL Release 2.2.2.3.0 - Production" (CHAR)
DEFINE _O_RELEASE       = "702020400" (CHAR)
DEFINE TAB_NAME         = "PERSON" (CHAR)

SQL>
```

Die erste Anweisung definiert eine neue Variable mit dem Namen *tab_name*. Die nächste Anweisung gibt die Spezifikation und den Inhalt der vorhandenen Benutzer-Variablen auf den Bildschirm aus. Die Benutzer-Variablen

_O_VERSION und _O_RELEASE

werden von SQL*Plus implizit nach dem Anmelden an SQL*Plus erzeugt.

Kommando UNDEFINE

Eine Benutzer-Variable kann durch folgendes Kommando wieder gelöscht werden:

UNDEF[INE] *Variablenname*

Der Bezeichner *Variablenname* repräsentiert die Variable, die gelöscht werden soll.

Benutzer-Variablen können wie Bind-Variablen innerhalb von SQL, SQL*Plus und PL/SQL in Anweisungen stehen. Die Zeichen & bzw. && vor dem Variablenname kennzeichnen, daß die jeweilige Variable nur als Platzhalter für einen Wert dient. Zugleich bietet diese Notation ein Unterscheidungsmerkmal von den sonstigen Bezeichnern und Variablen.

Folgendes Beispiel zählt die Datensätze in der Tabelle, deren Name durch die Variable *&tab_name* ersetzt wird.

```
SQL> SELECT   count(*)
  2  FROM     &tab_name;
old   2: from &tab_name
new   2: from PERSON

 COUNT(*)
---------
      663
```

Protokollierung des Ersetzungsvorganges

Im obigen Beispiel wird der Ersetzungsvorgang der Benutzer-Variablen protokolliert. Diese Ausgabe kann durch folgende Umgebungsvariable unterdrückt werden:

```
SQL> SET VERIFY OFF
```

Benutzer-Variablen müssen in SQL*Plus vor ihrer Verwendung nicht bekannt sein, da ein spezielles Verfahren den relevanten Wert einer referenzierten Benutzer-Variablen ermittelt:

- Die jeweilige Benutzer-Variable ist bereits in SQL*Plus vereinbart und durch ihren Namen bekannt. In diesem Fall ersetzt der Variablenwert die angegebene Variable.
- SQL*Plus definiert noch nicht deklarierte Variablen implizit zum Aufrufzeitpunkt der Ersetzung. Da zu diesem Zeitpunkt noch kein Variablenwert bekannt ist, wird der Anwender bei jedem Auftreten einer durch & gekennzeichneten Variablen zur interaktiven Eingabe der fehlenden Werte aufgefordert.

Damit im letzten Verfahren gleiche Variablenbezeichner innerhalb einer Anweisung bzw. einer Kommandodatei nicht mehrmals abgefragt werden, kann das &&-Symbol verwendet werden.

Im folgenden Beispiel wird keine Eingabe eines Wertes für die Benutzervariable *in_filmid* gefordert:

```
SQL> SET VERIFY OFF;
SQL> DEF in_filmid = 116

SQL> SELECT  *
  2  FROM    film
  3  WHERE   film_id = &in_filmid;

SQL> SELECT  *
  2  FROM    titel
  3  WHERE   film_id = &&in_filmid;
```

Aufruf einer Kommandodatei mit START

Es besteht die Möglichkeit, mit dem Kommando START eine Kommandodatei aufzurufen und auf der Kommandozeile Argumente an die Programmdatei zu übergeben. Die Kommandodatei muß in diesem Fall Benutzer-Variablen enthalten, die durch die übergebenen Werte ersetzt werden. Um auf die Reihenfolge der Argumente Bezug zu nehmen, können die Variablennamen 1 bis 9 verwendet werden. Dabei ersetzt das erste Argument die Variable &1, das zweite Argument die Variable &2 und so weiter.

Folgendes Beispiel zeigt, wie diese Möglichkeiten kombiniert werden können. Der Name der Beispielprogrammdatei lautet *benobj.sql*. Dieses Beispiel wird innerhalb von SQL*Plus beispielsweise durch folgenden Aufruf ausgeführt:

```
SQL> start d:\temp\benobj.log
     d:\entw\benobj.sql
     d:\temp
```

Das erste Argument enthält den Namen der Protokolldatei. Dieser ersetzt die Benutzer-Variable *&1*. Das zweite Argument übergibt den Namen des Verzeichnisses (*d:\temp*) an den Platzhalter *&2*. Erfolgt der Aufruf ohne Angabe von Argumenten, werden alle SQL*Plus-Variablen, die noch keinen Wert besitzen, interaktiv abgefragt.

```
/*
    erlaubt Konkat. von Parametern und Zeichenketten
*/
set concat on
set verify off

/*
    Erzeugen eines Protokolles; Der Dateiname ist
    als erstes Argument beim Aufruf anzugeben.
*/
spool &1

/*
    Der Pfadname wird als zweites Argument beim
    Aufruf angegeben.
*/
define dir = &2.\

/*
    Aufruf der Skripte zur Ausgabe der Tabellen,
    Indizes und Abhängigkeiten dieser Tabellen von
    anderen Datenbankobjekten eines Benutzers.
*/

start &dir.tab_lst   &besitzer
start &dir.ind_lst   &besitzer
start &dir.dep_lst   &besitzer
commit;

spool off
/*
   Das Protokoll steht in der angegebenen Datei!
*/
```

4 PL/SQL-Sprachelemente

PL/SQL ist für Softwareentwickler, die eine prozedurale Sprache wie zum Beispiel C bereits kennen, sehr leicht erlernbar. Zum einen ist die Sprache nicht sehr umfangreich und zum anderen bietet PL/SQL kein neues Programmierparadigma, sondern greift auf traditionelle Ideen wie strenge Blockstrukturierung und Variablentypbindung zurück.

PL/SQL beinhaltet als Schnittstellensprache zu Oracle eigene Mechanismen zur Transaktionssteuerung, Cursorbehandlung und Fehlerbehandlung.

PL/SQL-Programme sind nur in Oracle mit prozeduraler Option ausführbar. Die Länge eines PL/SQL-Blocks ist je nach Betriebssytem und Oracle Version auf ungefähr 32K begrenzt[8]. Diese Beschränkung begründet sich darauf, daß mit kürzeren Programmen höhere Transaktionsraten erreicht werden können. In der Praxis bereitet diese Eigenschaft in der Regel keine weiteren Probleme, da zu große PL/SQL-Blöcke in kleinere Unterblöcke unterteilt werden können.

Mit PL/SQL werden Programmeinheiten erstellt, die direkt in der Datenbank gespeichert werden können. Es handelt sich dabei um Funktionen, Prozeduren, Packages und im weiteren Sinn auch um sogenannte Datenbank-Trigger. Wie man solche Programmeinheiten erstellt und welche Besonderheiten sie bieten, behandelt Kapitel 5.

[8] Mit PL/SQL Version 2.3 (wird mit Oracle Version 7.3 ausgeliefert) wurde diese maximale Größe auf 64K vergrößert.

Das vorliegende Kapitel befaßt sich mit den zentralen Sprachelementen von PL/SQL wie Variablen und ihren Datentypen, Ausdrücken, Operatoren und Kontrollstrukturen. Die Beispiele verdeutlichen zwar die theoretischen Beschreibungen, sind aber keineswegs als Musterlösungen zu verstehen; sie sollen vielmehr dazu anregen, das ein oder andere Programm selbst zu schreiben.

4.1 Ein einführendes Beispiel

Eine Programmiersprache erlernt man am schnellsten durch Schreiben und Ausführen von kleinen Testprogrammen und durch Verbessern von aufgetretenen Fehlern.

Das Programmbeispiel in diesem Abschnitt zeigt die wichtigsten Sprach- und Strukturierungselemente von PL/SQL. Das Beispiel soll zunächst ein Gefühl für das Programmieren in PL/SQL geben, ohne auf syntaktische Regeln, Feinheiten und Ausnahmen näher einzugehen. Diese werden in den nachfolgenden Kapiteln detailliert erläutert.

Ein PL/SQL-Programm kann sofort nach der Erstellung gestartet werden. Wie ein Programm genau ausgeführt wird, hängt vom verwendeten Werkzeug ab (vgl. dazu Kapitel 2.2). Die in diesem Buch dargestellten Beispielprogramme werden alle innerhalb SQL*Plus ausgeführt. Der Name der Programmdatei im Beispiel lautet *insfilme.sql*. Durch Eingabe der Anweisung

```
SQL> start insfilme.sql;
```

wird das Beispielprogramm in SQL*Plus gestartet. Besitzt der Dateiname die Endung *„sql"*, so kann diese auch weggelassen werden.

Als Empfehlung sollten PL/SQL-Programme immer mit einem Texteditor erstellt und in einer Datei gesichert werden. Fehler wie Syntaxfehler sind schneller durch wiederholtes Editieren mit einem Editor korrigierbar als durch die Editiermöglichkeiten des Speicherbereiches innerhalb von SQL*Plus (siehe 3.1).

Beachten muß man hierbei, daß der Programmtext zur sofortigen Ausführung innerhalb von SQL*PLUS in der letzten Zeile ein „/" enthalten muß.

```
declare

  v_genre              number(2);
  cursor c_fliste      is       SELECT *
                                FROM   filmliste;
  fl_satz              c_fliste%ROWTYPE;

begin
  open c_fliste;       /* Offnen des Cursors         */
  loop                 /* Verarbeitung aller Filme   */
    fetch c_fliste into fl_satz;
    if c_fliste%NOTFOUND or c_fliste%NOTFOUND is NULL
    then
      exit;
    end if;

    begin              /* Lesen der Genrenummer      */
      SELECT genre_id
      INTO   v_genre
      FROM   genre
      WHERE  lower(text) = lower(fl_satz.genre);
    exception
      when OTHERS then
        v_genre := NULL;
    end;

    if fl_satz.titel is not NULL then
      INSERT INTO film (film_id, jahr, genre,
                        typ, laenge)
      VALUES (seq_film.nextval, fl_satz.jahr, v_genre,
              fl_satz.filmtyp, fl_satz.laenge);
      INSERT INTO titel (titel_id, film_id, typ,
                         sprache, titel)
      VALUES (seq_titel.nextval,seq_film.currval,
              fl_satz.titeltyp, fl_satz.sprache,
              upper(fl_satz.titel));
    else    /* Fehlerhaften Satz kennzeichnen */
      UPDATE filmliste
      SET    status = 'F'
      WHERE  nr = fl_satz.nr;
    end if;
    COMMIT; /* Festschreiben der Tabelleneintrage */
  end loop;
  close c_fliste;      /* Schließen des Cursors      */

exception
  when OTHERS then
    dbms_output.put_line('Satznr.:' || fl_satz.nr);
end;
```

Beschreibung des Beispielprogrammes

Das Beispielprogramm hat die Aufgabe, aus der Tabelle „Filmliste" alle Sätze zu lesen und die relevanten Daten in die Tabellen „Film" und „Titel" einzutragen.

Deklarationsteil: Schlüsselwort DECLARE

Die erste Zeile kennzeichnet mit dem Schlüsselwort DECLARE den Beginn des Deklarationsteils in einem anonymen Block. In PL/SQL müssen alle Datentypen von Variablen vor ihrer Benutzung deklariert werden. Im Beispielprogramm werden die Variablen *v_genre*, *fl_satz* und der Cursor *c_fliste* mit ihren Datentypen vereinbart.

Anweisungsteil: Schlüsselwort BEGIN

Der Ausführungsteil beginnt mit dem Schlüsselwort BEGIN. Jedes ausführbare PL/SQL-Programm muß mindestens einen BEGIN-END Block enthalten. Die erste Anweisung im Ausführungsteil öffnet den deklarierten Cursor *c_fliste*, dessen SQL-Anweisung ausgeführt wird.

Loop-Schleife

Die eigentliche Verarbeitung in diesem Programmbeispiel erfolgt innerhalb der Loop-Schleife. Dieses Programmkonstrukt ermöglicht, gleiche Anweisungen beliebig oft zu wiederholen. Die Fetch-Anweisung stellt im ersten Schleifendurchlauf den ersten Satz aus dem Ergebnis der Select-Abfrage in die Cursorvariable *fl_satz*. Mit jedem Schleifendurchlauf wird der nächste Satz in die Variable gelesen. Dieser Vorgang wiederholt sich solange, bis das Abbruchkriterium zum Verlassen der Schleife erfüllt ist.

Im Programmbeispiel wird die Schleife mit dem Exit-Befehl verlassen, nachdem der letzte Satz aus der Ergebnismenge (*c_fliste%NOTFOUND*) bzw. kein Satz gelesen werden konnte (*c_fliste%NOTFOUND is NULL*).

SELECT-INTO-Anweisung

Anhand der angegebenen Bezeichnung für das Filmgenre erfolgt ein Lesezugriff auf die Tabelle „Genre", um die zugehörige Nummer festzustellen. Falls die jeweilige Genrebezeichnung nicht gefunden werden kann, erhält die Variable *v_genre* den Wert NULL.

IF-THEN-ELSE-ENDIF-Anweisung

Die nächste If-Then-Else-Endif-Anweisung prüft die Bedingung, ob ein gültiger Filmtitel vorhanden ist. Ist die Bedingung erfüllt, werden die jeweiligen Daten in die Tabellen „Film" und „Titel" eingetragen; andernfalls erfolgt ein Update auf das Statusfeld des aktuellen Satzes in der Tabelle

„Filmliste", um den nicht verarbeiteten Satz zu kennzeichnen. Die Bedingung endet mit dem Schlüsselwort END.

CLOSE und COMMIT

Nach Verlassen der Schleife wird der Cursor durch die Anweisung *close c_fliste* wieder geschlossen und die durchgeführten Datenbankoperationen werden durch den Befehl COMMIT festgeschrieben.

Exceptionteil: Schlüsselwort EXCEPTION

Durch das Schlüsselwort EXCEPTION wird ein sogenannter Exceptionteil eingeleitet, der aufgetretene Fehler behandelt. Liegt ein Fehler vor, wird die aktuell gelesene Satznummer auf den Bildschirm ausgegeben. Implizit wird der geöffnete Cursor geschlossen und ein Rollback durchgeführt, um die Änderungen der letzten Transaktion rückgängig zu machen.

Das Beispiel ist mit einfachen PL/SQL-Sprachmitteln programmiert. Im Rahmen dieses Buches werden Möglichkeiten zum Erweitern und Verbessern dieses Beispielprogrammes vorgestellt.

4.2 Allgemeines zur Syntax

PL/SQL unterscheidet keine Groß- und Kleinschreibung. Der Zeichensatz von PL/SQL-Quellprogrammen umfaßt die Buchstaben a-z, A-Z, die Ziffern 0-9, Leerzeichen, Tabs und Zeilenumbruch sowie alle Symbole, die in Abschnitt 4.2 beschrieben sind.

Ein PL/SQL-Programm kennt folgende Klassen von Eingabesymbolen:

- Bezeichner
- Schlüsselworte
- Konstanten
- Symbole
- Kommentare

Als Trennzeichen zwischen diesen Komponenten sind beliebig viele Leerzeichen, Tabulatorzeichen und Zeilenumbrüche erlaubt.

Die Namensgebung von Variablen, Konstanten, Datentypen und Funktionen richtet sich nach den üblichen Oracle-Konventionen:

- Ein Bezeichner kann bis zu 30 Zeichen lang sein.
- Das erste Zeichen muß ein Buchstabe sein.
- Die restlichen Zeichen können aus einer beliebigen Folge von Buchstaben, Ziffern und den Zeichen #, _ und $ bestehen.

Ausgabe von Syntaxfehlern

Vor der Ausführung eines PL/SQL-Programms wird die syntaktische Korrektheit überprüft. Stellt PL/SQL einen Syntaxfehler fest, so wird eine entsprechende Fehlermeldung am Bildschirm angezeigt. Folgendes Beispiel kann nicht korrekt ausgeführt werden, da es noch Syntaxfehler enthält:

```
declare
    _anzahl  number(2);
begin
    SELECT count(*)
    INTO     _anzahl
    FROM    person;
end;
```

```
PLS-00103: Encountered the symbol "_" while parsing.
Symbol was ignored.
PLS-00103: Encountered the symbol "_" while parsing.
Symbol was ignored.
```

Die Variable *_anzahl* wurde mit einem ungültigen Namen deklariert, da das erste Zeichen eines Variablennamens ein Buchstabe sein muß. Nach Umbennen in *anzahl* verläuft die Syntaxprüfung erfolgreich, und der PL/SQL-Block wird ausgeführt. Als Ergebnis wird allerdings nur die erfolgreiche Ausführung mitgeteilt, da das Beispiel keine Ausgabeanweisung des Variableninhaltes enthält.

```
declare
    anzahl    number(3);
begin
    SELECT count(*)
    INTO   anzahl
    FROM   person;
end;
```

```
PL/SQL procedure successfully completed.
```

Schlüsselworte sind reservierte Bezeichner und können daher nur mit ihrer vordefinierten Semantik verwendet werden. Beispielsweise dürfen Schlüsselworte auch nicht als Bezeichner von PL/SQL-Variablen gewählt werden.

Schlüsselworte

Unterteilt nach Verwendungszweck enthält Tabelle 5 die wichtigsten verfügbaren Schlüsselworte[9].

Tabelle 5: Wichtige Schlüsselworte

Verwendung	Schlüsselworte		
Bedingungen	IF	THEN	ELSE
	ELSIF	END IF	
Blockstruktur	AS	BODY	BEGIN
	DECLARE	END	EXCEPTION
	FUNCTION	IS	PACKAGE
	PROCEDURE	TRIGGER	
Cursor-behandlung	CLOSE	CURSOR	FETCH
	OPEN	%FOUND	%ISOPEN
	%NOTFOUND	%ROWCOUNT	
Fehler-behandlung	EXCEPTION	EXCEPTION_INIT PRAGMA	
	RAISE	SQLCODE	
	SQLERRM		
Funktionen	ABS	CHR	CONCAT
	CONVERT	DECODE	INSTR
	LENGTH	LOWER	LPAD
	LTRIM	MAX	MIN
	MOD	REPLACE	RPAD
	RTRIM	SUBSTR	SYSDATE
	TO_CHAR	TO_DATE	TRUNC
	UPPER	USER	USERENV
Operatoren	ALL	AND	ANY
	BETWEEN	CONNECT BY	DISTINCT
	EXISTS	IN	IS NULL
	LIKE	MINUS	NOT
	OR	SOME	UNION

[9] Eine komplette Übersicht über alle verfügbaren Schlüsselworte enthält das Handbuch „PL/SQL User's Guide and Reference" im Anhang E.

Verwendung	Schlüsselworte		
Schleifen	DO FOR	END LOOP LOOP	EXIT WHILE
Sequentielle Ablaufsteuerung	EXIT	GOTO	RETURN
Transaktions-steuerung	COMMIT ROLLBACK	SET TRANSACTION SAVEPOINT	

Konstanten repräsentieren einen bestimmten Wert und einen Datentyp. PL/SQL kennt folgende Arten von Konstanten:

- Zeichenkonstanten
- Numerische Konstanten
- Boolesche Konstanten

Keine Datumkonstanten

In dieser Liste fehlt eine Konstante für Datumsangaben, da in PL/SQL keine spezielle Konstante mit dem Datentyp *date* zur Verfügung steht. Datumsangaben werden immer als Zeichenkette beispielsweise vom Typ *char* oder *varchar2* dargestellt und mit Hilfe von Konvertierungsfunktionen in den Typ *date* überführt.

Zeichenkonstante Datentyp CHAR

Eine Zeichenkonstante ist eine Folge von keinem, einem oder mehreren Zeichen, die zwischen einfachen Anführungszeichen stehen. Die leere Zeichenkette '' entspricht dabei der Konstanten NULL. Innerhalb einer Zeichenkette wird Groß- und Kleinschreibung unterschieden. Der Datentyp einer konstanten Zeichenkette ist CHAR.

Beispiele für Zeichenketten und deren Bedeutung:

```
'Marilyn Monroe'    bedeutet   Marilyn Monroe
'13.01.1992'        bedeutet   13.01.1992
''                  bedeutet   NULL
'   '               bedeutet      (3 Leerzeichen)
```

Aufhebung der Bedeutung des Anführungszeichens

Um innerhalb einer Zeichenkette ein einfaches Anführungszeichen darzustellen, muß die besondere Bedeutung des Anführungszeichens aufgehoben werden. Syntaktisch müssen dazu zwei Anführungszeichen hintereinander angegeben werden, um ein Anführungszeichen innerhalb einer Zeichenkette zu erhalten.

Einige Beispiele und deren Interpretation:

```
'Don''t worry!'        bedeutet   Don't worry!
'''Don''t worry!'''    bedeutet   'Don't worry!'
'„Don''t worry!“'      bedeutet   „Don't worry!“
 ''''''                bedeutet   ''
```

Numerische Konstanten sind ganzzahlige oder Gleitpunktzahlen.

Numerische Konstanten

Eine ganzzahlige Konstante besteht aus einer Folge von Ziffern, die auch führende Nullen und ein optionales Vorzeichen enthalten kann.

Datentyp NUMBER oder REAL

Eine Gleitpunktkonstante setzt sich aus einer Folge von Ziffern, dem Dezimalpunkt, einer nachstehenden Folge von Ziffern, dem Zeichen e oder E und einem ganzzahligen Exponenten mit optionalem Vorzeichen zusammen.

Der Datentyp einer numerischen Konstante wird dabei abhängig von der Form der Darstellung interpretiert, wobei für ganzzahlige Konstanten der Datentyp *number* angenommen wird und für Gleitpunktkonstanten der Datentyp REAL.

Einige Beispiele:

```
1        Datentyp: number  Wert:  1
+1       Datentyp: number  Wert:  1
-1       Datentyp: number  Wert: -1
01       Datentyp: number  Wert:  1
0.0      Datentyp: real    Wert:  0
-8.5     Datentyp: real    Wert: -8.5
3.14159  Datentyp: real    Wert:  3.14159
3.0E3    Datentyp: real    Wert:  3*10^3 = 3000
-3.0e-3  Datentyp: real    Wert:  -3*10^-3 = -0.003
```

Der Boolesche Wertebereich (Datentyp *boolean*) besteht aus den möglichen Werten TRUE, FALSE und NULL. Diese Werte werden wie Variablen, die einen konstanten Wert repräsentieren, behandelt.

Boolesche Konstanten
Datentyp BOOLEAN

Folgendes Beispiel zeigt die Verwendung eines Booleschen Wertes in einem PL/SQL-Block:

```
declare
    a    boolean    := TRUE;
begin
    while a loop
        ...
        a := FALSE;
    end loop;
end;
```

Die Variable *a* wird mit dem Wert TRUE initialisiert und erhält innerhalb der While-Schleife den Wert FALSE.

Symbole

PL/SQL-Symbole sind bestimmte Zeichen bzw. Kombinationen von zwei Zeichen, die in PL/SQL eine besondere Bedeutung besitzen. Tabelle 6 zeigt alle verfügbaren Symbole und beschreibt sie kurz.

Tabelle 6: Symbole und ihre Bedeutung

Symbol	Bedeutung
+ - * / **	Arithmetische Operatoren
= < > <= >= != <>	Vergleichsoperatoren
%	Signalisiert Cursorattribute oder einen abgeleiteten Datentyp. Dient wie in SQL bei Like-Vergleichen auch als Platzhalter für beliebig viele Zeichen.
( )	Argumentlisten und Ausdrücke werden durch Klammern zusammengefaßt.
;	Kennzeichnet das Ende einer Anweisung.
,	Argumente werden durch Komma voneinander getrennt.
.	Zugriff auf eine Komponente beispielsweise einer Recordvariablen bzw. einer Tabelle.
@	Kennzeichnet einen entfernten Datenbankzugriff.
'	Zeichenketten werden durch einfache Anführungszeichen begrenzt.

<table>
<tr><th>Symbol</th><th>Bedeutung</th></tr>
<tr><td>"</td><td>Die doppelten Anführungsstriche kennzeichnen einen qualifizierenden Bezeichner.</td></tr>
<tr><td>:</td><td>Der Doppelpunkt referenziert eine Umgebungsvariable.</td></tr>
<tr><td>:=</td><td>Zuweisungsoperator, um eine Variable mit einem Wert zu belegen.</td></tr>
<tr><td>=></td><td>Assoziationsoperator zur Kennzeichnung eines positionalen Parameters.</td></tr>
<tr><td>..</td><td>Bereichsoperator.</td></tr>
<tr><td>||</td><td>Konkatenation von Zeichenketten.</td></tr>
<tr><td><<
>></td><td>Beginn- und Endebegrenzung eines Labels.</td></tr>
<tr><td>_</td><td>Der Unterstrich wird wie in SQL als Platzhalter für genau ein Zeichen benutzt.</td></tr>
<tr><td>--</td><td>Einzeiliger Kommentar.</td></tr>
<tr><td>/*
/</td><td>Mehrzeiliger Kommentar, wobei / den Anfang und */ das Ende eines Kommentares kennzeichnet.</td></tr>
</table>

Innerhalb von PL/SQL-Quelltexten können beliebig viele Kommentare stehen. Unterschieden werden dabei ein- und mehrzeilige Kommentare:

- Das Symbol – markiert einen Kommentar auf Zeilenebene.
- Zwischen den Zeichen /* und */ stehen mehrzeilige Kommentare.

Kommentare

Kommentare können im Programmtext an den Stellen stehen, wo auch Leerzeichen stehen können, d. h. am Zeilenanfang, Zeilenende und auch in der Mitte einer Zeile, sofern durch den Kommentar kein Bezeichner oder Schlüsselwort unterteilt wird. Mehrzeilige Kommentare können nicht verschachtelt werden. Folgender Versuch, ein längeres Programmstück zu Testzwecken auszukommentieren, ist demnach nicht zulässig.

```
...
begin
   if in_personenname is not NULL then
      /* Person aus Tab. Person lesen */
      SELECT person_id
      INTO   pe_id
      FROM   person
      WHERE  name = in_personenname;
   end if;
/*
   /* Insert eines Darstellers */
   INSERT INTO mitwirkung (...)
   VALUES (...);
   /* Erzeugten Ident lesen */
   SELECT seq_mitwirkung_id.currval
   INTO   out_mitw_id
   FROM   dual;
*/
end;
/
```

Korrekter Kommentar

Markiert neuen Kommentar; dies ist aber innerhalb eines anderen Kommentares nicht erlaubt.

```
*/
*
ERROR at line 25:
ORA-06550: line 25, column 1:
PLS-00103: Encountered the symbol "*" when expecting
one of the following:
begin declare end exception exit for goto if loop mod
null pragma raise return select update
while <an identifier> etc.
```

Abschließend noch eine Anmerkung zur äußerlichen Form eines PL/SQL-Programmtextes: Der äußere Aufbau eines Programms kann unter Beachtung der syntaktischen Regeln frei gewählt werden. Eine einheitliche Form trägt allerdings wesentlich zum Verständnis eines Programms bei – insbesondere, wenn mehrere Personen ein Programm verstehen, ändern oder erweitern müssen.

Formatierung der Beispiele

Einige Regeln, nach denen sich die Formatierung der Beispiele in diesem Buch orientiert, seien dennoch erwähnt:

- Eingebettete Blöcke werden durch Leerzeichen optisch eingerückt.
- Anweisungen in Bedingungen und Schleifen werden ebenfalls optisch abgesetzt.
- Deklarations- und Ausführungsteil werden durch eine Leerzeile voneinander getrennt.

- SQL-Schlüsselworte sind in Großbuchstaben geschrieben, alle anderen in Kleinbuchstaben.
- Kommentare stehen am Zeilenende oder allein in einer Zeile.

Der nächste Abschnitt behandelt einige Besonderheiten bei der Verwendung von SQL innerhalb von PL/SQL.

4.3 SQL-Aufrufe in PL/SQL

Innerhalb von PL/SQL können alle Befehle zum Verändern von Datenbankinformation (DML-Anweisungen), zur Transaktionssteuerung sowie zur Cursorsteuerung verwendet werden. Tabelle 7 zeigt exemplarisch SQL-Aufrufe in PL/SQL unter Verwendung von Variablen und Programmcursorn.

Tabelle 7: SQL-Aufrufe in PL/SQL

SQL-Befehl	Aufruf innerhalb von PL/SQL	Beschreibung
SELECT	SELECT upper(name) INTO v_name FROM person WHERE person_id = 385;	Um das Ergebnis eines Select-Aufrufes aufzunehmen, **muß** eine Variable bereitgestellt werden.
INSERT	INSERT INTO person (person_id, name) VALUES (seq_person.nextval, v_name);	Die einzelnen Spaltenwerte können mittels Sequenzen, Konstanten, Variablen oder direkt angegeben werden (gilt auch für Update- und Delete-Anweisungen).
UPDATE	UPDATE person SET name = v_name WHERE person_id = v_id;	Der Nachname wird durch den Variablenwert *v_name* aktualisiert.
DELETE	DELETE person WHERE person_id = v_id;	Löschen einer Person durch Angabe des Zeilenschlüssels in der Variable *v_id*.

Anweisungen zur Definition und Kontrolle von Datenbankobjekten (DDL- und DCL-Anweisungen) sind innerhalb von

PL/SQL nicht ausführbar. Damit kann zum Beispiel ein PL/SQL-Programm keine Tabelle direkt mit CREATE erzeugen oder direkt durch TRUNCATE löschen. Anforderungen dieser Art können durch einen Work-Around gelöst werden, wie zum Beispiel durch Aufruf von SQL*Plus-Skripten (vgl. Kapitel 3.6), oder durch Einsatz von dynamischem SQL (vgl. Kapitel 4.13).

4.4 PL/SQL-Blöcke

Die kleinste Programmeinheit in PL/SQL ist ein Block, wobei folgende Blockvarianten unterschieden werden:

- Anonymer Block
- Benannter Block

Anonymer Block

Ein anonymer Block besitzt keine Definitionsvereinbarung und keinen Namen und kann daher nicht aus anderen PL/SQL-Programmen aufgerufen werden. Diese Blockvariante wird innerhalb eines Oracle-Tools direkt an den PL/SQL-Prozessor übergeben und zur Ausführung gebracht. Ein anonymer Block kann nicht in der Datenbank abgelegt werden.

Abbildung 6 zeigt einen typischen anonymen PL/SQL-Block. In SQL*Plus wird ein anonymer Block beispielsweise durch die Eingabe *start* *<Dateiname>* oder durch interaktive Eingabe mit abschließendem '/' ausgeführt.

Abbildung 6: Anonymer Blockaufbau

```
declare
        /* Deklarationsteil */

begin
        /* Anweisungsteil */

exception
        /* Exceptionteil */

end;
```

Benannter Block

Benannte Blöcke sind Prozeduren, Funktionen und Trigger. Diese besitzen im Vergleich zu anonymen Blöcken einen Definitionsbereich. Das einleitende Schlüsselwort (*function, procedure, trigger*) legt dabei die jeweilige Art des Blocks fest. Abbildung 7 zeigt den allgemeinen Aufbau eines benannten Blocks.

```
function | procedure | trigger
        /* Definitionsteil */

is
        /* Deklarationsteil */

begin
        /* Anweisungsteil */

exception
        /* Exceptionteil */

end;
```

Abbildung 7: Benannter Blockaufbau

Funktionen und Prozeduren sind jederzeit aufrufbar und besitzen eine Parameterleiste zur Übergabe von Aufrufparametern und zur Rückgabe von Ergebnisparametern. Mit dem Schlüsselwort CREATE werden Funktionen und Prozeduren als sogenannte StoredProcedures in der Datenbank erzeugt und kompiliert gespeichert. Der Aufruf und die Ausführung einer StoredProcedure erfolgt per Funktions- bzw. Prozeduraufruf in der Datenbank. Dieses Thema wird in Kapitel 5.1 genau behandelt.

Wie aus den Abbildungen zu den beiden Blockvarianten bereits ersichtlich, besteht ein Block aus folgenden Bereichen:

- **Definitionsteil**
  Dieser Bereich legt die Verwendung des PL/SQL-Blocks als Prozedur, Funktion oder Trigger fest. Funktionen, Prozeduren und Trigger werden durch einen Namen und eine Parameterleiste definiert. Bei Funktionen wird zusätzlich der Datentyp des Rückgabewertes spezifiziert. Anonyme Blöcke haben keinen Definitionsteil.

- **Deklarationteil**
  Der Deklarationsteil enthält die Vereinbarungen der erforderlichen Variablen, Konstanten, Cursor, Fehlerzustände und Exceptions. Bei anonymen Blöcken beginnt der Deklarationsteil mit dem Schlüsselwort DECLARE, bei benannten Blöcken mit IS.

- **Anweisungsteil**
  Der Anweisungsteil enthält den eigentlichen, auszuführenden Programmteil in Form von Zuweisungen, Schleifen und Bedingungen.

- **Exceptionteil**
  Der Exceptionbereich behandelt aufgetretene Fehler und Ausnahmesituationen.

Definitionsteil, Deklarationsteil und Exceptionteil sind optional verwendbar. Abbildung 8 zeigt einige typische Blockstrukturen.

Abbildung 8: Unterschiedliche Blockvarianten

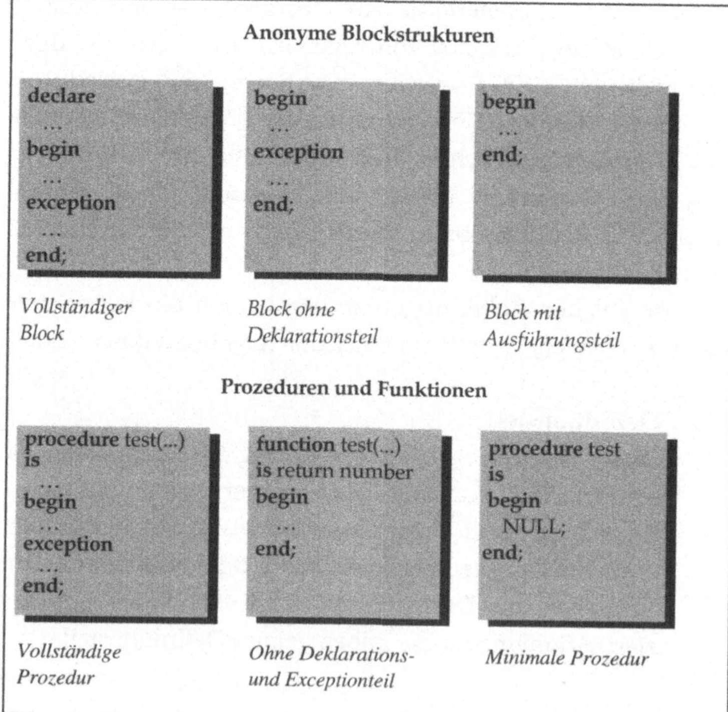

Anonyme Blöcke können Funktionen und Prozeduren aufrufen oder selbst in Prozeduren, Funktionen, Trigger und anderen anonymen Blöcken eingebettet sein. Dies erlaubt, Programme übersichtlich zu strukturieren und wiederverwendbare logische Programmeinheiten zu entwickeln. Daneben bietet eine Aufteilung der gesamten Programmlogik in kleine, überschaubare Einheiten auch Vorteile bei der Programmentwicklung: einzelne Blöcke wie Prozeduren können unabhängig vom restlichen Programmkontext realisiert und getestet werden.

Prozeduren und Funktionen behandelt Kapitel 5.1, Trigger werden in Kapitel 6 genauer erklärt. Die nächsten Abschnitte beschreiben die einzelnen Bestandteile eines anonymen Blocks.

4.4.1 Deklarationsteil

Im Deklarationsteil werden sämtliche für den Block erforderlichen Programmeinheiten wie Variablen, Cursor, Exceptions sowie lokale Prozeduren und Funktionen vereinbart.

- Variablen und Konstanten erhalten einen Namen und Datentyp und können mit einem Wert initialisiert werden.
- Explizite Programm-Cursor für mengenorientierte Verarbeitung von Ergebniszeilen innerhalb von PL/SQL werden definiert.
- Benutzerdefinierte Ausnahmezustände werden festgelegt und intere Oracle-Exceptions mit Namen versehen.
- Lokale Prozeduren und Funktionen werden definiert.

In anonymen Blöcken beginnt der Deklarationsteil mit dem Schlüsselwort DECLARE, in benannten Blöcken mit dem Schlüsselwort IS bzw. AS. Falls keine Deklarationen erforderlich sind, kann bei anonymen Blöcken der gesamte Deklarationsteil fehlen und bei benannten Blöcken leer sein.

Da ein Block innerhalb eines anderen Blocks stehen darf, kann ein PL/SQL-Programm bzw. ein PL/SQL-Block aus mehreren Deklarationsteilen bestehen. Allerdings kann innerhalb eines Deklarationsbereiches kein anderer Block stehen.

Auflösung von Namenskonflikten

Um Namenskonflikte bei Vergabe von gleichen Variablennamen in verschiedenen ineinander geschachtelten Blökken aufzulösen, gelten folgende einfache Regeln, die denen anderer Programmiersprachen wie C entsprechen:

- Variablendeklarationen in inneren Blöcken verbergen Variablen gleichen Namens in allen umgebenen Blökken.
- Die Lebensdauer einer deklarierten Variablen besteht bis zum Ende des Blocks, in dem sie definiert wurde. Nach dem Verlassen eines Blocks sind die in diesem Block deklarierten Variablen nicht mehr definiert, und alle im Block deklarierten und geöffneten Cursor werden automatisch geschlossen.

Um Programmierfehler und schlecht lesbaren Programmcode zu vermeiden, sollte man keine Bezeichner für Variablen verwenden, die in äußeren Blöcken bereits deklariert wurden.

Abbildung 9: Aufbau des Deklarationsteils

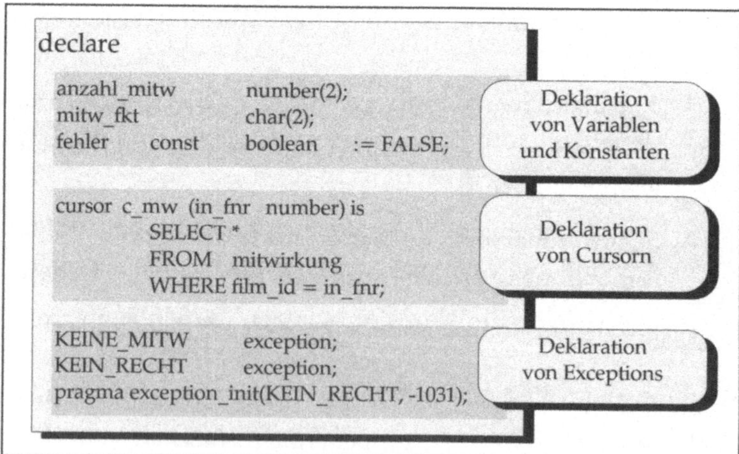

4.4.2 Anweisungsteil

Der Anweisungsteil enthält, wie der Name bereits ausdrückt, sämtliche für die Programmausführung erforderlichen Anweisungen. Erkennbar ist der Anfang und das Ende eines Anweisungsteiles an den Schlüsselworten BEGIN und END. Innerhalb des Anweisungsteiles können andere Blöcke stehen.

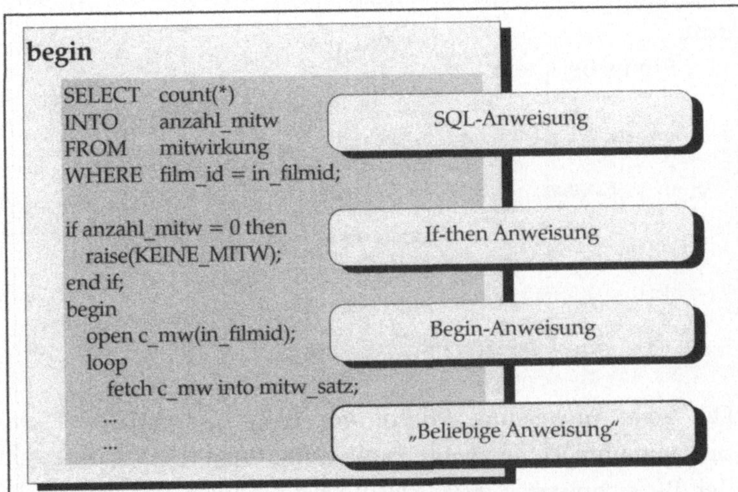

Abbildung 10: Aufbau des Anweisungsteiles

Ein Block muß mindestens aus einem Anweisungsteil bestehen und ein Anweisungsteil darf nie leer sein.

Das kleinste mögliche PL/SQL-Programm ist somit folgendes:

```
begin
    NULL;
end;
```

Die Ausführung dieses Blocks bewirkt „nichts". Allerdings sind solche leeren Blöcke für die Programmentwicklung hilfreich, um ein Programm schrittweise zu entwickeln und zu testen.

Anweisung

Wie aus anderen prozeduralen Programmiersprachen bekannt, kann eine Anweisung zum Beispiel eine Wertzuweisung an eine Variable, eine Bedingung oder ein Aufruf einer Prozedur sein. In PL/SQL besteht eine Anweisung auch aus einem Aufruf zur Kommunikation mit Oracle, wie zum Beispiel eine Anweisung zum Öffnen eines Cursors oder zum Update einer Tabelle. Jede Anweisung wird durch einen Strichpunkt abgeschlossen und kann mehrere Zeilen lang sein.

Einige Beispiele:

```
anzahl_mitw := anzahl_mitw + 1;

open c_fliste;

exit;

UPDATE   filmliste
SET      status = 'F'
WHERE    nr = filmliste_satz.nr;
```

Die erste Anweisung erhöht den Wert der Variablen *anzahl_mitw* um 1, die zweite Anweisung öffnet den Cursor mit der Bezeichnung *c_fliste*. Die nächste Anweisung veranlaßt, daß der aktuelle Kontext im Programm verlassen wird. Die letzte Anweisung ändert den Attributwert *status* in der Tabelle „Filmliste".

4.4.3 Exceptionteil

Ein Exceptionteil wird durch das Schlüsselwort EXCEPTION eingeleitet und kann optional einem Anweisungsteil folgen. In diesem Bereich wird auf bestimmte und auf unerwartete Fehler sowie Ausnahmezustände, die während der Programmausführung auftreten, explizit reagiert.

Die Klasse dieser Fehler bzw. Ausnahmesituationen bezeichnet PL/SQL als Exceptions.

Exceptions werden auf unterschiedliche Art verursacht:

- Oracle löst während der PL/SQL-Programmausführung einen internen Fehlerzustand aus.
- Das PL/SQL-Programm führt eine vom Programmierer definierte Exception aus.

Exceptionhandler

Für jedes Ereignis kann im Exceptionteil ein sogenannter Exceptionhandler stehen, der für die Behandlung des aufgetretenen Ereignisses verantwortlich ist. Den Bezug zwischen Ereignis und Handler stellt ein symbolischer Name für die Exception her. Ein Exceptionhandler kann eine beliebige Anzahl von Anweisungen enthalten, die den aufgetretenen Fehler beheben oder nur abfangen, damit die Programmausführung nicht abgebrochen wird.

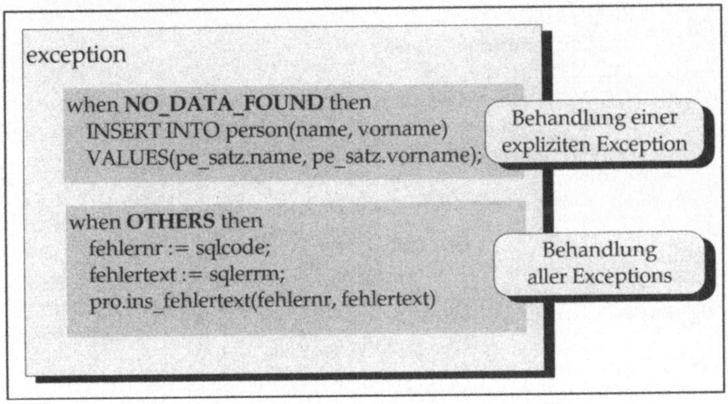

```
exception
  when NO_DATA_FOUND then
    INSERT INTO person(name, vorname)
    VALUES(pe_satz.name, pe_satz.vorname);

  when OTHERS then
    fehlernr := sqlcode;
    fehlertext := sqlerrm;
    pro.ins_fehlertext(fehlernr, fehlertext)
```

Behandlung einer expliziten Exception

Behandlung aller Exceptions

Abbildung 11: Aufbau des Exceptionsteiles

Behandlung einer Exception

Eine während der Laufzeit aufgetretene Exception bewirkt, daß der aktuelle Ausführungsteil sofort verlassen und in den entsprechenden Exceptionhandler verzweigt wird. Befindet sich der gesuchte Handler nicht innerhalb des aktuellen Blocks, so wird der Exceptionteil des äußeren Blocks berücksichtigt. Diese Suche nach einem Handler wird solange fortgesetzt, bis der betreffende gefunden wird. Nach Ausführung der Anweisungen im Exceptionhandler setzt die Programmausführung hinter der Aufrufstelle des unterbrochenen Blocks fort.

Exceptions, die von keinem Exceptionhandler verarbeitet werden, brechen die Programmausführung mit Ausgabe der entsprechenden Fehlermeldung sofort ab. Folgende Beispiele verdeutlichen diesen Unterschied:

```
declare

   v_genre_idnumber(2);
   cursor fliste_cur is      SELECT *
                             FROM   filmliste;
   filmliste_satz    fliste_cur%ROWTYPE;

begin

   open fliste_cur;        /* Offnen des Cursors */
   /* Schleife uber die einzutragenden Filme */
   loop
      fetch fliste_cur into filmliste_satz;
      if (fliste_cur%NOTFOUND or
          fliste_cur%NOTFOUND is NULL) then
         exit;
      end if;
      /* Genrenummer lesen */
      SELECT  genre_id
      INTO    v_genre_id
      FROM    genre
      WHERE   text = filmliste_satz.genre;
   end loop;
   close fliste_cur;

end;
/
```

```
declare
*
ERROR at line 1:
ORA-01403: no data found
ORA-06512: at line 16
```

Während der Programmausführung liefert der Lesezugriff auf die Tabelle „Genre" keinen Ergebnissatz. Dieses Ereignis löst die Exception *NO_DATA_FOUND* aus, die in keinem Exceptionteil behandelt wird und deshalb den Abbruch der Programmausführung verursacht.

Folgende Erweiterung des Programmblocks enthält spezielle Exceptionteile, um diese Fehler abzufangen:

```
declare
   v_genre_idnumber(2);
   cursor fliste_cur  is     SELECT *
                             FROM    filmliste;
   filmliste_satz    fliste_cur%ROWTYPE;

begin
   open fliste_cur;
   /* Schleife uber die einzutragenden Filme */
   loop
      fetch fliste_cur into filmliste_satz;
      if (fliste_cur%NOTFOUND or
          fliste_cur%NOTFOUND is NULL) then
          exit;
      end if;

      begin
          /* Genrenummer lesen */
          SELECT     genre_id
          INTO       v_genre_id
          FROM       genre
          WHERE      text = filmliste_satz.genre;
      exception
          when NO_DATA_FOUND then
              v_genre_id := NULL;
      end;

   end loop;
   close fliste_cur;

exception
   when OTHERS then
      dbms_output.put_line('Fehler bei Satznr: '
                           || filmliste_satz.nr);
end;
/
```

```
PL/SQL procedure successfully completed.
```

In diesem Beispiel steht die Select-Anweisung in einem eigenen Block mit Exceptionteil, der die Exception *NO_DATA_FOUND* explizit behandelt. Liefert die Select-Anweisung während der Programmausführung kein Ergebnis zurück, übernimmt der innere Exceptionteil die Behandlung. Alle weiteren Exceptions werden an den äußeren Exceptionteil (OTHERS) weitergereicht.

4.5 Verwendung von Labels

Anonyme Blöcke, Schleifen und Sprungziele können mit einem Bezeichner, einem sogenannten Label, versehen werden. Labels werden beispielsweise benötigt, um die Zugehörigkeit von Variablen zu einem Block zu kennzeichnen.

Die Syntax zur Definition eines Labels lautet:

<<*Labelname*>>

Ein Label muß allein in einer Zeile stehen. Der Labelname unterliegt der üblichen PL/SQL-Konvention für Bezeichner und kann nur innerhalb des Blocks, der die Definition des Labelnamens enthält, benutzt werden. Bei der Vergabe des Labelnamens sollte beachtet werden, daß aussagekräftige Bezeichner den Zweck des jeweiligen Programmkonstruktes dokumentieren und die Lesbarkeit des Programmtextes, beispielsweise bei tief verschachtelten Schleifen, verbessern können.

Block-Label

Dient ein Label als Bezeichner eines Blocks, so steht die Anweisung für das Label vor dem Schlüsselwort, das den Blockanfang kennzeichnet. Falls ein Deklarationsteil vorhanden ist, ist dies das Schlüsselwort DECLARE; andernfalls beginnt der Block mit dem Schlüsselwort BEGIN. Folgende Beispiele zeigen schematisiert die mögliche Verwendung eines Blocklabels:

```
<<Ueberspringe_DS>>
declare
    ...
begin
    ...
end;
```

```
<<Ueberspringe_DS>>
begin
    ...
end;
```

Schleifen-Label

Eine Schleife wird durch ein Label mit einem Namen versehen, indem direkt vor den Schleifenanfang das Label gesetzt wird. Benutzt werden Schleifenlabels in Exit-Anweisungen, um die Ausführung der gleichnamigen Schleife unmittelbar zu beenden und die Programmausführung hinter der Anweisung END LOOP fortzusetzen. Insbesondere kann eine Exit-Anweisung mit einem Labelnamen nicht nur die aktuelle, sondern auch die Ausführung der übergeordneten Schleifen sofort beenden.

Ein Beispiel:

```
declare
   bedingung boolean := TRUE;

begin
   <<Schleife_1>>
   while bedingung loop
      ...
      <<Schleife_2>>
      while bedingung loop
         ...
         exit Schleife_1;
         ...
      end loop;
   end loop;
end;
```

Ein Label kann in Verbindung mit einer GOTO-Anweisung auch als Sprungziel verwendet werden. Diese Möglichkeit wird in Abschnitt 4.8.3 diskutiert.

4.6 Datentypen und Variablen

Variablen und Konstanten sind in jeder prozeduralen Programmiersprache die elementaren Bausteine eines Programms. Variablen sind durch einen Variablenbezeichner, einem Datentyp und bei Bedarf durch einen Anfangswert deklariert. Konstanten behalten im Unterschied zu Variablen ihren zugewiesenen Wert. Der Datentyp bestimmt in beiden Fällen den Wertebereich und die Operationen, die für diesen Wertebereich gültig sind. Da PL/SQL die Vorwärtsdeklaration von Variablen nicht unterstützt, müssen Variablen und Konstanten vor ihrer Verwendung deklariert werden, damit der zugeordnete Datentyp bekannt ist.

Datentyp-Kategorien

Die in PL/SQL verfügbaren Datentypen bilden folgende Kategorien:

- Elementare Datentypen
- Strukturierte Datentypen
- Abgeleitete Datentypen

Zunächst geben die folgenden Abschnitte einen Überblick über diese verfügbaren Datentypen und über die Möglichkeiten, Datentypen zu konvertieren. Spätere Abschnitte zeigen dann, wie Variablen mit diesen Datentypen vereinbart werden, wie Variablen Werte erhalten und wie sie verwendet werden können.

Tabelle 8: Datentypen in PL/SQL

Datentyp	Beschreibung
char[*L*] • character • string	Der Datentyp *char* kann beliebige Zeichen aufnehmen; die Länge [1..32767 (Byte)] wird im Parameter *L* angegeben. Fehlt diese Längenangabe, wird die Voreinstellung *char(1)* verwendet. Die interne Darstellung hängt vom eingestellten Zeichensatz ab. Zu beachten ist der Unterschied zum gleichnamigen Tabellen-Datentyp *char*, der nur Zeichenketten bis zu einer Länge von 255 Zeichen erlaubt. Varianten vom Datentyp *char* mit gleichem Wertebereich sind *character* und *string*.
varchar2(*L*) • varchar • long	Mit diesem Datentyp werden unterschiedlich lange Zeichenketten behandelt. Die mögliche Länge (in Byte) wird im Parameter *L* angegeben. Im Unterschied zum Tabellentyp *varchar2*, der nur maximal 2000 Bytes speichern kann, kann der PL/SQL-Datentyp bis zu 32767 Bytes aufnehmen. Analog zum Datentyp *varchar2* verhält sich *varchar*. Allerdings wird in der Literatur vor der Verwendung von *varchar* gewarnt, da SQL-Standardisierungsbestrebungen zur Neudefinition von *varchar* führen könnten. Gleichbedeutend zu *varchar2* ist auch der Typ *long*, dessen maximale Länge 32760 Bytes beträgt. Hier ist das Verhältnis zum Tabellentyp *long* genau umgekehrt: solche Tabellenspalten nehmen bis zu 2147483647 Bytes auf.

Datentyp	Beschreibung
number [(*v*, *n*)] • decimal (dec) • float • integer, int • real • smallint • double precision • numeric	zulässiger Wertebereich: [1.0E-129 .. 9.99E125] Dieser Datentyp speichert Gleitpunktwerte. Die Anzahl der Ziffern vor dem Komma (max. 38 Stellen) und nach dem Komma (von -84 bis 127) kann optional in den Parametern angegeben werden. Variablen für spezielle Erfordernisse wie für Berechnungen mit höherer Genauigkeit können auch mit folgenden Datentypen vereinbart werden: *decimal (dec), float, integer, int, real, smallint, double precision, numeric.*
binary_integer • natural • positive	Dieser Datentyp repräsentiert ganzzahlige Werte aus dem Wertebereich [-2147483647, 2147483647]. Positive Zahlen werden durch die Varianten *natural* und *positive* dargestellt.
boolean	Variablen dieses Datentyps können die Werte TRUE, FALSE und NULL annehmen. *Boolean* ist nicht als Tabellendatentyp zulässig.
date	Der Datentyp *date* wird benutzt, um ein Datum zu speichern. Tabellenspalten mit diesem Typ enthalten zusätzlich zum Datum die Uhrzeit in Sekunden seit Mitternacht.
rowid	Jede Datenbanktabelle besitzt die Pseudospalte ROWID, die die eindeutige Adresse einer Tabellenzeile in der Datenbank enthält. Diese Adresse ändert sich während des gesamten Lebenszyklus einer Tabellenzeile nicht und kann daher in SQL-Anweisungen angesprochen werden.
raw(*L*)	Dieser Datentyp ist für die Haltung binärer Daten bis zur maximalen Länge von 32767 Bytes gedacht. Eine Variable vom Typ *raw* kann zum Beispiel eine kleine Graphik oder ein digitalisiertes Bild speichern. Ein Wert für den Parameter *L* muß angegeben werden. Der gleichnamige Tabellentyp kann nur bis zu 255 Bytes halten. Mehr Kapazität mit 32760 Bytes bietet der Tabellendatentyp *long raw*.
mlslabel	Dieser Datentyp kann nur in Verbindung mit Trusted Oracle benutzt werden, um beliebig lange binäre Betriebssystemlabels zu speichern.

4.6.1 Basisdatentypen

In PL/SQL gibt es eine Vielzahl von elementaren Datentypen, die zur Deklaration von Variablen erlaubt sind. Unter elementaren Datentypen versteht man dabei alle Typen, die selbst nicht mehr explizit in einem Deklarationsteil definiert werden müssen. Diese Datentypen sind:

- Zeichenorientierte Typen
- Numerische Typen
- Boolesche Typen
- Typen zur Datumbehandlung

Wertebereiche und Eigenschaften der gebräuchlichsten Datentypen werden in Tabelle 8 beschrieben.

4.6.2 Strukturierte Datentypen

Neben der Verwendung der elementaren Datentypen besteht für den Programmierer die Möglichkeit, strukturierte Datentypen zu vereinbaren, deren Komponenten sich aus bekannten Datentypen ableiten. Folgende Strukturen sind dabei erlaubt:

- **PL/SQL Table**
  Entspricht einer Tabellenspalte mit einem bestimmten Datentyp.
- **Record**
  Ein Record setzt sich aus einer Folge von Variablen beliebiger Datentypen zusammen.

Wie bereits erwähnt, ist PL/SQL eine typenstrenge Sprache. Das bedeutet, daß strukturierte Datentypen vor ihrer Verwendung als Datentyp im Deklarationsteil vereinbart werden müssen.

Zur Unterscheidung von Datenbanktabellen werden Objekte vom Typ „Table“ als PL/SQL-Tabellen bezeichnet. Die syntaktische Form zur Definition eines Table-Datentyps lautet:

TYPE *Typname* IS
    TABLE OF *Datentyp* [NOT NULL]
    INDEX BY BINARY_INTEGER;

Das Schlüsselwort TYPE leitet die Typvereinbarung ein. Der folgende *Typname* ist der Bezeichner des neu definierten PL/SQL-Tabellentyps. Der jeweilige Datentyp der PL/SQL-Tabellenspalte kann in *Datentyp* gemäß folgender Syntax angegeben werden:

{ *Datentypbezeichner*
| *Variablenname*%TYPE
| *Tabellenname.Attributname*%TYPE }

Optional kann das Constraint NOT NULL hinter dem Datentyp stehen, um auszuschließen, daß NULL-Werte in die Tabelle eingefügt werden. PL/SQL-Tabellen bestehen immer aus zwei Spalten. Die erste Spalte ist dabei für den Primärschlüssel reserviert, dessen Datentyp auf *binary_integer* beschränkt ist. Das Schlüsselwort INDEX BY kennzeichnet, daß in diese erste Spalte nur unterschiedliche Werte eingetragen werden können.

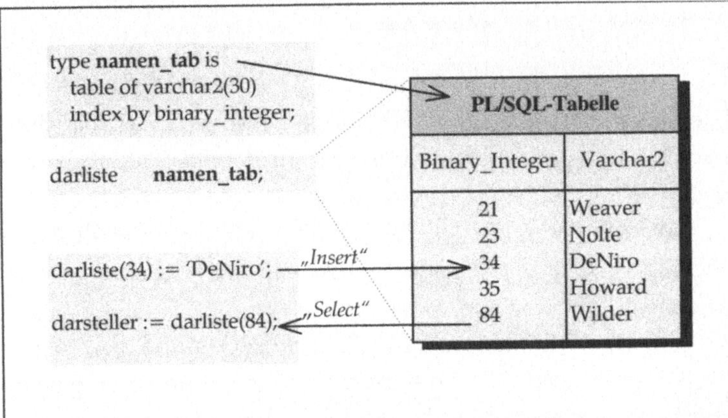

Abbildung 12: PL/SQL-Tabelle

Der Typ der zweiten Spalte kann vom Programmierer aus der Menge der elementaren Datentypen frei bestimmt werden, strukturierte Typen sind an dieser Stelle nicht erlaubt. Die Spalten tragen keine Namen. Durch diese Beschränkungen kann man eine PL/SQL-Tabelle auch als eindimensionalen Array bezeichnen (vgl. auch Abbildung 12). Die Erweiterung des Datentyps auf eine flexible Anzahl von Spalten und die Möglichkeit, Namen für die Spalten zu vergeben, ist für zukünftige Versionen bereits angekündigt.

Satzanzahl und Inhalt

Wie Datenbank-Tabellen können auch PL/SQL-Tabellen eine beliebige Anzahl von Datensätzen aufnehmen. Eine Zeile existiert erst, nachdem ihr ein Wert zugewiesen wurde. Einzelne Zeilen können nicht gelöscht werden, können aber zum Beispiel durch Überschreiben mit einem dafür reservierten Wert als gelöscht gekennzeichnet werden. Der Zugriff auf ein Spaltenelement in der PL/SQL-Tabelle erfolgt nur durch Angabe des Primärschlüssels der PL/SQL-Tabelle. Dieser Index kann durch einen beliebigen Ausdruck vom Datentyp *binary_integer* repräsentiert werden.

Ein erstes Beispiel zeigt die Definition eines PL/SQL-Tabellendatentyps mit dem Bezeichner *genre_tab*, dessen Werte dem Datentyp *varchar2(20)* entsprechen müssen.

```
declare
   TYPE genre_tab IS    TABLE OF varchar2(20)
                        INDEX BY BINARY_INTEGER;

   genre_liste   genre_tab;
   ...
```

Die zweite Anweisung vereinbart eine PL/SQL-Tabellenvariable mit dem Namen *genre_list* und dem Datentyp *genre_tab*.

Weitere Beispiele sowie die Beschreibung, wie PL/SQL-Tabellen verwendet werden, enthalten die Abschnitte 4.6.5 und 4.6.6.

Einsatz von PL/SQL-Tabellen

Ab PL/SQL Version 2.2 können PL/SQL-Tabellen auch in Precompiler- und OCI-Programmen als Argumente an gespeicherte Prozeduren oder Funktionen übergeben bzw. an den

Aufrufer zurückgeliefert werden. In C ist beispielsweise der korrespondierende Datentyp ein Array.

Diese Möglichkeit kann den erforderlichen Netzverkehr zwischen Clientprogramm und Datenbankserver erheblich vermindern.

verbessertes Laufzeitverhalten

Folgendes Beispiel skizziert diesen Aspekt: Ein Client-Programm muß in einer Transaktion unter Verwendung einer StoredProcedure zehn Datensätze in eine Tabelle einfügen. Verfügt der Server über eine niedrigere PL/SQL Version als 2.2, besteht nur die Möglichkeit, die jeweiligen Werte für jeden Datensatz als einzelne Argumente an eine StoredProcedure zu übergeben. Dazu finden mindestens zehn Netzwerkaufrufe statt. Mit PL/SQL Version 2.2 können alle Werte einer Spalte jeweils als PL/SQL-Tabelle übergeben werden, der notwendige Netzwerkverkehr reduziert sich damit auf einen Aufruf der jeweiligen StoredProcedure. Dieser Sachverhalt wird in Kapitel 10 genauer behandelt.

Record

Ein Record faßt eine beliebige Anzahl von Variablen mit beliebigen Datentypen unter einem Namen als Einheit zusammen. Als Datentypen der Recordvariablen sind neben den elementaren Datentypen wiederum strukturierte Typen erlaubt. Damit ist ein PL/SQL-Record mit einem durch *„struct"* definierten Record in C vergleichbar. Die Syntax zur Konstruktion eines Records lautet:

```
TYPE Typname IS RECORD
   (Feldname1 Datentyp [NOT NULL {DEFAULT | := } Ausdruck],
    Feldname2 Datentyp [NOT NULL {DEFAULT | := } Ausdruck],
    ...);
```

Die Typvereinbarung beginnt mit dem Schlüsselwort TYPE. Jeder Recorddatentyp wird durch einen, innerhalb der Typvereinbarung eindeutigen, Namen (*Typname*) gekennzeichnet. Die einzelnen Komponenten des Records müssen einen Namen (wie *Feldname1*), einen Datentyp (wie *Datentyp1*) und eventuell einen Anfangswert (*Ausdruck*) besitzen.

Als Datentypen sind dabei elementare und strukturierte Typen zulässig, die wie folgt angegeben werden können:

```
Datentyp ::=
        { Datentypbezeichner
         | Variablenname%TYPE
         | Record_Variablenname%TYPE
         | Tabellenname.Attributname%TYPE
         | Tabellenname%ROWTYPE
         | Cursorname%ROWTYPE
         | Cursor_Variablenname%ROWTYPE }
```

Die Initialisierung einer Komponente wird durch := oder durch das Schlüsselwort DEFAULT eingeleitet. Im Gegensatz zu einer PL/SQL-Tabelle können alle Komponenten eines Records auf einmal durch Zuweisung einer Recordvariablen initialisiert werden.

Das folgende Beispiel deklariert einen neuen Record-Datentyp mit dem Namen *adr_rectyp*:

```
declare
   TYPE adr_rectyp is RECORD
      (ort            varchar2(30),
       plz            varchar2(10),
       strasse        varchar2(30),
       hausnr         varchar2(5),
       lkz            varchar2(3));
   adresse_rec        adr_rectyp;
   anschrift_rec      adr_rectyp;

begin
   adresse_rec.ort := 'unbekannt';
   anschrift_rec := adresse_rec;
   ...
```

Der Bezeichner einer Recordkomponente setzt sich aus der Recordvariablen und dem Komponentennamen zusammen, die mit der üblichen Punkt-Notation verbunden werden. Die Anweisung

```
adresse_rec.ort := 'unbekannt';
```

erlaubt die Zuweisung eines Wertes an die Komponente *ort* des Records *adresse_rec*.

Die nächste Anweisung weist alle Komponentenwerte der Recordvariablen *adresse_rec* an die Komponenten der Recordvariablen *anschrift_rec* zu:

Zuweisung eines Records an eine Variable

```
anschrift_rec := adresse_rec;
```

Das folgende Beispiel zeigt einen Record-Datentyp, der eine Recordvariable als Komponente besitzt. Dabei wird deutlich, daß Recordtypen sehr komplexe Strukturen repräsentieren können.

Verschachtelte Records

```
declare

   TYPE adr_rectyp is RECORD
      (ort              varchar2(30),
       plz              varchar2(10),
       strasse          varchar2(30),
       hausnr           varchar2(5),
       lkz              varchar2(3));

   TYPE person_rectyp is RECORD
      (peid             person.person_id%TYPE,
       name             person.name%TYPE,
       vorname          person.vorname%TYPE,
       adresse          adr_rectyp);

   pe_rec     person_rectyp;

begin
   pe_rec.adresse.ort := 'unbekannt';
   ...
```

Der Record *pe_rec* enthält neben dem Namen, Vornamen und dem Primärschlüssel einer Person auch deren gesamte Adresse. Der Zugriff auf eine Komponente des Records *adr_rectyp* erfolgt bei solchen verschachtelten Records über die Komponente *adresse* des Records *person_rectyp*.

4.6.3 Abgeleitete Datentypen

Neben der direkten Angabe eines Basis- bzw. strukturierten Datentyps besteht die Möglichkeit, den Datentyp einer Variablen implizit zu referenzieren.

Das jeweilige Objekt, dessen Datentyp referenziert wird, kann eine Variable, eine Tabelle oder ein Tabellenattribut sein. Die Referenzierung erfolgt über eines der folgenden Attribute:

- %TYPE
- %ROWTYPE

Die Ersetzung des %TYPE deklarierten Datentyps durch den referenzierten Datentyp erfolgt zur Kompilierungszeit des PL/SQL-Objekts.

Abbildung 13: Deklaration einer Variablen mit %TYPE

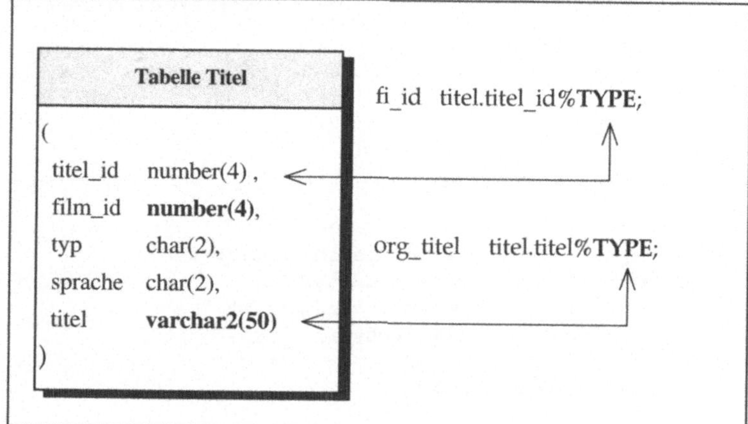

%TYPE

In vielen Fällen werden PL/SQL-Variablen dazu verwendet, Werte aus Tabellen zu lesen oder in Tabellen zu schreiben. Der Datentyp der Variablen muß in diesen Fällen mit dem Datentyp des jeweiligen Tabellenattributs übereinstimmen. Dieser Bezug zum Datentyp einer Tabellenspalte kann durch Angabe des jeweiligen Attributbezeichners und nachfolgendem %TYPE hergestellt werden. Die gesamte Variablendeklaration wird wie folgt angegeben:

Variablenname *Tabellenname.Attributname*%TYPE;

Variablenname enthält den Namen der Variablen, die deklariert wird. Der Datentyp der Variablen entspricht dem Datentyp des Attributs in *Tabellenname.Attributname.*

Durch zusätzliche Angabe des Eigentümers in der üblichen SQL-Notation kann die Tabelle genauer spezifiziert werden. Zu beachten ist, daß Tabellenattribute ihre Constraints wie NOT NULL nicht an abgeleitete Variablen weitergeben.

Eine Variable, die einen Titel aus der Tabelle „Titel" repräsentiert, kann exemplarisch auf folgende Arten deklariert werden:

```
l_titel_1      varchar2(30);
l_titel_2      titel.titel%TYPE;
l_titel_3      l_titel_1%TYPE;
```

Die Variablen *l_titel_1, l_titel_2* und *l_titel_3* können gleichbedeutend verwendet werden, da beide den Datentyp *varchar2(30)* repräsentieren.

%TYPE als PL/SQL-Tabellentyp

Das nächste Beispiel zeigt die Verwendung von %TYPE anstelle eines elementaren Datentyps innerhalb einer Vereinbarung eines PL/SQL-Tabellentyps:

```
    TYPE peid_ tabtyp is
         TABLE of person.person_id%TYPE
         index by binary_integer;
```

Der Datentyp der zweiten Spalte des Typs *peid_tabtyp* wird aus dem Datentyp der Datenbankspalte *person.person_id* abgeleitet.

Ableitung einer Variablendeklaration

Die Syntax, um eine Variable mit dem gleichen Datentyp einer bereits bekannten Variablen zu deklarieren, ist analog:

Variablenname Ref_Variable%TYPE;

Ref_Variable entspricht dem Namen der Variable, deren Datentyp abgeleitet wird, und *Variablenname* ist der Bezeichner der deklarierten Variablen. Referenziert werden kann nur eine sichtbare Variable. Vorhandene NOT-NULL-Einschränkungen einer Variablen werden dabei im Unterschied zu Tabellenattributen mit dem Datentyp weitervererbt.

Variablen, die sich auf den Datentyp von anderen Variablen beziehen, zeigt das folgende Beispiel.

```
declare
   l_titel    varchar(50);

begin
   ...
   declare
      l_org_titel    l_titel%TYPE NOT NULL := 'ub';
      l_dt_titel     l_org_titel%TYPE      := 'ub';
   ...
end;
```

Im Beispiel existiert für die Variable *l_org_titel* ein NOT-NULL-Constraint. Die Variable *l_dt_titel* referenziert den Datentyp der Variablen *l_org_titel* und muß daher zum Deklarationszeitpunkt mit einem Wert initialisiert werden.

Vorteile durch Verwendung von %TYPE

Die implizite Datentypdeklaration kann gegenüber der expliziten Deklaration in einigen Situationen von Vorteil sein:

- Es wird sichergestellt, daß der Datentyp einer Tabellenspalte mit einem Variablendatentyp übereinstimmt. Insbesondere ist dies auch nach Änderung des Spaltentyps gewährleistet.
- Der Datentyp einer Tabellenspalte ändert sich. Eine Änderung liegt dabei vor, wenn der Datentyp neu definiert bzw. die Spaltenbreite vergrößert oder verkleinert wird. PL/SQL-Programme mit direkter Angabe des Tabellenspaltentyps für Variablen, die Werte aus der veränderten Tabellenspalte speichern, sind in der Regel nicht mehr lauffähig und müssen entsprechend angepaßt werden. Enthält ein gespeichertes PL/SQL-Programm implizite Variablendeklarationen, so wird es beim ersten Aufruf nach Änderung einer referenzierten Tabellenspalte automatisch von Oracle rekompiliert. Der deklarierte Variablentyp zeigt dadurch auf den aktuellen Tabellenspaltentyp, nachträgliches Editieren des PL/SQL-Objekts ist meistens nicht erforderlich.

- Die Berechnung eines Wertes erfolgt über mehrere Deklarationen von Variablen hinweg. Ändert sich der zugehörige Typ, so müssen alle explizit deklarierten, beteiligten Variablen angepaßt werden. Bei impliziter Vereinbarung müssen nur die referenzierten Variablentypen geändert werden.

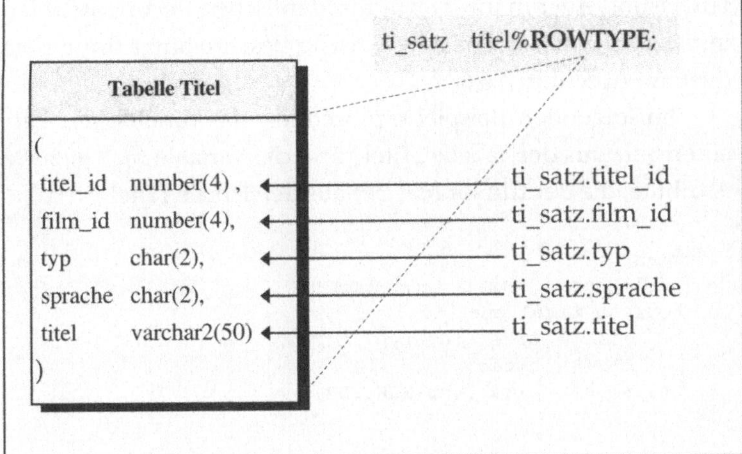

Abbildung 14: Deklaration einer Variablen mit %ROWTYPE

%ROWTYPE

Kapitel 4.6.1 gab einen Überblick über die in PL/SQL implementierten strukturierten Datentypen TABLE und RECORD. Variablen mit diesem Datentyp stehen in keiner direkten Beziehung zu Datenbanktabellen. PL/SQL-Programme verarbeiten in der Regel nicht nur einzelne Attribute aus Tabellen, sondern ganze Datensätze. Speziell für die letzte Anforderung können in PL/SQL Variablen deklariert werden, die einen Datensatz aus einer Tabelle repräsentieren. Die Variablen werden dazu explizit über %ROWTYPE als sogenannte Recordvariablen definiert. Die Syntax lautet:

Variablenname *Tabellenname*%ROWTYPE;
Variablenname *Cursorname*%ROWTYPE;

Variablenname enthält den Bezeichner der jeweiligen Recordvariablen. In der ersten Anweisung repräsentiert die Recordvariable die Struktur einer Zeile aus der angegebenen Tabelle *Tabellenname*. Die zweite Anweisung deklariert eine Recordvariable, die alle Attribute besitzt, die durch den Cursor mit dem

Namen *Cursorname* selektiert werden. Enthält die mit dem Cursor verbundene Select-Liste komplexe Ausdrücke, müssen Alias-Bezeichner in der Cursordeklaration verwendet werden.

Keine Initialisierung von Recordvariablen

Analog zu PL/SQL-Tabellen und Records gibt es kein syntaktisches Element, um Recordvariablen bei ihrer Deklaration durch Anfangswerte zu initialisieren. Allerdings kann eine Recordvariable im Ausführungsteil eines Blocks durch Wertzuweisung einer in ihrer Struktur identischen Recordvariablen initialisiert werden. Die syntaktische Beschreibung finden Sie dazu im Abschnitt 4.6.6.

Im folgenden Beispiel repräsentiert die Variable *film_satz* einen Satz aus der Tabelle „Titel" und die Variable *titel_satz* alle Attribute, die der Cursor *titel_cur* aus der Tabelle „Titel" liest.

```
declare
   film_satz          film%ROWTYPE;
   cursor titel_cur   is
      SELECT  titel_id, typ, titel
      FROM    titel;
   titel_satz titel_cur%ROWTYPE;
   ...
```

Existiert keine Tabelle bzw. kein deklarierter Cursor mit dem angegebenen Namen, so erzeugt PL/SQL zur Übersetzungszeit eine entsprechende Exception. Die Verwendung von Recordvariablen wird in Kapitel 4.6.6 und 4.9 genauer behandelt.

Die Struktur einer derart deklarierten Variablen ist identisch zur Struktur der referenzierten Datenbanktabelle. Jedes Feld im Record besitzt den gleichen Namen und Datentyp wie das Tabellenattribut, auf das sich das Feld bezieht. Die folgende Select-Anweisung übernimmt alle Attributwerte eines Satzes aus der Tabelle „Film" in die Variable *film_satz*.

```
declare
   film_satz          film%ROWTYPE;
   titel_satz titel%ROWTYPE;

begin
   ...
   SELECT     *
   INTO       film_satz
   FROM       film
   WHERE      film_id = titel_satz.film_id
   ...
```

Der Zugriff auf ein Feld einer Recordvariablen erfolgt durch die bereits bekannte Punktnotation:

Recordvariablenname.Attributname

Im letzten Beispiel wurde diese Schreibweise bereits eingeführt; die Komponente *film_id* der Variablen *titel_satz* wird durch *titel_satz.film_id* referenziert. Auch die Zuweisung eines Wertes an eine Komponente einer Recordvariablen erfolgt durch diese Notation. Beispielsweise erhält die Komponente *titel* der Recordvariablen *titel_satz* durch folgende Anweisung einen Wert:

```
begin
   ...
   titel_satz.titel := 'Das Geisterhaus';
    ...
```

Verwendung von Aliasnamen

Das nächste Beispiel illustriert den Einsatz von Aliasnamen zur Identifikation einer Spalte in der Select-Liste:

```
declare
   cursor pe_cur  is
      SELECT person_id,
            vorname || ' ' || name gesname
      FROM   person;
   pename_satz      pe_cur%ROWTYPE;
   ...
```

Für die zweite Spalte des Cursors wird der Ersatzname *gesname* definiert, damit spätere Anweisungen den jeweiligen Spaltenwert lesen können.

Vorteile bei der Verwendung von % ROWTYPE

Die implizite Variablendeklaration durch %ROWTYPE hat im wesentlichen folgende Vorteile:

- Die Verwendung von %ROWTYPE kann einen kürzeren Programmcode zur Folge haben. Soll beispielsweise ein gesamter Satz aus einer Tabelle gelesen werden, müßte für jeden Attributwert eine eigene Variable deklariert werden.
- Zusammengehörende Elemente werden durch einen gemeinsamen Namen abstrahiert. Dieser Name kann bei der Deklaration einer Recordvariablen, zur Initialisierung der Recordvariablen, bei Zuweisung von Werten an die Recordvariable und als Argument von Prozeduren und Funktionen eingesetzt werden.

Die letzten Abschnitte behandelten die verfügbaren Datentypen wie elementare oder abgeleitete Typen. Der folgende Abschnitt befaßt sich mit den Möglichkeiten der Konvertierung von Werten eines gegebenen Datentyps in einen anderen Datentyp.

4.6.4 Datentypkonvertierung

Für jede Operation sind die möglichen Datentypen der Operanden und der Datentyp des erwarteten Ergebnisses der Operation genau festgelegt. Operanden wie Variablen, die in einer Anweisung stehen, müssen beispielsweise den gleichen Datentyp besitzen. Passen diese Datentypen nicht zusammen, so kann PL/SQL in bestimmten Fällen zur Laufzeit automatisch den Datentyp eines Operanden in den Datentyp eines anderen Operanden umwandeln. Diese implizite Konvertierung verdeckt eine gewisse Unsauberkeit in der Programmierung, die durch explizite Typumwandlung umgangen werden kann. Für diese vom Programmierer durchgeführten Typumwandlungen stehen eine Reihe von sogenannten Built-in-Konvertierungsfunktionen zur Verfügung.

In beiden Fällen ist der Erfolg einer Typumwandlung abhängig von den beteiligten Operatoren und Operanden.

Bei Zuweisungen, bei Insert, Update und Select-Operationen und bei der Auswertung von Ausdrücken kann PL/SQL die in der Tabelle 9 aufgeführten Umwandlungen durchführen.

Tabelle 9: Implizite Konvertierung

Nach / Von	char, varchar2	date	number, binary_integer	long	raw	rowid
char varchar2	✓	✓	✓	✓	✓	✓
date	✓			✓		
number binary_integer	✓		✓	✓		
long	✓				✓	
raw	✓			✓		
rowid	✓					

Zum Beispiel prüft PL/SQL nach dem Lesen von Tabellenwerten, ob der Datentyp der Variablen, deren Wert verändert wird, mit dem Typ der jeweiligen Tabellenspalte übereinstimmt. Falls nicht, erfolgt der Versuch, den Typ der Tabellenspalte in den Variablentyp überzuführen.

Explizite Konvertierung

Für die explizite Datentypkonvertierung stehen eine Reihe von Funktionen (sogenannte „build-in-functions") zur Verfügung. In Tabelle 10 sind diese Funktionen zusammengestellt, die zur Umwandlung eines Datentyps in einen bestimmten Zieldatentyp benutzt werden können.

Tabelle 10: Funktionen zur Typumwandlung

von Datentyp	nach Datentyp	Funktion
CHAR	DATE	to_date
CHAR	NUMBER	to_number
CHAR	RAW	hextoraw
CHAR	ROWID	chartorowid
DATE	CHAR	to_char
NUMBER	CHAR	to_char
NUMBER	DATE	to_date
RAW	CHAR	rawtohex
ROWID	CHAR	rowidtochar

Um beispielsweise eine Zeichenkette vom Typ *char* in einen Wert vom Typ *date* umzuwandeln, wird die Funktion *to_date* aufgerufen. Das zweite Beispiel zeigt eine mögliche Verwendung der Funktion *rowidtochar*:

```
declare
   v_datum   date;

begin
   v_datum := to_date('13.07.1995', 'DD.MM.YYYY');
   ...
end;


declare
   persrowid    varchar2(20);

begin
   SELECT  rowidtochar(rowid)
   INTO    persrowid
   FROM    person
   WHERE   person_id = 235;
   ...
end;
```

Die Konvertierungsfunktionen *to_char, to_number* und *to_date* akzeptieren den NLS_DATE_FORMAT-Parameter als weiteres Argument[10]. Als Ergebnis der Konvertierung im ersten Beispiel erhält *v_datum* das gültige Datum 13.07.1995.

Schlägt der Versuch einer Datentypkonvertierung erst während der Laufzeit fehl, so erzeugt PL/SQL die Exception VALUE_ERROR. Das folgende Beispiel zeigt einen derartigen Fehler:

```
declare
   v_genre_id number(2);
begin
   v_genre_id  :=  'ub';
   ...
/
.............................................................
declare
 *
ERROR at line 1:
ORA-06502: PL/SQL: numeric or value error
ORA-06512: at line 28
```

[10] Um sprachliche Eigenheiten verschiedener Länder zu berücksichtigen, bietet Oracle den National Language Support (NLS). Für globale Einstellungen in der Datenbank stehen dazu verschiedene NLS-Parameter wie NLS_DATE_FORMAT oder NLS_DATE_LANGUAGE zur Verfügung.

Die Variable *v_genre_id* ist vom Datentyp *number*. Die Überführung der Zeichenkette 'ub' in einen numerischen Datentyp ist nicht erlaubt und die gesamte Anweisung daher nicht ausführbar.

unmögliche Konvertierungen

Die Typkonvertierungen, die weder automatisch noch per Konvertierungsfunktion durchgeführt werden können, sind in Tabelle 9 grau unterlegt dargestellt. Anhand dieser Tabelle ist auch erkennbar, daß die Typkonvertierung von *number* nach *date* nur explizit möglich ist.

Die letzten Abschnitte erklärten die verschiedenen Datentypen, die in PL/SQL zur Verfügung stehen. Der folgende Abschnitt behandelt die verschiedenen syntaktischen Formen, Variablen mit diesen Datentypen zu deklarieren.

4.6.5 Deklaration

Variablen und Konstanten müssen vor ihrer Verwendung im Deklarationsteil eines PL/SQL-Objekts deklariert werden. Eine Deklaration legt die Eigenschaften einer Variablen fest und reserviert zur Ausführungszeit des PL/SQL-Objekts einen Speicherbereich von der Größe des angegebenen Datentyps. Dieser Speicherbereich wird über den Variablennamen angesprochen, wobei nur Werte aus dem definierten Datentypbereich in diesen Bereich abgelegt werden können.

Zur Deklaration von Variablen stehen zwei syntaktisch gleichbedeutende Alternativen zur Verfügung:

Variablenname Datentyp [NOT NULL] [:= *Anfangswert*];
Variablenname Datentyp [NOT NULL] [DEFAULT *Anfangswert*];

Variablenname

Der Bezeichner einer Variablen bzw. Konstanten kann gemäß den PL/SQL-Namenskonventionen (vgl. Kapitel 4.2) gewählt werden. Innerhalb eines Deklarationsteils dürfen Variablen nicht mehrmals mit dem gleichen Namen deklariert werden.

Datentyp

Die Festlegung des Wertebereiches erfolgt direkt durch Zuweisung eines in Kapitel 4.6.1 und 4.6.1 beschriebenen Basis- oder strukturierten Datentyps bzw. indirekt durch %TYPE bzw. %ROWTYPE abgeleitete Datentypen.

Zusätzlich zur Initialisierung mit einem Wert kann durch das Schlüsselwort NOT NULL festgelegt werden, daß die Variable nie den Wert NULL annehmen darf.

Zuweisung eines Anfangswertes

Optional kann eine Variable mit einem elementaren Datentyp durch den Zuweisungsoperator := oder durch das Schlüsselwort DEFAULT mit einem Wert initialisiert werden. Variablen, die keinen expliziten Anfangswert erhalten, besitzen den Wert NULL. Der Initialwert kann auch durch einen komplexen Ausdruck berechnet werden, der früher deklarierte Variablen und Konstanten referenziert.

Eine Variablendeklaration wird mit einem Strichpunkt (;) abgeschlossen, wobei jede Variable in einer eigenen Anweisung deklariert werden muß. Vorwärtsdeklaration von Variablen wie beispielsweise in C ist in PL/SQL nicht möglich. Auch eine Auflistung von Variablen, die den gleichen Datentyp besitzen, ist nicht erlaubt.
Einige Beispiele:

Eine einfache Deklaration einer Variablen besteht aus dem Variablennamen, dem der Datentyp folgt:

```
anzahl_fetches      number(2)      := 0;
anzahl_fetches      number(2)      DEFAULT 0;
```

Im Beispiel sind die beiden Initialisierungen äquivalent, die Variable *anzahl_fetches* wird durch 0 vorbelegt.

Beispiele für komplexere Deklarationen sind:

```
fe_nr     number(8)      NOT NULL DEFAULT 0;
fe_text   varchar2(200) := 'Fehler bei:' || fe_nr;
fl_satz   filmliste%ROWTYPE;
```

Bei Verletzung der NOT-NULL-Vereinbarung wird während der Laufzeit die Exception VALUE_ERROR ausgelöst.

CONSTANT

Zur Vereinbarung einer Konstanten dient das Schlüsselwort CONSTANT, das zwischen Variablenname und Datentyp steht.

Eine Konstante kann auf folgende Arten deklariert werden:

Variablenname CONSTANT *Datentyp* := *Anfangswert;*
Variablenname CONSTANT *Datentyp* DEFAULT *Anfangswert;*

Konstantenname, Datentyp, Anfangswert

Eine Konstante besitzt einen Namen und einen Wert beliebigen Datentyps. Im Unterschied zu Variablen muß eine Konstante ihren Anfangswert in der Deklaration erhalten, da dies der einzige Blockbereich ist, der eine Konstante auf der linken Seite einer Zuweisung erlaubt. Diesen Anfangswert behält die Konstante während der gesamten Ausführungszeit des PL/SQL-Objekts.

Die nächsten Beispiele zeigen einige Möglichkeiten Konstanten zu deklarieren:

```
EXC_KEINE_TITEL  CONSTANT  number(6) := -20023;
EXC_DEL_FILM     CONSTANT  number(6) := -20024;

KEINE_TITEL CONSTANT varchar2(25) :=
                     'Keine Titel';

DEL_FILM    CONSTANT varchar2(25) :=
                     'Geloscht: ';

OT_WERT     CONSTANT char(30) :=
                     UPPER(substr(name, 30));
```

Ein Variablenbezeichner kann auch identisch zu einem Tabellen- bzw. Attributnamen sein. Um in diesem Fall eventuelle Namenskonflikte zu vermeiden, gelten folgende Regeln:

- Ist ein Variablenname identisch mit einem Tabellennamen, wird auf die Variable Bezug genommen.
- Stimmt der Variablenname mit einem Attributnamen überein, wird auf das Attribut Bezug genommen.

Namenskonflikte

Die Nichtbeachtung dieser Regel kann zu unerwünschten Ergebnissen führen, wie folgendes Beispiel zeigt.

```
declare
   titel      titel.titel%TYPE;

begin
   DELETE titel
   WHERE  titel = titel;
   ...
end;
```

Der Bezeichner *titel* in der Where-Klausel wird in beiden Fällen als Attributname der Tabelle „Titel" interpretiert. Die Bedingung ist somit immer erfüllt und der gesamte Tabelleninhalt wird gelöscht. Durch Umbenennen der Variablen *titel* in *v_titel* kann dieses Problem gelöst werden:

```
declare
   v_titel    titel.titel%TYPE;

begin
   DELETE titel
   WHERE  titel = v_titel;
   ...
end;
```

Variablenbezeichner sollten so gewählt werden, daß der Verwendungszweck aus dem Namen erkennbar ist. Zur Lesbarkeit der Programme sollte auch eine einfache Namenskonvention eingehalten werden. Die Bezeichner von strukturierten Record-Variablen in den Beispielen dieses Buches besitzen beispielsweise die Endung *_satz*. Analog erkennt man Cursor-Variablen an dem Postfix *_cur* und strukturierte Table-Variablen an der Endung *_tab*.

4.6.6 Zuweisungen

Wie im letzten Abschnitt beschrieben, deklariert man Variablen im Deklarationsteil und belegt sie optional mit einem Wert. Variablen, deren Anfangswert nicht explizit festgelegt wird, initialisiert PL/SQL automatisch mit NULL.

Im zugehörigen Ausführungs- und Exceptionteil erfolgt die eigentliche Zuweisung von Werten an Variablen. Dazu stehen je nach Herkunft der Werte verschiedene Sprachmittel zur Verfügung:

- Zuweisungsoperator „:="
- Select-Anweisung
- Fetch-Anweisung

Zuweisungsoperator :=

Der sogenannte Zuweisungsoperator „:=" teilt einer Variablen einen Anfangswert zu bzw. ersetzt einen bestehenden Variablenwert durch einen neuen Wert. Die Syntax lautet:

Objektname := Ausdruck;

Objektname steht stellvertretend für eine der folgenden Variablen:

{ *PL/SQL-Variablenname*
| *Recordvariablenname*[.*Komponentenname*]
| *PL/SQL-Tabellenvariablenname*(*Index*)
| :*Umgebungsvariable*}

Auf der rechten Seite einer Zuweisung können komplexe Ausdrücke stehen (Ausdrücke behandelt Kapitel 4.7), wobei der Datentyp des Ausdrucks mit dem Datentyp der Variablen auf der linken Seite übereinstimmen muß. Der Ausdruck wird zur Laufzeit berechnet und das Ergebnis wird als neuer Wert der Variablen auf der linken Seite festgelegt.

Die folgenden Beispiele zeigen Zuweisungen an die unterschiedlichen Variablentypen:

```
declare
   anzahl_gesamt     number(3)    :=    0;

begin
   ...
   anzahl_gesamt := anzahl_gesamt + 1;
```

Die Variable *anzahl_gesamt* steht in diesem Beispiel auf beiden Seiten der Zuweisung. Der Ausdruck auf der rechten Seite verwendet den alten Wert der Variablen. Nach Auswertung dieses Ausdrucks wird der alte Wert dieser Variablen durch den berechneten neuen Wert ersetzt.

```
declare
   TYPE adr_rectyp is RECORD
             (ort            varchar2(30),
              plz            varchar2(10),
              strasse        varchar2(30),
              hausnr         varchar2(5),
              lkz            varchar2(3));
   TYPE person_rectyp is RECORD
             (peid           person.person_id%TYPE,
              name           person.name%TYPE,
              vorname        person.vorname%TYPE,
              adresse        adr_rectyp);
pe_rec                 person_rectyp;
   pe_rec_altperson_rectyp;
   pe_name             person.name%TYPE;
   pe_vornameperson.vorname%TYPE;

begin
      pe_rec.name    := upper(pe_name);
      pe_rec.vorname := upper(pe_vorname);
      pe_rec.adresse.ort := 'unbekannt';
      pe_rec.adresse.lkz := '?';
      pe_rec_alt := pe_rec;
      ...
end;
```

Die beiden Record-Deklarationen wurden bereits an früherer Stelle eingeführt. Der Zugriff auf eine einzelne Recordkomponente erfolgt durch den Selektionsoperator „.". In den ersten beiden Anweisungen werden die Werte der Komponenten *name* und *vorname* des Records *pe_rec* bestimmt. Der Datentyp der Recordkomponente *adresse* ist selbst wieder ein Record. Aus diesem Grund erfolgt die Angabe der verschachtelten Recordelemente *ort* und *lkz* durch die äußere Recordvariable *pe_rec* und durch die einzelnen Komponenten, die auf dem Weg zu den Komponenten *ort* und *lkz* liegen.

Zuweisung an Recordkomponenten

Die letzte Anweisung ist nur für Recordvariablen, die den gleichen Recordtyp besitzen, erlaubt. Alle Komponentenwerte der Recordvariablen *pe_rec* werden insgesamt an die entsprechenden Komponenten der Recordvariablen *pe_rec_alt* zugewiesen.

Ein weiteres Beispiel:

```
declare
   TYPE genre_tab IS TABLE OF varchar2(20)
                  INDEX BY BINARY_INTEGER;
   genre_liste       genre_tab;
   tabindex          genre.genre_id%TYPE;
   ...
begin
   for genre_satz in (select * from genre) loop
      tabindex := genre_satz.genre_id;
      genre_liste(tabindex) := genre_satz.text;
   end loop;
   ...
end;
```

Zuweisung an PL/SQL-Tabellenfelder

Der PL/SQL-Tabellendatentyp *genre_tab* wurde bereits in einem vorhergehenden Beispiel erklärt. Der Zugriff auf ein Element der PL/SQL-Tabelle erfolgt durch Angabe des Primärschlüssels der PL/SQL-Tabelle. In einer Schleife werden alle Genrebezeichnungen aus der Tabelle „Genre" gelesen und in die PL/SQL-Tabelle „Genre_Liste" eingefügt. Der Attributwert *genre_satz.genre_id* bestimmt dabei die Zeile und *genre_satz.text* den Inhalt dieser Zeile.

Zuweisung an eine Umgebungsvariable

```
declare
   pe_satz    person%ROWTYPE;
   ...
begin
   ...
   :ret_wert    := ins_person(pe_satz);
   ...
```

Der neue Wert der Umgebungsvariablen *ret_wert* ergibt sich aus dem Ergebnis des Aufrufes der Funktion *ins_person*. Innerhalb von PL/SQL wird eine Umgebungsvariable durch einen Doppelpunkt vor dem Variablenbezeichner gekennzeichnet.

Select und Fetch

Die enge Beziehung von SQL und PL/SQL spiegelt sich in den Sprachkonstrukten von PL/SQL wieder: Tabellenwerte können mit Select- oder Fetch-Anweisungen direkt in PL/SQL-Variablen übertragen werden.

Die Syntax, um einen Datensatz aus der Datenbank zu lesen, lautet schematisiert wie folgt:

SELECT *Attributname1* [*Alias*], *Attributname2* [*Alias*], ...
INTO *Variablenname1*, *Variablenname2*, ...
| *Recordvariablenname*
FROM *Tabellenname1* [, *Tabellenname2* ...]
...

Eine ähnliche syntaktische Form hat die Fetch-Anweisung, die analog zu der Select-Anweisung genutzt wird:

FETCH *Cursorvariablenname*
INTO {*Variablenname1*, *Variablenname2*, ...}
| *Recordvariablenname*

Zu jedem Attribut in der Liste der Select-Klausel bzw. in der Fetch-Anweisung steht in der Into-Klausel eine Variable, die den selektierten Wert aufnimmt. Der Datentyp jeder einzelnen Variablen muß dabei mit dem Typ der jeweiligen selektierten Spalte korrespondieren. Komplexe Ausdrücke innerhalb der Attributliste müssen einen Aliasnamen erhalten.

Am einfachsten wird für jedes Attribut in der Select-Liste eine korrespondierende Variable angegeben:

```
declare
   peident    person.person_id%TYPE;
   pename     person.name%TYPE;
   pevorname  person.vorname%TYPE;
   ...
   persliste_satz    person%ROWTYPE;
   ...

begin
   ...
   SELECT     person_id, name, vorname, ...
   INTO       peident, pename, pevorname, ...
   FROM       person
   WHERE      name = UPPER(persliste_satz.name)
   AND        rownum < 2;
   ...
```

Lesen eines Satzes

Soll ein ganzer Satz gelesen werden, so kann auch eine Recordvariable angegeben werden, die den Datensatz aufnimmt. Die erste Recordkomponente wird mit dem ersten Wert in der

Select- bzw. Fetchliste belegt, die zweite Komponente mit dem nächsten Wert usw. Die Anzahl und die Datentypen der selektierten Spalten müssen analog zur Variablenliste mit der Anzahl und den Datentypen der einzelnen Komponenten des Records übereinstimmen.

Diese Alternative führt auch zu kürzeren und übersichtlicheren Programmtexten, wie das abschließende Beispiel zeigt:

```
declare
    pe_satz   person%ROWTYPE;
    ...
begin
    ...
    SELECT    *
    INTO      pe_satz
    FROM      person
    WHERE     name = UPPER(persliste_satz.name)
    AND       rownum < 2;
    ...
```

Die beiden Sprachkonstrukte SELECT-INTO und FETCH werden an dieser Stelle nicht weiter erläutert, da sie in späteren Kapiteln explizit behandelt werden.

Typüberprüfungen

Die Zuweisung von Werten erfolgt zur Ausführungszeit. Bei jedem Eintritt in einen Block mit Deklarationsteil werden zur Laufzeit die in diesem Block befindlichen Variablen initialisiert. Ein Wert kann zur Laufzeit nur dann einer Variablen zugewiesen werden, wenn die Datentypen auf der linken und der rechten Seite der Zuweisung übereinstimmen oder implizit von PL/SQL eine Datentypkonvertierung durchgeführt wird. Gewisse Typüberprüfungen können nicht zum Übersetzungszeitpunkt erfolgen. Kann zur Laufzeit wegen unterschiedlicher Datentypen eine Zuweisung nicht korrekt ausgeführt werden, erzeugt PL/SQL die Exception VALUE_ERROR.

Ein abschließendes Beispiel zeigt einen häufigen Fehler, der bei der Zuweisung eines Wertes an eine Variable gerne gemacht wird.

```
declare
   org_titel    titel.titel%TYPE NOT NULL := 'ub';
   ...
begin
   for film_satz in (SELECT * FROM film) loop
      org_titel := NULL;
      SELECT titel
      INTO   org_titel
      FROM   titel WHERE  film_id = film_satz.film_id;
      ...
end;
```

```
declare
 *
PLS-00382: expression is of wrong type
PL/SQL: Statement ignored
```

Den Fehler verursacht die Anweisung *„org_titel := NULL;"* da die Variable *org_titel* mit dem NOT-NULL-Constraint deklariert wurde und deshalb nur Werte annehmen kann, die ungleich NULL sind.

4.6.7 Gültigkeitsbereich und Sichtbarkeit

Ein Bezeichner für eine Variable kann innerhalb eines Deklarationsteils nur einmal vergeben werden. Allerdings kann ein Variablenname in den verschiedenen Deklarationsteilen von geschachtelten Blöcken mehrmals verwendet werden.

Einbettung von Blöcken

Folgendes Beispiel zeigt die Problematik bei der Vereinbarung einer Variablen an zwei Stellen innerhalb eines Blocks:

```
declare        /* 1. Deklaration im außeren Block */
   l_anzahl    number(2)     := 10;  ...

begin
   ...
   declare     /* 2. Deklaration im inneren Block */
      l_anzahl    number(2)     := 0;        ...

   begin
      ...
      l_anzahl := l_anzahl + 1;
      ...
   end;
   ...
end;
```

Welche Variable wird in der Anweisung „l_anzahl := l_anzahl + 1;" verändert?

Um Namenskonflikte dieser Art aufzulösen, existieren die Begriffe „Gültigkeitsbereich" und „Sichtbarkeitsbereich".

Gültigkeitsbereich

Der Gültigkeitsbereich einer Variablen ist der Teil im Programmtext, in dem ein Verweis auf eine Variable aufgelöst werden kann. Sind mehrere gleiche Variablennamen in verschachtelten Blöcken enthalten, so überschneiden sich die einzelnen Gültigkeitsbereiche.

Sichtbarkeitsbereich

Sichtbar ist eine Variable in dem Bereich, in dem der Variablenbezeichner ohne genauere Angabe des zugehörigen Blocks direkt benutzt werden kann. Sichtbarkeitsbereiche von Namen können sich daher nicht überschneiden.

Im obigen Beispiel wird also die im inneren Block deklarierte Variable verändert, *l_anzahl* besitzt nach der Wertzuweisung den Wert 1.

Regeln

Folgende grundsätzliche Regeln bestimmen den Gültigkeits- und Sichtbarkeitsbereich von Variablennamen:

- Eine Variable ist ab der Stelle, an der sie deklariert wurde, bis an das Ende des Blocks, in dem sie deklariert wurde, gültig.
- Variablen mit gleichen Namen in verschiedenen, nicht ineinander geschachtelten Blöcken beeinflussen sich nicht gegenseitig.
- Gleiche Variablenbezeichner in geschachtelten Blöcken verschatten sich gegenseitig; das bedeutet, die Sichtbarkeit der Variablen des äußeren Blocks wird an der Stelle aufgehoben, an der die Sichtbarkeit der gleichnamigen Variablen im inneren Block beginnt. Analog wird der Sichtbarkeitsbereich der Variablen des äußeren Blocks am Ende des Sichtbarkeitsbereichs der Variablen des inneren Blocks wieder fortgesetzt.

Abbildung 15: Gültigkeit und Sichtbarkeit von Variablen

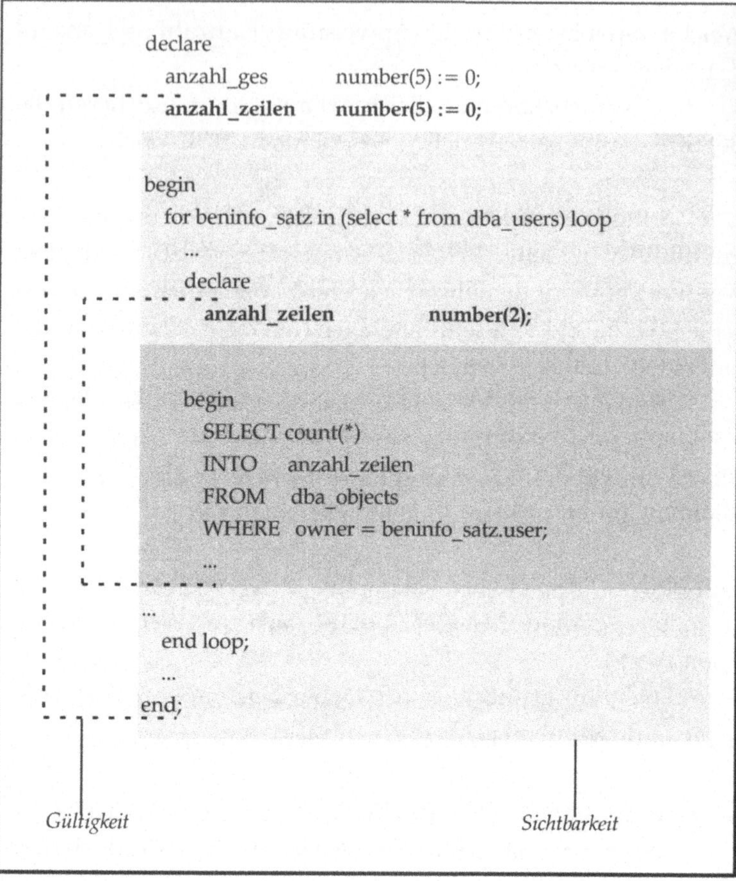

Abbildung 15 zeigt zur Verdeutlichung ein Programmbeispiel mit dem Gültigkeits- und Sichtbarkeitsbereich ausgewählter Variablen.

4.7 Operatoren und Ausdrücke

Bisher wurde beschrieben, wie Variablen deklariert und Werte an Variable zugewiesen werden.

Innerhalb von SQL-Ausdrücken dürfen alle SQL-Operatoren stehen. Nahezu alle dieser Operatoren, mit Ausnahme von ALL und ANY, können in ihrer Bedeutung in PL/SQL verwendet werden.

Dieser Abschnitt führt die unter PL/SQL verfügbaren Operatoren ein und definiert den Aufbau von Ausdrücken.

Ausdruck

Ein Ausdruck verknüpft Operatoren mit Operanden, um neue Werte zu erhalten. Diese neuen Werte können wiederum mit Ausdrücken verknüpft werden, so daß sehr komplexe Ausdrücke entstehen können. Welche Operatoren auf welchen Operanden anwendbar sind, wird durch den jeweiligen Datentyp der Operanden definiert.

Die Menge der PL/SQL-Operatoren kann dabei wie folgt klassifiziert werden:

- Operatoren für Arithmetik wie +, *
- Vergleichsoperatoren wie =, !=
- Boolesche Operatoren wie NOT, AND
- Operatoren für die Manipulation von Zeichenketten
- Operatoren für Vergleiche mit NULL

Abhängig von der Anzahl der notwendigen Operanden unterscheidet man unäre und binäre Operatoren. Binäre Operanden besitzen einen linken und rechten, unäre nur einen rechten Operanden.

Priorität und Assoziativität von Operatoren wird im Abschnitt 4.7.6 abschließend zusammengefaßt.

4.7.1 Arithmetische Operationen

Arithmetische Operatoren benutzt man für Berechnungen. Zum Beispiel können mit diesen Operatoren Werte aufsummiert, subtrahiert, dividiert und multipliziert sowie der Durchschnitt aller Werte eines Attributs bestimmt werden.

Tabelle 11: Arithmetische Operatoren

Operator	Stelligkeit	Beschreibung	Beispiel
-	1	Negation eines Wertes	- 3
+		Positives Vorzeichen	+ 3
*	2	Multiplikation	24 / 2
/		Division	2 * 6
+	2	Addition	14 / 7 + 10
-		Subtraktion	2 * 9 - 6
**	2	Potenzierung	3 ** 3

Die verfügbaren Operatoren zeigt Tabelle 11. Die Prioritäten der Operatoren entsprechen der Reihenfolge in der Tabelle. Die unären Operanden + bzw. - mit dem höchsten Vorrang stehen dabei an erster Stelle. Stehen diese als erstes Zeichen in einem Ausdruck, so werden sie als Vorzeichen einer numerischen Zahl interpretiert. Die Abarbeitung von arithmetischen Operatoren erfolgt von links nach rechts.

Klammern von Operanden

Das beabsichtigte Ergebnis einer arithmetischen Operation kann durch Klammern der einzelnen Operanden beeinflußt werden, da Klammern bevorzugt behandelt werden. Der Ausdruck in der innersten Klammer wird dabei immer zuerst ausgewertet. Auch wenn Klammern für die Berechnung nicht benötigt werden, können sie die Lesbarkeit eines Programms erhöhen. Folgende Anweisungen sind äquivalent, allerdings kann die Absicht der Berechnung – die Umwandlung von Stunden und Tagen in Minuten – durch die zweite Anweisung schneller erfaßt werden.

```
l_minuten := l_stunden * 60 + l_tage * 1440;
l_minuten := (l_stunden * 60) + (l_tage * 1440);
```

Arithmetische Operatoren können nur auf numerische Datentypen angewendet werden. Dabei ist zu beachten, daß auf alle anderen Datentypen die üblichen impliziten Datentypumwandlungen angewendet werden. Der Ausdruck

```
'1' + '3'
```

wird ausgewertet, da PL/SQL die beiden Operanden vom Typ *char* in den Datentyp *number* umwandeln kann.

Operationen mit NULL

Enthält ein Operand den Wert NULL, so ist das Gesamtergebnis immer NULL, wie das folgende Beispiel zeigt:

```
declare
   a number;
begin
   a := a + 1;
   dbms_output.put_line('Wert a: ' || a);
end;
```

```
Wert a:
```

Die Variable *a* wird referenziert, obwohl sie noch keinen gültigen Wert erhalten hat. Ihr Inhalt ist somit undefiniert und die Addition mit 1 liefert NULL als Ergebnis.

4.7.2 Vergleichsoperationen

Vergleichsoperatoren sind bereits durch ihre Verwendung in der Where-Klausel innerhalb von SQL bekannt. Diese Operatoren gehören zur Klasse der binären Operatoren, da sie zwei Operanden voraussetzen.

Tabelle 12: Vergleichsoperatoren

Operator	Beschreibung	Beispiele	
		Vergleich	Resultat
=	Gleichheit	'Bogart' = 'Bogart'	TRUE
!= <> ^= ..=	Ungleichheit	'Bogart' != 'Bogart'	FALSE
< <=	Kleiner Kleiner oder Gleichheit	3 < 5 'Bogart' <= 'Bergman'	TRUE FALSE
> >=	Größer Größer oder Gleichheit	3 > 5 'Bogart' > 'Bergman'	FALSE TRUE
LIKE	Gleichheit	'Bogart' LIKE 'Bo%'	TRUE
NOT LIKE	Ungleichheit	'Bog' NOT LIKE 'Bo%'	FALSE
BETWEEN	Vergleich mit einem Wertebereich	3 between 1 AND 10	TRUE
IN	Vergleich mit einer Werteliste	3 in (1,2,3)	TRUE

In PL/SQL müssen diese Operanden den gleichen Datentyp besitzen. Zulässig sind alphanumerische und numerische Datentypen sowie der Datentyp *date*. Das Ergebnis eines Vergleiches ist immer vom Typ *boolean*.

Der Äquivalenzoperator = bzw. != prüft, ob zwei Werte übereinstimmen bzw. ungleich sind. Zwei Zeichenketten gelten als gleich, wenn sie den gleichen Wert und die gleiche Länge besitzen. Groß- und Kleinschreibung wird dabei unterschieden.

Analog zu diesen Äquivalenzoperatoren verhalten sich die Vergleichsoperatoren (<, <=, > und >=), die zum Beispiel prüfen, ob ein Wert kleiner oder größer als ein anderer Wert ist. Eine Übersicht über die Vergleichsoperatoren enthält Tabelle 12.

Vergleiche mit NULL

Zu beachten ist die Verwendung von NULL als Operand. In diesem Fall kann kein Vergleich durchgeführt werden, das Ergebnis ist immer NULL.

```
declare
    ...
    filmliste_satz     c_fliste%ROWTYPE;

begin
    ...
    if filmliste_satz.titel < NULL then
        /* Diese Anweisung wird nie ausgeführt.*/
        INSERT ...
    end if;
    ...
end;
```

Da die Bedingung *„filmliste_satz.titel < NULL"* nie erfüllt wird, wird der zugehörige Then-Zweig nie ausgeführt.

LIKE
NOT LIKE

LIKE und NOT LIKE vergleichen Zeichenketten mit ähnlichen Zeichenketten. Die Vergleichsmuster können folgende Platzhalter enthalten:

- % ist der Platzhalter für mehrere, bzw. fehlende Zeichen.
- _ ist der Platzhalter für genau ein beliebiges Zeichen.

Der Operator IN überprüft, ob ein Wert in einer Werteliste enthalten ist. Innerhalb einer Werteliste darf kein Wert zweimal vorkommen und die Datentypen der einzelnen Werte müssen übereinstimmen.

Ein Beispiel:

```
'Bogart' in ('Wilder', 'Bogart', 'Reedman')
```

IN, NOT IN

Analog prüft NOT IN, ob ein Wert nicht in einer Werteliste vorkommt. Diese Bedingungen könnten auch als ODER-Verknüpfung des Operanden mit den einzelnen Werten der Liste formuliert werden. Der Ausdruck

```
'Bogart' not in ('Wilder', 'Bogart')
```

ist dabei äquivalent, aber prägnanter im Vergleich zu folgendem Ausdruck:

```
'Bogart' != 'Wilder' OR 'Bogart' != 'Bogart'
```

Beide Vergleiche liefern das Ergebnis TRUE.

BETWEEN

Der BETWEEN-Operator entspricht einer AND-Verknüpfung der Form: Vergleichswert ist größer (oder gleich) als der untere Wert und kleiner (oder gleich) als der obere Wert des Wertebereiches.

Mit den letzten Beispielen wurden bereits weitere Operatoren eingeführt, die im nächsten Abschnitt genauer untersucht werden.

4.7.3 Logische Operationen

Die Anweisung

```
(l_stunde <= 24) AND (l_minute <= 60)
```

stellt einen logischen Operator vor, der überprüft, ob beide Bedingungen erfüllt sind.

Allgemein werden logische Operatoren verwendet, um logische Verknüpfungen (zusammengesetzte Vergleiche) zu formulieren. Eine Übersicht enthält Tabelle 13.

Die Abarbeitung eines mit AND bzw. OR verknüpften Ausdrucks erfolgt immer von links nach rechts, da der rechte

Operand nur in Abhängigkeit des Ergebnisses des linken Operanden ausgewertet werden kann.

Tabelle 13: Logische Operatoren

Operator	Beschreibung	Beispiele	
		Vergleich	Resultat
NOT	Negation	NOT (3 < 5)	FALSE
AND	Und-Verknüpfung	13 < 24 AND 58 < 60	TRUE
OR	Oder-Verknüpfung	13 < 24 OR 64 < 60	TRUE

Das Ergebnis einer logischen Operation basiert auf den folgenden Wahrheitstafeln:

Tabelle 14: Wahrheitstafeln für die Operatoren NOT, AND, OR

NOT	TRUE	FALSE	NULL
	FALSE	TRUE	NULL

AND	TRUE	FALSE	NULL
TRUE	TRUE	FALSE	NULL
FALSE	FALSE	FALSE	FALSE
NULL	NULL	FALSE	NULL

OR	TRUE	FALSE	NULL
TRUE	TRUE	TRUE	TRUE
FALSE	TRUE	FALSE	NULL
NULL	TRUE	NULL	NULL

Wie man leicht ersehen kann, ist das Ergebnis eines durch AND verknüpften Ausdrucks nur dann TRUE, falls beide Operanden TRUE sind. Im Gegensatz dazu ist die Operation mit OR nur FALSE, falls beide Operanden den Wert FALSE annehmen.

4.7.4 Operationen mit Zeichenketten

Zeichenketten werden durch den Operator || zusammengefügt. Dies ist der einzige Operator, der in PL/SQL für Operationen mit Zeichenketten existiert (vgl. Tabelle 15).

Akzeptierte Datentypen der Operanden sind alle zeichenorientierte Typen wie *char* und *varchar2*. Der Ergebnistyp einer Konkatenation hängt von den Datentypen der Operanden ab: Sind beide Operanden vom Typ *char*, so ist das Ergebnis vom gleichen Typ. Besitzt einer der Operanden nicht den Datentyp *char*, so ist das Ergebnis vom Typ *varchar2*.

Tabelle 15: Operatoren für Zeichenketten

Operator	Beschreibung	Beispiele	
		Vergleich	Resultat
||	Konkatenation	'Test' || '-' || '1'	'Test-1'

Konkatenation mit NULL

NULL-Werte werden vom Konkatenationsoperator ignoriert. Zum Beispiel liefert die Variable *l_zeit* nach Ausführung dieser Anweisungen

```
l_std := 13;
l_min := NULL;
l_sek := 34;
l_zeit := l_std || ':' || l_min || ':' || l_sek;
```

das Resultat

```
l_zeit := '13::34';
```

Um das Ergebnis einer Konkatenation mit NULL zu vergleichen, existieren besondere Operatoren, die im nächsten Abschnitt erklärt werden.

4.7.5 Operationen mit NULL

Da NULL-Werte keinen Wert enthalten, können sie nicht wie übliche Operanden, die einen Wert ungleich NULL haben, verwendet werden. Enthält ein arithmetischer Ausdruck, ein Vergleich oder eine Boolesche NOT-Verknüpfung NULL als Operand, so ist das Ergebnis immer NULL. Werden die Booleschen Operatoren OR oder AND auf NULL angewendet, so ist das Resultat immer FALSE.

Damit Vergleiche mit NULL nicht als unbekannt bewertet werden, sondern auch die Booleschen Werte TRUE bzw. FALSE annehmen können, existieren spezielle Vergleichsoperatoren (siehe Tabelle 16), die prüfen, ob ein NULL-Wert vorliegt.

Tabelle 16: Operationen mit NULL

Operator	Beschreibung	Beispiele	
		Vergleich	Resultat
IS NULL	Gleichheit mit NULL	'Bogart' is NULL	FALSE
		NULL is NULL	TRUE
IS NOT NULL	Ungleichheit mit NULL	'Bogart' IS NOT NULL	TRUE

Der Unterschied zwischen den Vergleichsoperatoren = bzw. != und dem Operator IS NULL bzw. IS NOT NULL führt häufig zu Programmierfehlern. Während die Anweisung

```
'Bogart' != NULL
```

das Resultat NULL erzielt (die Bedingung ist nicht erfüllt), liefert folgende Anweisung

```
'Bogart' IS NOT NULL
```

das gewünschte Ergebnis TRUE.

4.7.6 Priorität von Operatoren

Die Priorität eines Operators legt ein Kriterium für die Reihenfolge der Auswertung eines Ausdrucks fest.

Tabelle 17 faßt die Prioritäten der bisher besprochenen Operatoren zusammen. Operatoren, die mit dem gleichen Vorrang bewertet werden, stehen in einer Zeile. Die Tabelle ist nach abnehmender Priorität angeordnet, wobei zur Veranschaulichung die Priorität durch eine Zahl gekennzeichnet ist.

Der Prioritätsstufe 3 sind zwei Operatoren zugeordnet. Ein Ausdruck, der mehrere Operatoren der gleichen Prioritätstufe enthält, wird dabei von links nach rechts ausgewertet. Das Ergebnis des Ausdrucks „24 / 2 * 3" ist demnach 36.

Weiter ist aus der Tabelle ersichtlich, daß arithmetische Operatoren höhere Priorität als Vergleichsoperatoren besitzen. Das bedeutet, daß ein Ausdruck wie

```
l_anz < l_min + 1
```

(wie erwartet) als

```
l_anz < (l_min + 1)
```

interpretiert wird.

Tabelle 17: Operatorpriorität

Priorität	Operator
1	**, NOT
2	+, - (als unärer Operator)
3	*, /
4	+, -, ||
5	=, !=, <, <=, >, >=, IS NULL, LIKE, IN, BETWEEN
6	AND
7	OR

Die Priorität von logischen Operatoren ist niedriger als die Priorität von arithmetischen und Vergleichsoperatoren. Die folgenden Anweisungen sind somit äquivalent:

```
l_anz < l_min + 1 AND l_sek < 60 + 1
(l_anz < (l_min + 1)) AND (l_min < (60 * l_sek))
```

Klammern können, auch wenn sie aufgrund der Operatorprioritäten nicht benötigt werden, die Lesbarkeit von Programmtexten fördern. Die Semantik der zweiten Anweisung ist im Vergleich zur ersten, obschon kürzeren Anweisung, durch die Klammerung der einzelnen Teilausdrücke klarer erkennbar.

4.7.7 Built-in-Funktionen

In Ausdrücken können neben Operatoren auch Funktionsaufrufe stehen, deren Argumente wiederum Ausdrücke sein können.

SQL-Funktionen

Innerhalb von PL/SQL werden in SQL-Anweisungen alle SQL-Funktionen wie gewohnt benutzt. Bis auf die Gruppenfunktionen wie MIN, MAX oder COUNTkönnen diese auch in den prozeduralen PL/SQL-Programmteilen eingesetzt werden.

PL/SQL-Funktionen

Interessant sind die von PL/SQL im Package Standard zur Verfügung gestellten Funktionen. Außer den Funktionen *sqlcode* und *sqlerrm* können diese auch innerhalb von SQL-Anweisungen verwendet werden. Die Gesamtheit der ungefähr 70 Funktionen wird grob in folgende Kategorien unterteilt:

- Funktionen für arithmetische Berechnungen
- Funktionen für Zeichenketten
- Datumsfunktionen
- Datentypkonvertierungsfunktionen
- Funktionen zur Fehlerbehandlung
- Sonstige Funktionen

Im folgenden werden nur einige repräsentative Funktionen der einzelnen Kategorien genauer beschrieben[11].

Arithmetische Funktionen

Folgende Tabelle zeigt alle verfügbaren Funktionen für arithmetische Operationen. Diese Funktionen akzeptieren numerische Argumente und liefern ein Ergebnis vom Datentyp *number*:

abs	ceil	cos	cosh	exp	floor
ln	log	mod	power	round	sign
sin	sinh	sqrt	tan	tanh	trunc

[11] Eine vollständige und ausführliche Beschreibung aller Funktionen enthält das Handbuch „PL/SQL User's Guide and Reference" von Oracle.

Die Funktion *abs* liefert den Absolutwert einer Funktion:

```
function abs(n  IN  number)
return number;
```

Einige Beispiele:

```
erg := abs(-1);        Ergebnis: erg = 1
erg := abs(1);         Ergebnis: erg = 1
erg := abs(1.5);       Ergebnis: erg = 1.5
```

ceil(n), floor(n)

Der Operator *ceil* liefert die kleinste ganze Zahl, die größer oder gleich n ist. Analog ist das Ergebnis von *floor* die größte ganze Zahl, die kleiner oder gleich der angegebenen Zahl ist.

```
function ceil(n    IN  number)
return number;

function floor(n   IN  number)
return number;
```

Einige Beispiele:

```
erg := ceil(1);        Ergebnis: erg = 1
erg := ceil(1.5);      Ergebnis: erg = 2
erg := floor(1);       Ergebnis: erg = 1
erg := floor(1.5);     Ergebnis: erg = 1
```

mod (n, m)

Die Funktion *mod* liefert den Rest von der ganzzahligen Division von *n* durch *m* als Ergebnis.

```
function mod( n  IN  number,
              m  IN  number)
return number;
```

Einige Beispiele:

```
erg := mod(9, 3);      Ergebnis: erg = 0
erg := mod(10, 3);     Ergebnis: erg = 1
erg := mod(24, 2);     Ergebnis: erg = 0
erg := mod(25, 2);     Ergebnis: erg = 1
```

Die Funktion *power* liefert das Ergebnis *n* hoch *m*.

```
function power( n    IN number,
                m    IN number)
return number;
```

power(n, m)

Einige Beispiele:

```
erg := power(2, 3);    Ergebnis: erg = 8
erg := power(2, 0);    Ergebnis: erg = 1
erg := power(0, 4);    Ergebnis: erg = 0
```

sign(n)

Die folgende Funktion *sign*

```
function sign(n   IN number)
return number;
```

liefert das Vorzeichen von n in der folgenden Form:

- 0, falls n = 0
- 1, falls n > 0
- -1, falls n < 0

Einige Beispiele:

```
erg := sign(1);            Ergebnis: erg = 1
erg := sign(2);            Ergebnis: erg = 1
erg := sign(-123);         Ergebnis: erg = -1
erg := sign(-45.567);      Ergebnis: erg = -1
```

sqrt(n)

Die Funktion *sqrt* berechnet die Quadratwurzel aus *n*, wobei *n* größer oder gleich 0 sein muß.

```
function sqrt(n   IN number)
return number;
```

Einige Beispiele:

```
erg := sqrt(4);       Ergebnis: erg = 2
erg := sqrt(16);      Ergebnis: erg = 4
erg := sqrt(0);       Ergebnis: erg = 0
erg := sqrt(-36);     Ergebnis: ORA-01428:
           argument '-36' is out of range
```

Die Funktion *round* rundet die Zahl *n* auf *m* Nachkommastellen. Ist *m* negativ, wird die Zahl *n* auf *m* Vorkommastellen gerundet. Die Angabe von *m* kann auch fehlen; in diesem Fall wird der Defaultwert 0 angenommen und die Zahl *n* ohne Nachkommastellen als Ergebnis geliefert.

```
function round( n      IN number
               [, m    IN number])
return number;

function trunc( n      IN number
               [, m    IN number])
return number;
```

trunc(n, [m])

Ähnlich verhält sich die Funktion *trunc*, da die Zahl *n* nach *m* Stellen nach dem Punkt abgeschnitten wird. Ist *m* negativ, werden die letzten *m* Stellen des ganzzahligen Teils von *n* durch Nullen ersetzt. Wird *m* nicht angegeben, wird implizit der Wert 0 für *m* eingesetzt.

Einige Beispiele:

```
erg := round(71.263);        Ergebnis: erg = 71
erg := round(71.263, 1);     Ergebnis: erg = 71.3
erg := round(71.263, 2);     Ergebnis: erg = 71.26
erg := round(71.263, -1);    Ergebnis: erg = 70
erg := round(71.263, -2);    Ergebnis: erg = 100
erg := trunc(71.263);        Ergebnis: erg = 71
erg := trunc(71.263, 1);     Ergebnis: erg = 71.2
erg := trunc(71.263, 2);     Ergebnis: erg = 71.26
erg := trunc(71.263, -1);    Ergebnis: erg = 70
erg := trunc(71.263, -2);    Ergebnis: erg = 0
```

Funktionen für Zeichenketten

Die folgenden Funktionen stehen zur Verarbeitung von Zeichenketten zur Verfügung. Diese besitzen Parameter mit zeichenorientierten Datentypen (*char, varchar2, raw*) und liefern ein Ergebnis vom Datentyp *number, char* oder *varchar2*:

ascii	chr	concat	initcap	instr
instrb	length	lengthb	lower	lpad
ltrim	nls_initcap	nls_lower	nls_upper	nlssort
replace	rpad	rtrim	soundex	substr
substrb	translate	upper		

Folgende Funktionen können jeweils nur auf ein Zeichen angewendet werden:

```
function ascii(ch   IN  varchar2)
return binary_integer;

function chr(n      IN  binary_integer)
return varchar2;
```

Das Ergebnis der Funktion *ascii* ist der numerische Wert des ersten Zeichens aus *ch* in Abhängigkeit vom eingestellten Zeichensatz in der Datenbank. Beispielsweise ist der numerische Repräsentant von 'A' im 7-Bit-Ascii-Zeichensatz gleich 65.

ascii(c)
chr(c)

Die Umkehrung realisiert die Funktion *chr*, die zum Wert *n* das zugeordnete Zeichen liefert. Der Wert *n* hängt vom eingestellten Zeichensatz in der Datenbank ab. Benötigt wird diese Funktion häufig, um in einem Quelltext nicht darstellbare Zeichen wie Zeilenumbrüche zu referenzieren.

Einige Beispiele (mit eingestelltem 7-Bit-Ascii Zeichensatz):

```
erg := ascii('? ');          Ergebnis:    erg    =    63
erg := ascii('Winter');      Ergebnis:    erg    =    87
erg := ascii('W');           Ergebnis:    erg    =    87
erg := chr(65);              Ergebnis:    erg    =   'A'
erg := chr(63);              Ergebnis: erg = '?'
```

Nachfolgende Funktion fügt die Zeichenkette *right* an *left* an und liefert die gesamte Kette als Ergebnis zurück:

concat(a, b)

```
function concat(left   IN  varchar2,
                right  IN  varchar2)
return varchar2;
```

Einige Beispiele:

```
erg := concat('l' , 'r');    Ergebnis: erg = 'lr'
erg := concat('l' , NULL);   Ergebnis: erg = 'l'
```

Die Funktion *instr* stellt fest, ob die Zeichenkette *str2* in der Zeichenkette *str1* enthalten ist und liefert im Erfolgsfall die

instr(a,b [,p[,n]])

Position des ersten übereinstimmenden Zeichens als Ergebnis. Ist die Zeichenkette nicht enthalten, ist das Ergebnis 0.

```
function instr(   str1   IN  varchar2,
                  str2   IN  varchar2,
                  [pos   IN  binary_integer  := 1,
                  [nth   IN  positive        := 1]])
return binary_integer;
```

Die Suche beginnt ab der Position *pos*, wobei die Suchrichtung das Vorzeichen bestimmt: ist *pos* negativ, wird die Zeichenkette *str1* rückwärts durchsucht. Der Parameter *nth* legt die Anzahl des Vorkommens von *str2* in *str1* fest. Werden diese beiden Parameter nicht angegeben, wird die gesamte Zeichenkette nach dem ersten Auftreten der Teilzeichenkette *str* durchsucht.

instrb(a,b [,p[,n]])

Analog verhält sich die Funktion *instrb*, wobei der Parameter *pos* die Position des ersten Bytes der Teilzeichenkette *str2* in *str1* festlegt. Einige Beispiele:

```
erg := instr('a, b, a', 'a');            Erg: erg = 1
erg := instr('a, b, a', 'a', 1, 2);      Erg: erg = 7
erg := instr('a, b, a', ',', -1);        Erg: erg = 5
erg := instrb('a, b, a', 'a');           Erg: erg = 1
```

length(a)

Als Ergebnis liefert die folgende Funktion die Anzahl der Zeichen in *ch* zurück.

```
function length(ch    IN  varchar2)
return number;

function length(ch    IN  char)
return number;
```

lengthb(a)

Analog liefert *lengthb* die Anzahl der Bytes in *ch*:

```
function lengthb(ch   IN  varchar2)
return number;

function lengthb(ch   IN  char)
return number;
```

Ist *ch* vom Datentyp *char*, zählen beide Funktionen auch die Leerzeichen am Ende der Zeichenkette.

Einige Beispiele:

```
erg := length('STAR TREK'); Ergebnis: erg = 9
erg := lenght('STAR     '); Ergebnis: erg = 9
erg := length(NULL);        Ergebnis: erg = NULL
```

lower(a)
upper(a)

Die Funktion *lower* ändert alle Zeichen in der Zeichenkette *ch* in Kleinbuchstaben. Im Gegensatz dazu konvertiert die Funktion *upper* alle Zeichen in *ch* in Großbuchstaben.

```
function lower(ch IN  varchar2)
return varchar2;

function upper(chIN  varchar2)
return varchar2;
```

Einige Beispiele:

```
erg := lower('STAR TREK');
       Ergebnis: erg = 'star trek'
erg := upper('star trek');
       Ergebnis: erg = 'STAR TREK'
```

lpad(a, len [,p])
rpad(a, len [,p])

Diese Funktionen füllen die Zeichenkette von links (*lpad*) oder rechts (*rpad*) bis zur Länge *len* mit dem Zeichen *pad* auf. Wird kein Zeichen in *pad* angegeben, wird die Zeichenkette *str1* mit Leerzeichen ergänzt. Ist die Ergebniszeichenkette länger als der Wert *len*, wird sie nach *len*-Zeichen abgeschnitten.

```
function lpad(  str1   IN  varchar2,
                len    IN  binary_integer
                [, pad IN  varchar2     := ' '])
return varchar2;

function rpad(  str1   IN  varchar2,
                len    IN  binary_integer
                [, pad IN  varchar2     := ' '])
return varchar2;
```

Einige Beispiele:

```
erg := lpad('a', 8);    Ergebnis: erg = '       a'
erg := rpad('a', 8);    Ergebnis: erg = 'a       '
erg := lpad('a', 4, '-'); Ergebnis: erg = '---a'
```

ltrim(a [,tset])
rtrim(a [,tset])

Die Funktion *ltrim* entfernt von links alle Zeichen aus der Zeichenkette *str1*, die im Parameter *tset* übergeben werden und liefert dies als Zeichenkette zurück. Analog entfernt *rtrim* von rechts alle Zeichen in *tset* aus der Zeichenkette *str1*. Wird *tset* beim Aufruf nicht übergeben, werden alle Leerzeichen entfernt.

```
function ltrim(   str1    IN  varchar2    := ''
                  [, tset IN  varchar2    := ''])
return varchar2;

function rtrim(   str1    IN  varchar2    := ''
                  [, tset IN  varchar2    := ''])
return varchar2;
```

Einige Beispiele:

```
erg := ltrim(rtrim('  a  '));
      Ergebnis: erg = 'a'
erg := ltrim('1990, Ein Jahr', ',.:0123456789');
      Ergebnis: erg = ' Ein Jahr';
```

replace(a, old [,new])

Die Funktion *replace* ersetzt in der Zeichenkette *srcstr* jedes Vorkommen der Teilzeichenkette *oldsub* durch *newsub*.

```
function replace( srcstr     IN  varchar2,
                  oldsub     IN  varchar2
                  [, newsub  IN  varchar2     := ''])
return varchar2;
```

Einige Beispiele:

```
erg := replace('a, b, c', ',');
      Ergebnis: erg = 'a b c'
erg := replace('a, b, c', ',', '-');
      Ergebnis: erg = 'a- b- c'
```

Die Funktion *substr* schneidet einen Teil aus der Zeichenkette *str1* aus und liefert diesen als Ergebnis zurück.

```
function substr( str1    IN varchar2,
                 pos     IN binary_integer
                 [, len  IN binary_integer  := NULL])
return varchar2;
```

Der Ausschnitt wird durch die Parameter *pos* und *len* festgelegt: *pos* gibt die Anfangsposition in *str1* (falls positiv von links, andernfalls von rechts) an und *len* die Anzahl von Zeichen ab dieser Position. Wird der optionale Parameter *len* nicht angegeben, wird die Zeichenkette ab der Position *pos* zurückgeliefert. Die Positionsangabe kann auch größer als die Länge der Zeichenkette sein; in diesem Fall ist das Ergebnis die Zeichenkette NULL.

Einige Beispiele:

```
erg := substr('STAR TREK', 50);      Erg.: erg = NULL
erg := substr('STAR TREK', 6);       Erg.: erg = 'TREK'
erg := substr('STAR TREK', 2, 4);    Erg.: erg = 'TAR'
erg := substr('STAR TREK', 1, 0);    Erg.: erg = NULL
erg := substr('STAR TREK', -4);      Erg.: erg = 'TREK'
erg := substr('STAR TREK', -1, 1);   Erg.: erg = 'K'
```

translate(a, src, dest)

Ähnlich wie die Funktion *replace* ersetzt die Funktion *translate* einzelne Zeichen in der Zeichenkette *str1*.

```
function translate( str1  IN varchar2,
                    src   IN varchar2,
                    dest  IN varchar2)
return varchar2;
```

Der Parameter *src* enthält alle Zeichen, die jeweils durch ein Zeichen aus *dest* ersetzt werden sollen. Gibt es mehr Zeichen in *src* als in *dest*, so werden alle Zeichen, für die keine explizite Ersetzung angegeben ist, aus der Zeichenkette *str1* entfernt.

Einige Beispiele:

```
erg := translate('123', '123', 'xxx');
    Ergebnis: erg = 'xxx'
erg := translate('*1*', '1', 'a');
    Ergebnis: erg = '*a*'
erg := translate('abcd123', 'abcde12345', 'AB');
    Ergebnis: erg = 'AB'
```

Datumfunktionen

Folgende Funktionen stehen für arithmetische Operationen auf Datumwerten zur Verfügung:

add_months	last_day	months_between
new_time	next_day	round
sysdate	trunc	

Aus dieser Liste werden zwei Funktionen herausgegriffen und kurz beschrieben.

add_months(l, r)

Die Funktion *add_months* addiert zum übergebenen Datum *left* die Anzahl *right* von Monaten:

```
function add_months(left   IN date,
                    right  IN number)
return date;
```

Einige Beispiele:

```
erg := add_months('01-JAN-96', 2);
    Ergebnis: erg = '01-MAR-96'
erg := add_months('01-JAN-96', -2);
    Ergebnis: erg = '01-NOV-95'
```

sysdate

Die Funktion *sysdate* liefert das aktuelle Datum mit Uhrzeit als Ergebnis:

```
function sysdate
return date;
```

Ein Beispiel:

```
erg := sysdate;      Ergebnis: erg = '01-AUG-96'
```

Einige Funktionen zur Konvertierung von Datentypen werden in Abschnitt 4.6.4 anhand von Beispielen beschrieben. Im einzelnen handelt es sich dabei um folgende Funktionen:

chartorowid	convert	hextoraw
rawtohex	rowidtochar	to_char
to_date	to_label	to_multi_byte
to_number	to_single_byte	

Funktionen zur Fehlerbehandlung

Die folgenden Funktionen zur Behandlung von Fehlern, die während der Ausführung eines PL/SQL-Programms auftreten, sind die einzigen, die nicht in SQL verfügbar sind:

sqlcode	sqlerrm

Die Funktion *sqlcode*

```
function sqlcode
return number;
```

liefert als Ergebnis die Nummer des aufgetretenen PL/SQL- bzw. Oracle-Fehlers. Die Fehlerursache kann mittels der Funktion

```
function sqlerrm
return varchar2;
```

erfragt werden.

Sonstige Funktionen

Unter den sonstigen Funktionen werden folgende Funktionen zusammengefaßt:

decode	dump	greatest	
greatest_lb	least	least_lb	nvl
uid	user	userenv	vsize

greatest(p [,p ...])

Die nächste, überladene Funktion *greatest* akzeptiert eine beliebige Menge an Parametern, die allerdings den gleichen Datentyp besitzen müssen. Als Ergebnis wird der größte Wert aus der Menge der übergebenen Parameter ermittelt.

```
function greatest(pattern  IN  number      [, pattern ...])
return number;

function greatest(pattern  IN  varchar2    [, pattern ...])
return varchar2;

function greatest(pattern  IN  date        [, pattern ...])
return date;
```

Ein Beispiel:

```
erg := greatest(1, 2, 3);          Ergebnis: erg = 3
erg := greatest('Win', 'Som');     Ergebnis: erg = 'Win'
erg := greatest(sysdate,'06-SEP-98','01-JAN-96');
       Ergebnis: erg = '06-SEP-98'
```

uid Die Funktion *uid* liefert die zugeordnete Benutzernummer des angemeldeten Benutzers zurück:

```
function uid
return number;
```

user Als Ergebnis liefert die Funktion *user* den Namen des angemeldeten Datenbankbenutzers zurück.

```
function user
return varchar2;
```

Ein Beispiel:

```
SELECT  user, uid
FROM    dual;
.................................................
USER   UID
----------
HUGO   74
```

Die letzten beiden Funktionen werden beispielsweise zum Speichern von benutzerspezifischen Einstellungen benötigt, um den aktuell angemeldeten Benutzer zu identifizieren.

4.8 Kontrollstrukturen

Kontrollstrukturen legen die Reihenfolge fest, in der Anweisungen innerhalb eines Programms durchgeführt werden. PL/SQL bietet dazu folgende Formen von Kontrollstrukturen an:

- Konditionale Kontrollstrukturen
- Schleifen
- Marken und goto

Syntaktisch ist eine Kontrollstruktur eine Anweisung, die beliebig viele weitere Anweisungen enthalten kann. Die nächsten Abschnitte erklären, wie diese Kontrollstrukturen syntaktisch lauten und wie sie verwendet werden.

4.8.1 Konditionale Kontrollstrukturen

Unter konditionalen Kontrollstrukturen faßt man alle Konstrukte zusammen, die Fallunterscheidungen behandeln.

Eine bedingte Anweisung beginnt mit dem Schlüsselwort IF. „Bedingt" bedeutet, daß die Ausführung eines Zweiges der If-Anweisung von der Erfüllung der angegebenen Bedingung abhängt. Die Syntax für die kleinste bedingte Anweisung lautet:

```
IF Bedingung THEN
    Anweisungsteil
END IF;
```

IF-THEN

Im Bedingungsteil steht die zu prüfende Bedingung; diese kann ein beliebiger Ausdruck vom Datentyp *boolean* sein. Der Anweisungsteil zwischen den Schlüsselworten THEN und END IF wird nur ausgeführt, wenn die Auswertung des Bedingungsteiles TRUE ergibt. Andernfalls (falls das Ergebnis der Bedingung gleich FALSE oder NULL ist) wird der gesamte Then-Zweig ignoriert.

Dazu einige Beispiele:

```
if keine_verarbeitung then
   ins_status_verarbeitung(filmliste_satz.nr);
end if;
```

Besitzt die Boolesche Variable *keine_verarbeitung* den Wert TRUE, wird die Prozedur im Anweisungsteil ausgeführt. Häufig werden Bedingungen dieser Art wie folgt formuliert:

```
if keine_verarbeitung = TRUE then
```

Der Vergleich mit TRUE ist in diesem Fall überflüssig, da die Variable selbst den Wert TRUE, FALSE oder NULL repräsentiert.

```
if filmliste_satz.titel is not NULL then
   filmid_akt := ins_film(film_satz);
   titelid_akt := ins_titel(filmid_akt, titel_satz);
end if;
```

Der Then-Zweig der If-Bedingung wird ausgeführt, falls der Attributwert *filmliste_satz.titel* ungleich NULL ist.

IF-THEN-ELSE

Für Fallunterscheidungen kann eine If-Anweisung zusätzlich eine Else-Anweisung enthalten. Die syntaktische Form dafür lautet:

IF *Bedingung* THEN
   Anweisungsteil
ELSE
   Anweisungsteil
END IF;

In Abhängigkeit vom Ergebnis der Bedingung werden entweder die Anweisungen zwischen THEN und ELSE ausgeführt oder die zwischen ELSE und END IF. Innerhalb eines Then-Zweiges bzw. eines Else-Zweiges können wiederum If-Anweisungen stehen.

Ein Beispiel:

```
if akt_wert > letzter_wert then
   letzter_wert := akt_wert;
else
   sort_in_liste(akt_wert);
end if;
```

Ist der Variablenwert *akt_wert* größer als der Variablenwert *letzter_wert*, erhält *letzter_wert* den Wert der Variablen *akt_wert;* andernfalls wird die Prozedur *sort_in_liste* aufgerufen.

In vielen Fällen verlangt die Programmlogik nicht nur eine Entweder-oder-Entscheidung aufgrund einer Bedingung, sondern eine Menge von disjunkten Fallunterscheidungen aufgrund unterschiedlicher Bedingungen. Zum Beispiel soll aufgrund einer bestimmten Sprache auch die Angabe des Filmtitels in der jeweiligen Sprache erfolgen.

```
if l_sprache = 'EN' then
   ...
else
   if l_sprache = 'DE' then
      ...
   else
      if l_sprache = 'IT' then
         ...
```

Anhand dieses Konstruktes läßt sich leicht erkennen, daß tief verschachtelte If-Anweisungen sehr schnell unübersichtlich werden können.

IF-ELSIF

Für Fallunterscheidungen dieser Art steht daher eine zusätzliche Variante der If-Anweisung zur Verfügung, die eine Auswahl aus einer Anzahl von sich gegenseitig ausschließenden Bedingungen erlaubt:

IF *Bedingung* THEN
  Anweisungsteil
ELSIF *Bedingung* THEN
  Anweisungsteil
[ELSE
  Anweisungsteil]
END IF;

Bei der Ausführung dieser If-Anweisung wird eine Bedingung nach der anderen ausgewertet, bis eine Bedingung gefunden wird, deren Ergbniswert TRUE entspricht. In diesem Fall wird der zugehörige Anweisungsteil ausgeführt. Damit eine If-Elsif-Anweisung logisch korrekt arbeitet, sollten sich die einzelnen Bedingungen gegenseitig ausschließen.

ELSE-Zweig

Am Ende einer If-Elsif-Anweisung kann ein Else-Zweig stehen, der ausgeführt wird, wenn keine der angegebenen Bedingungen erfüllt ist.

```
declare
   sprache            char(2);
   film_satz          film%ROWTYPE;
   ...
begin
   ...
   if sprache = 'DE' then
      de_titel(film_satz.film_id);
   elsif sprache = 'EN' then
      en_titel(film_satz.film_id);

   elsif sprache = 'IT' then
      it_titel(film_satz.film_id);
   else
      default_titel(film_satz.film_id);
   end if;
   ...
end;
```

Abschließend sei noch ein beliebter Fehler erwähnt, der in Zusammenhang mit If-Anweisungen häufig gemacht wird:

ELSEIF ist kein Schlüsselwort

Die Vergabe der Schlüsselwortbezeichner ELSE und ELSIF ist leider nicht sehr glücklich gewählt, da die Versuchung, ELSEIF mit zusätzlichem 'E' zu schreiben, sehr groß ist. Die „aussagekräftige" Fehlermeldung

```
elseif sprache = 'EN' then
        *
ERROR at line 18:
ORA-06550: line 18, column 9:
PLS-00103: Encountered the symbol "SPRACHE" when
           expecting one of the following:
```

beruht zum Beispiel auf dem Schreibfehler ELSEIF statt ELSIF.

4.8.2 Iterative Kontrollstrukturen

Gleiche Anweisungen können mittels iterativer Kontrollstrukturen für eine Reihe von ähnlichen Werten wiederholt werden. Vereinfacht werden solche Programmkonstrukte auch als Schleifen bezeichnet. Eine Schleife arbeitet einen Programmabschnitt so oft ab, bis eine bestimmte Bedingung eintritt. In PL/SQL gibt es folgende Schleifenkonstrukte:

- LOOP
- FOR LOOP
- WHILE LOOP

Die einzelnen Schleifen-Varianten unterscheiden sich durch die Art der Abbruchbedingung der Schleife. Jede Schleife kann zusätzlich entweder durch das spezielle Sprachkonstrukt „Exit" oder durch ausgelöste, unbehandelte Exceptions verlassen werden.

Exit-Anweisung

Die folgende Anweisung

EXIT [*Schleifenlabel*];

beendet unmittelbar die Ausführung einer Schleife und setzt die Programmausführung hinter der Anweisung END LOOP fort. EXIT ist nur innerhalb einer Schleife erlaubt.

Verwendung eines Schleifenlabels

Schleifen können zusätzlich mit einem Label versehen werden; diese Möglichkeit ist bereits aus Abschnitt 4.5 bekannt. Optional kann der Name eines Schleifenlabels hinter der Exit-Anweisung stehen. In diesem Fall wird die gleichnamige Schleife abgebrochen. Häufig verwendet wird diese Variation, wenn nicht nur die aktuelle, sondern auch eine übergeordnete Schleife sofort abgebrochen werden soll.

Ist der sofortige Abruch einer Schleife mit einer Bedingung verknüpft, so würde man die Exit-Anweisung in der folgenden Form einsetzen:

```
if Bedingung then
   EXIT;
end if;
```

Gleichbedeutend, aber kürzer ist die Anweisung:

EXIT WHEN

EXIT WHEN *Bedingung*

Die Ausführung der Schleife wird beendet, wenn die Bedingung erfüllt ist. Beispiele dazu folgen nach der Beschreibung der jeweiligen Schleifenkonstrukte.

LOOP

Die syntaktische Form der Loop-Schleife lautet:

```
LOOP
  Anweisung;
  Anweisung;
  ...
END LOOP;
```

Die Loop-Schleife wird auch als Endlosschleife bezeichnet, da gemäß der Syntax keine Abbruchbedingung für die Ausführung der Schleife formuliert werden muß. Die zwischen den Schlüsselworten LOOP und END LOOP stehenden Anweisungen werden so oft ausgeführt, bis eine Anweisung oder eine ausgelöste Exception das Verlassen der Schleife veranlaßt.

Im folgenden Beispiel wird die Loop-Schleife solange durchlaufen, bis alle Datensätze aus der Tabelle „Person" gelesen wurden. Aus dem Namen und Vornamen wird die Schreibweise generiert und in die Tabelle „Abspann" eingetragen:

```
declare
   cursor pers_cur is SELECT *  FROM   person;
   pe_satz            pers_cur%ROWTYPE;
   gensw              varchar2(100);

begin
   open pers_cur;
   loop
      fetch pers_cur into pe_satz;
      exit when pers_cur%NOTFOUND;
      if pe_satz.vorname is NULL then
         gen_sw := INITCAP(pe_satz.name);
      else
         gen_sw := INITCAP(pe_satz.vorname) || ' ' ||
                   INITCAP(pe_satz.name);
end if;
```

```
        UPDATE abspann
        SET              schreibweise = gen_sw
        WHERE            person_id = pe_satz.person_id;
    end loop;
    close pers_cur;
end;
```

FOR LOOP

Das nächste Schleifenkonstrukt wird eingesetzt, wenn die Anzahl der Schleifendurchläufe durch eine Zahl angegeben werden kann. Die Syntax der For-Loop-Schleife lautet:

FOR *Laufvariable* IN [REVERSE] *Anfangswert* .. *Endwert* LOOP
  Anweisung;
  Anweisung;
  ...
END LOOP;

Die Schleife beginnt mit dem Schlüsselwort FOR und endet mit END LOOP. Die Laufvariable wird implizit von PL/SQL vom Typ *number* deklariert und kann außerhalb der Schleife nicht referenziert werden. Diese Variable wird innerhalb des Schleifenrumpfes als Konstante behandelt, da der Variablenwert gelesen, aber nicht verändert werden kann.

Beim ersten Schleifendurchlauf wird die Variable mit dem Wert *Anfangswert* initialisiert. Die gesamte Schleife wird

Endwert - *Anfangswert* + 1

mal durchlaufen und der Wert der Variablen implizit vor jedem Schleifendurchlauf um 1 erhöht. Ist der Endwert erreicht, wird der Schleifenrumpf zum letzten Mal ausgeführt. Der Anfangswert muß kleiner als der Endwert sein, wobei diese Wertebereiche auch in Form von Ausdrücken angegeben werden können. Der Datentyp des Ausdrucks, der Variablen bzw. der Konstanten muß einen ganzzahligen Wert darstellen.

Optional kann die Reihenfolge des Durchlaufes durch den Wertebereich durch das Schlüsselwort REVERSE auch umgedreht werden. Ein Vertauschen des Anfangs- und Endwertes ist demnach semantisch nicht korrekt.

Das folgende Beispiel zeigt den Einsatz einer For-Schleife, um zehn Sätze aus der Ergebnismenge des Cursors *obj_cur* zu lesen:

```
...
FOR i in 1 .. 10 LOOP
   FETCH obj_cur INTO obj_satz;
   EXIT WHEN obj_cur%NOTFOUND;
   ...
END LOOP;
...
```

Im nächsten Beispiel wird versucht, die Schleifenvariable *i* außerhalb der Schleife zu referenzieren:

```
declare
   naechste_id       number := 0;

begin
   FOR i in 1 .. 10 LOOP
      gen_testdaten(i);
   END LOOP;

   naechste_id := i + 1;
   ...
end;
/
```

```
ERROR at line 9:
ORA-06550: line 9, column 19:
PLS-00201: identifier 'I' must be declared
```

Die Anweisung „naechste_id := i + 1;" befindet sich außerhalb der For-Schleife, eine Variable mit dem Namen *i* ist an dieser Stelle nicht bekannt.

WHILE-LOOP

Die While-Schleifenvariante wird verwendet, wenn die Ausführung der Schleife von einer Bedingung abhängt.

Syntaktisch wird eine While-Schleife wie folgt formuliert:

WHILE *Bedingung* LOOP
   Anweisung;
   Anweisung;
   ...
END LOOP;

Die Bedingung steht in Form eines Booleschen Ausdrucks zwischen den Schlüsselworten WHILE und LOOP. Vor jeder

Ausführung der Schleife wird diese Bedingung geprüft. Die Schleife wird solange durchlaufen, wie die Bedingung erfüllt ist. Wird die Bedingung nie ungültig, so wird die Schleife endlos ausgeführt.

Ein Beispiel:

```
declare
   i   number(2);

begin
   i := 1;
   while i <= 10 loop
      FETCH obj_cur INTO obj_satz;
      EXIT WHEN obj_cur%NOTFOUND;
      ...
      i := i + 1;
   end loop;
   ...
```

Analog zu der Loop-Schleife im obigen Beispiel verarbeitet die Schleife die ersten zehn Sätze aus der Cursor-Ergebnismenge. Die Schleife wird in zwei Fällen verlassen: die Schleifenbedingung „i <= 10" ist nicht mehr erfüllt oder die Bedingung der Exit-Anweisung wird erfüllt, wenn die Fetch-Anweisung keinen Satz mehr findet.

Nützlich ist diese Kombination einer While-Schleife mit EXIT auch, wenn während der Verarbeitung Fehler auftreten können, die sofort zum Abbruch der Schleife führen müssen.

4.8.3 Sequentielle Kontrollstrukturen

Die Anweisung

```
goto ENDE_MARKE;
```

führt eine weitere Kontrollstruktur ein. Unabhängig von einer bestimmten Bedingung verzweigt GOTO von einer Programmstelle zu einer anderen und setzt die Programmausführung an dieser Stelle fort.

Die komplette Syntax lautet:

GOTO *Labelbezeichner;*

Der Name des Sprungziels wird durch den Labelbezeichner angegeben. Dieses Label muß innerhalb des PL/SQL-Blocks stehen, der die Goto-Anweisung enthält. Ist das verwendete Label nicht im gleichen Block definiert, so erfolgt folgende Fehlermeldung während des Parsens des PL/SQL-Blocks:

```
begin
    goto ENDE_MARKE;
end;
```

```
PLS-00201: identifier 'ENDE_MARKE' must be declared
```

Label als Sprungziel

Die Syntax zur Definition eines Labels als Sprungziel lautet:

<<*Labelbezeichner*>>
Anweisungen;

Das Label kennzeichnet die Anweisungen, mit denen die Programmausführung nach GOTO fortgesetzt werden soll. Der Labelbezeichner kann wieder gemäß den Regeln für PL/SQL-Bezeichner vergeben werden. Zu beachten ist, daß nach einem Label mindestens eine Anweisung stehen muß. Falls die Sprungmarke nur den Programmablauf verändern soll, kann nach dem Labelbezeichner auch die NULL-Anweisung stehen:

```
declare
   KEIN_ORG_TITEL   boolean;

begin
   ...
   if KEIN_ORG_TITEL then
      goto ENDE_MARKE;
   end if;
   ...
   <<ENDE_MARKE>>
      NULL;
end;
```

Ist die Bedingung *KEIN_ORG_TITEL* erfüllt, wird die Goto-Anweisung ausgeführt.

Die sequentielle Programmausführung wird unterbrochen und mit der Ausführung der „leeren" Anweisung nach dem Sprungziel <<ENDE-MARKE>> fortgesetzt.

Das nächste Beispiel zeigt eine häufige Verwendung von GOTO, um tief verschachtelte Schleifen durch eine Anweisung zu verlassen:

```
declare
   anzahl_filme        number(3);
   anzahl_titel        number(2);
   KEIN_ORG_TITEL      boolean          := FALSE;
   ...
begin
   for i in 1 .. anzahl_filme loop
      for i in 1 .. anzahl_titel loop
         ...
         if KEIN_ORG_TITEL then
            goto ENDE_MARKE;
         end if;
         ...
      end loop;
   end loop;
   <<ENDE_MARKE>>
      INSERT INTO tmp VALUES ('Kein Orginaltitel');
end;
```

Falls die Bedingung *KEIN_ORG_TITEL* erfüllt ist, werden beide Schleifen verlassen und die Insert-Anweisung nach der Sprungmarke <<*ENDE_MARKE*>> wird ausgeführt.

Als Alternative zu GOTO kann die Anweisung EXIT mit Verbindung eines Labels für die äußerste Schleife ebenfalls für diese Aufgabe genutzt werden:

```
begin
   <<Schleife_1>>
   for i in 1 .. anzahl_filme loop
   ....
      for i in 1 .. anzahl_titel loop
         ...
         if KEIN_ORG_TITEL then
            exit SCHLEIFE_1;
         end if;
         ...
      end loop;
   end loop;
   INSERT INTO tmp
   VALUES ('Kein Orginaltitel vorhanden.');
end;
```

Goto-Anweisungen dürfen nicht die übliche Ablauflogik von Kontrollstrukturen verändern. Deshalb sind folgende Sprungziele durch GOTO nicht erreichbar:

Nicht erreichbare Sprungziele

- Prozeduren bzw. Funktionen können nicht durch GOTO verlassen werden.
- Aus einem Exceptionteil kann nicht in den zugehörigen Block zurück gesprungen werden.
- Es kann nicht in eine If-then-else- bzw. If-then-elsif-Anweisung verzweigt werden.
- Innerhalb einer If-Anweisung kann nicht gesprungen werden. Das bedeutet, vom Then-Zweig kann nicht in den Else-Zweig und umgekehrt verzweigt werden.
- Innerhalb verschachtelter Schleifen ist nur ein einmaliger Sprung in eine äußere Schleife erlaubt.
- Analog zu verschachtelten Schleifen gilt das Sprungverhalten für verschachtelte Blöcke, da in innere Blöcke nicht gesprungen werden kann.

Wie bereits aus anderen Programmiersprachen bekannt, gibt es viele Gründe, GOTO nicht zu verwenden. Zum einen kann man die Verwendung von GOTO nicht als guten Programmierstil bezeichnen, da GOTO nur in seltenen Fällen wirklich notwendig ist. Meistens kann GOTO durch If-then-else-Anweisungen oder Schleifen ersetzt werden. Nebenbei ist ein mit Sprungmarken versehenes Programm schwer zu lesen, nachzuvollziehen und zu ändern. In den Beispielen in diesem Buch gab es keine Veranlassung – außer in diesem Abschnitt –, Goto-Sprünge einzusetzen.

4.9 Cursorbehandlung

Dieser Abschnitt beschreibt die Funktionsweise und Behandlung von Programmcursorn, die innerhalb von PL/SQL zur Verarbeitung von Ergebnismengen aus Select-Anweisungen verwendet werden.

Das folgende kurze Programmbeispiel verdeutlicht die Notwendigkeit von Programmcursorn:

```
declare
    l_person_satz Person%ROWTYPE;

begin
    SELECT *
    INTO   l_person_satz
    FROM   person;
end;
/
```

```
declare
*
ERROR at line 1:
ORA-01422: exact fetch returns more than requested
number of rows
```

Liefert eine derartige Leseoperation mehr als eine Ergebniszeile, so erzeugt PL/SQL während der Ausführung die Exception TOO_MANY_ROWS (ORA-01422).

Wie die Fehlermeldung bereits vermuten läßt, besteht der Fehler in der Verwendung der Into-Klausel, die nur einen Ergebnisdatensatz aufnehmen kann. Derartige mengenorientierte Verarbeitung von Ergebniszeilen muß innerhalb von PL/SQL mit einem sogenannten Cursor gelöst werden.

Oracle weist jeder SQL-Anweisung einen privaten Speicherbereich zu, der alle notwendigen Informationen zur Ausführung der Anweisung und die Ergebnismenge enthält. Der Zugriff auf diesen Bereich erfolgt mittels eines Cursors. Im vereinfachten Sinn stellt ein Cursor damit einen Zeiger auf eine Datenstruktur dar.

Ein Cursor kennt die Zustände „öffnen", „Datensätze lesen" und „schließen". Programmiertechnisch gesehen repräsentiert ein Cursor eine benannte und verfügbare Resource, wobei folgende Varianten unterschieden werden:

- Implizite Cursor
- Explizite Cursor

Die Wahl zwischen expliziten und impliziten Cursorn besteht in PL/SQL allerdings nur für Lesezugriffe.

Implizierte Cursor

Implizite Cursor werden vom Oracle-Server bei der Ausführung von Insert-, Update-, Delete- und Select-Operationen deklariert und verwaltet. Dabei obliegt Oracle die vollständige Kontrolle des Lebenszyklus des Cursors: Oracle öffnet den Cursor, arbeitet die entsprechende Anweisung ab und schließt den Cursor wieder. Die Anzahl der gleichzeitig geöffneten Cursor ist nicht beschränkt[12].

Explizite Cursor

Explizite Cursor werden vom Programmierer für eine bestimmte Leseanweisung definiert und verwaltet. Diese explizite Vereinbarung ermöglicht die Kontrolle der einzelnen Phasen eines Cursors.

Cursor können innerhalb anonymer Blöcke, Funktionen, Prozeduren und Packages auf verschiedene Arten verwendet werden. Diese Möglichkeiten behandeln die nächsten Abschnitte.

4.9.1 Explizite Cursor

Ein expliziter Cursor ist eine benannte Programmresource, die es ermöglicht, Sätze aus dem privaten Speicherbereich in PL/SQL-Programmvariablen zu übertragen. Die Verwendung von expliziten Cursorn ist innerhalb von PL/SQL nur für Lesezugriffe erlaubt, wobei Lesezugriffe, die mehr als einen Ergebnissatz liefern, durch einen expliziten Cursor ausgeführt werden müssen.

Zugriff auf Ergebniszeilen

Ein Cursor ermöglicht den Zugriff auf jeweils eine Ergebniszeile, die in ein PL/SQL-Programm eingelesen werden kann. Dabei verweist ein Cursor immer auf die aktuelle Zeile in der Ergebnismenge. Rückwärtspositionierung bzw. Überspringen von Zeilen ist nicht möglich, die gesamte Ergebnismenge muß nacheinander behandelt werden. Zusätzlich sind über einen Cursor Statusmeldungen (beispielsweise aufgetretene Fehler) während der Verarbeitung der Select-Anweisung abfragbar.

[12] Limitiert wird die Anzahl der geöffneten Cursor durch den Initialisierungsparameter OPEN_CURSORS, der für jede Benutzersession in der Parameterdatei init.ora einstellbar ist.

Die Verarbeitung eines expliziten Cursors wird in vier Phasen unterteilt:

- Definition eines Cursornamens im Deklarationsteil
- Öffnen des Cursors (OPEN)
- Einlesen von Daten (FETCH)
- Schließen des Cursors (CLOSE)

Abbildung 16 verdeutlicht diese Phasen anhand eines schematisierten Programmbeispiels.

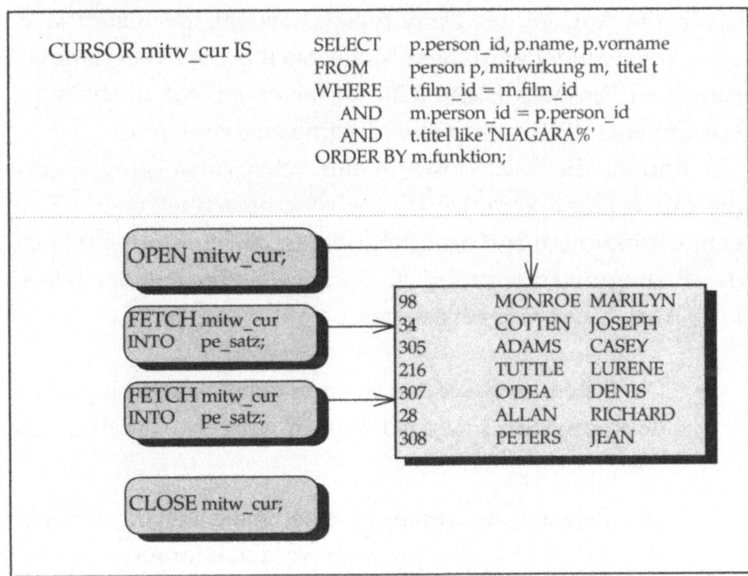

Abbildung 16: Die vier Cursor-Phasen

1. Phase: Deklaration

Ein expliziter Cursor muß wie eine Variable und eine Konstante im Deklarationsteil eines PL/SQL-Objekts vor der Verwendung deklariert werden. Syntaktisch erfolgt die Deklaration durch folgende Anweisung:

```
CURSOR Cursorname [(Parametername_1 [, Parametername_2, ...])]
        [ RETURN Datentyp]
        IS Select_Anweisung;
```

Cursorname legt dabei den Bezeichner des Cursors fest und die Select-Anweisung definiert einen gültigen Select-Befehl.

Innerhalb der *Select-Anweisung* darf keine Into-Anweisung stehen. Die Vergabe des Cursornamens orientiert sich an den üblichen Oracle-Konventionen für Bezeichner. Ein Cursorname repräsentiert nur einen Bezeichner für einen Verweis und kann daher nicht wie eine Variable beispielsweise in Zuweisungen auf der linken Seite stehen.

Optional besteht die Möglichkeit, die Select-Anweisung durch Eingabeparameter (*Parameter_1, ...*) zu parametrisieren. Die Besonderheiten von parametrisierten Cursorn werden in Kapitel 4.9.2 detaillierter erläutert.

Eine weitere Option stellt die Return-Anweisung dar. Die durch den Cursor repräsentierte Datenstruktur kann explizit durch die Angabe des Datentyps (*Datentyp*) spezifiziert werden. Angewendet wird diese Möglichkeit bei der Programmierung von Packages (siehe 5.2), um einen Cursor unabhängig von der eigentlichen Implementierung zu definieren.

Enthält die Select-Liste in der Select-Anweisung Werte, die durch einen komplexen Ausdruck berechnet oder durch einen Funktionsaufruf ermittelt werden, so ist es unter folgenden Bedingungen erforderlich, für einzelne Spalten der Select-Liste Alias-Namen zu vergeben:

- Die Datensätze werden in einer Fetch-Anweisung in eine Record-Struktur und nicht in einzelne Variablen gelesen.
- Die jeweilige zusammengesetzte Spalte soll im weiteren Programmtext angesprochen werden können.

Die Vereinbarung

```
declare
   cursor pe_cur is  SELECT  name, vorname
                     FROM    person
                     ORDER BY name;;
```

definiert beispielsweise einen Cursor mit dem Namen *pe_cur*. Nach der Cursordeklaration finden alle weiteren Operationen, wie das Öffnen eines Cursors, im Ausführungsteil statt.

Die Anweisung

OPEN *Cursorname* [(*Parameter_1* [, *Parameter_2* ...])];

öffnet den Cursor mit dem Bezeichner *Cursorname*. Erfolgte die Deklaration des Cursors mit Eingabeparameter, so müssen diese vor der Aktivierung des Cursors mit gültigen Werten (*Parameter_1* usw.) initialisiert werden.

2. Phase: Öffnen eines Cursors

In dieser Phase wird die entsprechende Leseoperation ausgeführt, aber noch keine Datensätze in Variablen eingelesen. Nach der Ausführung von OPEN zeigt der Cursor auf den ersten Datensatz in der Ergebnismenge der Abfrage. Eventuelle zwischenzeitliche Änderungen an den zugrundeliegenden Tabellen haben dabei keine Auswirkungen auf die erzeugte Ergebnismenge. Nachfolgende Fetch-Cursoroperationen greifen nur auf die Datenstruktur im gemeinsamen Speicherbereich zu und nicht mehr auf die Basistabellen der Leseanweisung. Vorsicht ist allerdings bei der Verwendung von Select-For-Update-Anweisungen geboten, da die zugrundeliegenden Datensätze in den jeweiligen Tabellen bis zum Schließen des Cursors von Oracle gesperrt werden.

In dieser zweiten Phase wird vom Oracle-Server die entsprechende SQL-Anweisung bei Bedarf geparst und der Zugriffspfad ermittelt. Existiert bereits eine identische SQL-Operation im Shared-Pool-Speicherbereich, sind diese Schritte nicht mehr notwendig.

Ein Cursor kann zur gleichen Zeit nur einmal geöffnet werden. Beim wiederholten Versuch erzeugt PL/SQL folgende Exception:

```
declare
   cursor film_cur is SELECT *  FROM  film;
   film_satz    film_cur%ROWTYPE;

begin
   open film_cur;
   open film_cur;
   ...
```

```
ORA-06511: PL/SQL: cursor already open
```

Nach Aktivieren des Cursors können mit dem SQL-Befehl FETCH Daten aus der Ergebnismenge in Programmvariablen übertragen werden. Der allgemeine Aufbau einer Fetch-Anweisung ist wie folgt:

FETCH *Cursorname* INTO {*Variablenname* [,*Variablenname* ...]
| *Recordname*};

3. Phase: Lesen von Ergebnissätzen

Mit jeder Fetch-Anweisung wird genau der Datensatz gelesen, auf den der Cursor *Cursorname* aktuell zeigt. Die Werte können in einzelne Variablen (*Variablenname*) oder in eine Recordvariable (*Recordname*) übertragen werden.

Die Reihenfolge, in der die Datensätze gelesen werden, kann nach der ersten Phase nicht mehr beinflußt werden. Insbesondere bedeutet dies, daß keine Rückwärtspositionierung eines Cursors möglich ist. Die erste Fetch-Anweisung greift auf den ersten Datensatz zu, die nächste auf den zweiten, bis alle Sätze aus der Ergebnismenge gelesen sind.

Beträgt der Umfang der Ergebnismenge zum Beispiel 100 Datensätze, so sind zum Übertragen dieser Daten 100 einzelne Anweisungen nötig. Daher werden Fetch-Operationen normalerweise in Schleifen abgearbeitet.

Sehr wichtig ist, daß PL/SQL in folgendem Fall keine Exception auslöst: Der Cursor zeigt auf den letzten Datensatz in der Ergebnismenge und es wird eine weitere Fetch-Anweisung ausgeführt.

4. Phase: Schließen des Cursors

Die letzte Cursoroperation lautet syntaktisch:

CLOSE *Cursorname*;

Der Befehl CLOSE schließt den Cursor *Cursorname* und gibt alle benötigten Resourcen wieder frei. Diese Anweisung bewirkt, daß die mit dem Cursor verbundene Ergebnismenge nicht mehr erreichbar ist.

Cursor werden abhängig von ihrem Deklarationsort automatisch von PL/SQL zu folgenden Zeitpunkten geschlossen:

- Deklaration des Cursors in einem lokalen PL/SQL-Block: In diesem Fall wird der Cursor nach Verlassen des Blocks automatisch geschlossen.
- Deklaration des Cursors im globalen Packagebereich: Oracle schließt den Cursor implizit nach Beenden der Benutzersession.

Unabhängig davon sollte ein Cursor aus Gründen der Lesbarkeit eines Programmtextes immer explizit mit der Close-Anweisung geschlossen werden.

Cursorattribute

Verwendung von Cursorattributen

Zur Laufzeit eines Lesebefehls werden von Oracle Statusinformationen erzeugt, die durch spezifische Cursorattribute abgefragt werden können. Diese lauten:

- %ISOPEN
- %FOUND
- %NOTFOUND
- %ROWCOUNT

Der Zugriff auf die Cursorattributwerte[13] erfolgt mittels:

CursornameCursorattribut.

Der Cursorname *Cursorname* wird dabei dem jeweiligen Attributbezeichner *Cursorattribut* vorangestellt.

Tabelle 18 zeigt die Belegung der Cursorattribute in Abhängigkeit von der aktuellen Cursorphase. Wird das jeweilige Cursorattribut in einer der mit ❶ bezeichneten Situationen referenziert, so erzeugt Oracle die Exception mit dem Namen INVALID_CURSOR.

[13] Cursorattribute können nicht in SQL verwendet werden.

Folgender PL/SQL-Block zeigt beispielsweise die Verwendung von Cursorattributen:

```
declare
   cursor fl_cur is
      select *
      from   filmliste;
   filmliste_satz    filmliste%ROWTYPE;

begin
   open fl_cur;
   loop
      fetch fl_cur into filmliste_satz;
      if fl_cur%NOTFOUND or
         fl_cur%NOTFOUND is NULL then
         close fl_cur;
         exit;
      end if;

 ...
   end loop;
   if fl_cur%ROWCOUNT < max_saetze then
      ...
   end if;
end;
```

Tabelle 18: Cursorattributwerte mit expliziten Cursorn

	%ISOPEN	%FOUND	%NOTFOUND	%ROWCOUNT
vor OPEN	FALSE	❶	❶	❶
nach OPEN, vor erstem FETCH	TRUE	NULL	NULL	0
nach n-tem FETCH	TRUE	TRUE	FALSE	n
nach letztem FETCH, vor CLOSE	TRUE	FALSE	TRUE	Anzahl der übertragenen Datensätze
nach CLOSE	FALSE	❶	❶	❶

%ISOPEN

Das Attribut %ISOPEN gibt den Wert TRUE zurück, falls der entsprechende Cursor bereits geöffnet ist.

Ein Beispiel:

```
if not fl_cur%ISOPEN then
   open fl_cur;
end if;
```

% FOUND

Die zuletzt ausgeführte Fetch-Anweisung lieferte als Ergebnis einen Datensatz zurück. In diesem Fall besitzt %FOUND den Wert TRUE.

%NOTFOUND

Analog zu %FOUND liefert das Attribut %NOTFOUND den Wert TRUE, falls die zuletzt ausgeführte Fetch-Operation keinen Datensatz übertragen konnte.

%ROWCOUNT

Das Attribut %ROWCOUNT enthält die Anzahl der bereits gelesenen Datensätze. Vor dem ersten FETCH liefert die Abfrage dieses Attributs den Wert 0, nach dem ersten FETCH den Wert 1, nach dem zweiten FETCH den Wert 2 usw. Nützlich ist %ROWCOUNT zum Beispiel, wenn die Verarbeitung einer Ergebnismenge nach einer bestimmten Anzahl von übertragenen Zeilen abgebrochen bzw. eine Menge von Zeilen zur gemeinsamen Verarbeitung gesammelt werden soll.

4.9.2 Parametrisierte Cursor

Dieser Abschnitt faßt die Behandlung von parametrisierten Cursorn zusammen. Solche Cursor sollten dann eingesetzt werden, wenn eine Select-Anweisung flexibel verwendet werden muß. Beispielsweise kann ein Parameter den Ausschnitt der zu lesenden Daten aus einer Tabelle steuern.

Deklaration von Cursorparametern

Die allgemeine Deklaration eines Cursors wurde bereits in Abschnitt 4.9.1 behandelt. Im folgenden wird die Syntax zur Deklaration von Cursorparametern angegeben.

```
CURSOR Cursorname [(Parameter, [, Parameter ...])]
        [RETURN Datentyp]
        IS Select_Anweisung;

Parameter ::= Cursorparameter [IN] Datentyp
        [{:= | DEFAULT} Wert]
```

Ein Cursorparameter besitzt einen Bezeichner und einen Datentyp. Die Option IN kennzeichnet die Eigenschaft, daß ein Cursorparameter innerhalb der Cursordeklaration nicht verändert werden darf. Zusätzlich kann ein Cursorparameter mit einem Defaultwert initialisiert werden.

Anzahl an Eingabeparametern

Explizite Cursordeklarationen können mit beliebig vielen Eingabeparametern versehen werden, die durch Komma getrennt und in Klammern eingeschlossen sind. Diese Parameter werden innerhalb der Select-Anweisung in der Select-Liste und in der Where-Klausel über den Parameternamen referenziert. Dabei kann ein Parameter an den gleichen Stellen wie eine Konstante stehen.

Grundsätzlich werden an Cursorparameter nur Werte übergeben, die Rückgabe von Werten ist nicht möglich.

Beispiele zu parametrisierten Cursorn:

Aus der Tabelle „Titel" sollen alle Sätze zu einer bestimmten Filmnummer mit der übergebenen Titelsprache gelesen werden. Diese Suchkritierien werden dabei beim Öffnen des Cursors als Parameter übergeben.

```
declare
   cursor ti_cur (in_film_id  number,
                  in_sprache  char    DEFAULT  'DE')
             is      SELECT *
                     FROM   titel
                     WHERE  film_id = in_film_id
                     AND    sprache = in_sprache;
   ...
```

Falls kein Wert für den Parameter *in_sprache* angegeben wird, erfolgt der Lesezugriff mit dem Defaultwert 'DE'. Der Parameter *in_film_id* muß immer übergeben werden, da kein zugehöriger Anfangswert in der Cursordeklaration spezifiziert ist.

Der Zugriff auf die Tabelle „Filmliste" aus dem Einführungsbeispiel soll abhängig vom Attributwert *status* durchgeführt werden können:

```
declare
    cursor fl_cur (in_status  char := 'T')
             is      SELECT *
                     FROM   filmliste
                     WHERE  status = in_status;

begin
   ...
end;
```

Beim Öffnen eines Cursors können an die Cursorparameter Werte übergeben werden. Werte für Parameter, die mit einem Anfangswert deklariert wurden, müssen nicht zwingend in der Open-Anweisung stehen.

Übergabe von Werten an Cursorparameter

Zur Übergabe von Parameterwerten stehen die gleichen Möglichkeiten wie für Eingabeparameter beim Aufruf von Funktionen bzw. Prozeduren zur Verfügung. Die jeweilige Notation wird in Kapitel 5.1.6 genau beschrieben und an dieser Stelle nur kurz dargestellt:

- Positionale Übergabe
  Die Übergabe der einzelnen Werte an die Parameter erfolgt gemäß der Reihenfolge der Parameter von links nach rechts. Die einzelnen Werte können auch in Variablen enthalten sein. Die Syntax lautet:

  (*Parameterwert* [, ...])

- Namentliche Übergabe
  Die Reihenfolge der Cursorparameter in der Deklaration besitzt keine Relevanz. Die Zuordnung von Werten zu den einzelnen Parametern wird durch Angabe des Parameternamens festgelegt. Die Syntax lautet:

  (*Parametername* => *Parameterwert* [, ...])

Einige Beispiele:

```
declare
    ...
begin
    open ti_cur(34, 'EN');
    ...
```

Beim Öffnen des Cursors *ti_cur* wird an den Parameter *in_film_id* der Wert 34 und an den Parameter *in_sprache* der Wert 'EN' übergeben.

Diese Open-Anweisung kann auch durch Angabe der Parameternamen wie folgt formuliert werden:

```
declare
    ...
begin
    open ti_cur(in_film_id => 34, in_sprache => 'EN');
    ...
```

Das nächste Beispiel stellt nur einen Wert für den ersten Parameter bereit. Deshalb wird der zweite Parameter in der Cursorvereinbarung durch den definierten Defaultwert belegt. Die Select-Anweisung des Cursors liefert demnach alle deutschsprachigen Titel zu der übergebenen Filmnummer.

```
declare
    v_film_id   number(6);
    ...
begin
    ...
    open ti_cur(v_film_id);
    ...
```

Analog lautet das letzte Beispiel mit namentlicher Übergabe der Parameter wie folgt:

```
declare
    v_film_id   number(6);
    ...
begin
    ...
    open ti_cur(in_film_id => v_film_id);
    ...
```

Folgender PL/SQL-Block liest alle Filmnummern aus der Tabelle „Film", die den Attributwert „Laenge = 0" besitzen. Diese gelesene Filmnummer wird als Argument an den Cursor *ti_cur* übergeben, um alle zugeordneten Titel in der inneren Schleife zu lesen. Nach dem Verlassen der Schleife wird die Anzahl der gelesenen Titel durch das Cursorattribut %ROWCOUNT überprüft. Falls nicht mehr als ein Satz gefunden wird, erfolgt die Ausgabe der Filmnummer in die Tabelle „Tmp".

```
declare
   cursor ti_cur (in_film_id number) is
          SELECT titel_id
          FROM   titel
          WHERE  film_id = in_film_id;

   cursor delfilm_cur is
          SELECT   film_id
          FROM     film
          WHERE    laenge = 0;

   titel_satz    ti_cur%ROWTYPE;
   filmid_satz  delfilm_cur%ROWTYPE;

begin
    open delfilm_cur;
    loop
        fetch delfilm_cur into filmid_satz;
        exit when delfilm_cur%NOTFOUND
                  or delfilm_cur%NOTFOUND is NULL;
        open ti_cur(filmid_satz.film_id);
        loop
            fetch ti_cur into titel_satz;
            exit when ti_cur%NOTFOUND
                      or ti_cur%NOTFOUND is NULL;
        end loop;
        /* Anzahl der vorhandenen Titel < 2 ? */
        if ti_cur%ROWCOUNT < 2 then
            INSERT INTO tmp
            VALUES       (filmid_satz.film_id);
        end if;
        close ti_cur;
    end loop;
end;
```

Nach der Open-Phase bleiben die Cursorparameterwerte, mit denen der Open-Befehl aufgerufen wurde, unverändert. Außerhalb der Select-Anweisung des Cursors können Cursorparameter nicht verwendet werden. Dies bedeutet, daß Cursorparameter nicht in Zuweisungen stehen können.

Gültigkeitsbereich von Cursorparametern

4.9.3 Implizite Cursor

Der letzte Abschnitt behandelte Cursor, die explizit deklariert, geöffnet, eingelesen und geschlossen werden. Liefert eine Select- bzw. eine Select-For-Update-Anweisung mehr als einen Ergebnisdatensatz, so ist die Verwendung eines expliziten Cursors in einem PL/SQL-Programm Voraussetzung, um alle

Ergebniszeilen korrekt zu verarbeiten. Insert-, Update- und Delete-Operationen können in PL/SQL nicht durch explizite Cursor ausgeführt werden (vgl. Tabelle 19).

Zusätzlich existieren sogenannte implizite Cursor, die von Oracle für jede Insert-, Update-, Delete- und Select-Operation verwendet werden. Dabei öffnet Oracle einen Cursor, führt die entsprechende Operation aus und schließt den Cursor wieder selbständig.

Die Wahl zwischen expliziten und impliziten Cursorn besteht nur, falls die auszuführende Operation eine Select-Anweisung ist (vgl. Abschnitt 4.9.4). Aus Performancegründen[14] sollte die explizite der impliziten Definition vorgezogen werden. Ein weiterer Vorteil der expliziten Cursorvereinbarung besteht in der Kontrollierbarkeit der einzelnen Cursor-Phasen.

Tabelle 19: Verwendung der Cursorarten

	INSERT	UPDATE	DELETE	SELECT
Impliziter Cursor	✓	✓	✓	✓
Expliziter Cursor				✓

Zu beachten ist, daß Oracle bei der Verwendung von impliziten Cursorn abhängig vom Umfang der Ergebnismenge bestimmte Exceptions erzeugt. Exceptions behandelt ein späteres Kapitel; an dieser Stelle werden nur einige Fehlerquellen im Zusammenhang mit impliziten Cursorn aufgezeigt.

Die Kontrolle eines impliziten Cursors erfolgt über die gleichen Cursorattribute, die bereits im vorhergehenden Abschnitt für explizite Cursor beschrieben wurden:

- %ISOPEN, %FOUND,
- %NOTFOUND und %ROWCOUNT.

[14] Dieser Vorteil wird durch die Arbeitsweise von Oracle verursacht, da die implizite Ausführung einer Select-Anweisung mindestens zwei FETCH'es zur Folge hat. Dies ist notwendig, um die Exception „TOO_MANY_ROWS" – falls mehr als eine Zeile als Ergebnis vorliegt – zu erzeugen.

Vor der Ausführung einer impliziten Cursoranweisung enthalten die ersten drei Attribute jeweils den Wert NULL, %ROWCOUNT wird automatisch durch den Wert 0 initialisiert.

%ISOPEN

SQL%ISOPEN besitzt immer den Wert FALSE, da implizite Cursor automatisch nach Ausführung der SQL-Anweisung geschlossen werden.

%FOUND

SQL%FOUND wird in folgenden Fällen auf TRUE gesetzt:

- Das Ergebnis einer Select-Operation ist genau ein Datensatz.
- Insert-, Update- und Delete-Anweisungen können mindestens auf einen Datensatz angewendet werden.

Analog enthält SQL%FOUND den Wert FALSE, wenn keine Zeilen von der jeweiligen Operation betroffen sind.

%NOTFOUND

Gegensätzlich dazu verhält sich %NOTFOUND. Der Wert wird auf TRUE gesetzt, falls keine Ergebniszeilen gefunden werden.

%ROWCOUNT

Das Attribut %ROWCOUNT gibt die Anzahl der Zeilen an, die durch die jeweilige SQL-Operation betroffen sind. Falls keine Operationen angewendet bzw. keine Datensätze gefunden werden, enthält %ROWCOUNT den Wert 0.

Tabelle 20 faßt in Abhängigkeit der Ergebnismenge einer SQL-Operation die möglichen Werte der Cursorattribute zusammen.

Tabelle 20: Cursorattributwerte mit impliziten Cursorn

	%ISOPEN	%FOUND	%NOTFOUND	%ROWCOUNT
vor der Ausführung	FALSE	NULL	NULL ❶	NULL
leere Ergebnismenge	FALSE	FALSE	TRUE	0
eine Zeile	FALSE	TRUE	FALSE	Anzahl der Datensätze
> 1 Zeile	FALSE	TRUE	FALSE	Anzahl der Datensätze
nach der Ausführung	FALSE	NULL	NULL	NULL

Wie die mit ❶ markierte Stelle in der Tabelle zeigt, kann die Verwendung von %NOTFOUND problematisch sein: Liefert eine Select-Operation keinen Datensatz, so erzeugt Oracle automatisch die Exception *NO_DATA_FOUND*.

%NOTFOUND

Das folgende Beispiel zeigt, wie SQL%NOTFOUND nicht benutzt werden sollte:

```
set serverout on;
declare
   person_satz  Person%ROWTYPE;
begin
   SELECT  *
   INTO    person_satz
   FROM    person  WHERE   name like 'PFEIFFER%';
   if SQL%NOTFOUND then
      /* diese Stelle wird nie erreicht! */
      dbms_output.put_line('Person existiert nicht!');
   end if;
end;
/
.......................................................................
declare
 *
ORA-01403: no data found
```

Die Ausführung der Select-Anweisung führt zur Aktivierung einer Exception und das Programm wird mit diesem Fehler beendet. SQL%NOTFOUND enthält zwar den Wert TRUE, jedoch wird die markierte Stelle im Programmbeispiel wegen der erzeugten Exception nie erreicht. Das nachfolgende Beispiel zeigt den korrekten Einsatz dieses Attributwertes:

```
set serverout on;
declare
    person_satz person%ROWTYPE;
begin
    SELECT *
    INTO   person_satz
    FROM   person  WHERE  name like 'PFEIFFER%';
exception
   when OTHERS then
     if SQL%NOTFOUND then
       dbms_output.put_line('Person existiert nicht');
     end if;
end;
/
.......................................................................
Person existiert nicht!
PL/SQL procedure successfully completed.
```

Die Select-Anweisung liefert keinen Datensatz als Ergebnis. Dies löst die Exception *NO_DATA_FOUND* aus, die in dem nachfolgenden Exceptionteil behandelt wird. An dieser Stelle kann auch die Fehlerursache mit SQL%NOTFOUND genau spezifiziert werden. Exceptions werden in Kapitel 4.12 ausführlich beschrieben.

Symbolischer Name: SQL

In einem PL/SQL-Programm kann nur ein impliziter Cursor zu einem Zeitpunkt aktiv sein. Der Zugriff auf den aktuellen Cursor erfolgt durch das Präfix *SQL*, das den symbolischen Namen des aktiven Cursors darstellt.

Die Cursorattribute beziehen sich immer auf den zuletzt geöffneten Cursor und werden analog zu den expliziten Cursorn verwendet. Zum Beispiel überprüft folgende Anweisung, ob ein Cursor geöffnet ist:

```
if SQL%ISOPEN then
   ...
end if;
```

Die Abhängigkeit eines Cursorattributs von der zuletzt ausgeführten Anweisung kann leicht zu Programmierfehlern der folgenden Art führen:

```
...
DELETE Person
WHERE  person_id = v_pe_id;
/* Eintrag, daß Person geloscht wurde */
ins_historie('Person gelöscht', v_pe_id);
if SQL%ISOPEN then
   ...
end if;
...
```

Der Bezug von SQL%ISOPEN ist nicht eindeutig ersichtlich, da die Prozedur *ins_historie* ebenfalls implizite Cursor öffnen könnte. Aus diesem Grund sollten Anweisungen mit impliziten Cursorattributen unmittelbar hinter der SQL-Anweisung stehen.

Dazu ein Beispiel:

```
begin
   l_ergebnis boolean;
   v_pe_id          number;
   ...
begin
   ...
   DELETE person
   WHERE  person_id = v_pe_id;
   l_ergebnis := SQL%ISOPEN;

   ins_historie('Person geloscht', v_pe_id);
   if l_ergebnis then
      ...
   end if;
   ...
```

Das Ergebnis der Abfrage SQL%ISOPEN wird der Booleschen Variablen *l_ergebnis* für spätere Abfragen zugewiesen.

4.9.4 Cursor-For-Schleifen

Für die besondere Anforderung zur Verarbeitung von großen Mengen von Datensätzen aus Datenbanktabellen bietet PL/SQL eine zusätzliche Schleifenvariante, die Cursor-For-Schleife.

Eine Cursor-For-Schleife öffnet implizit einen Cursor, liest alle Sätze der Ergebnismenge der zugehörigen Leseoperation und schließt den Cursor wieder automatisch. Die Syntax lautet:

FOR *Recordvariablenname* IN *Cursorname* LOOP
 ...
END LOOP;

Recordvariablenname ist ein beliebiger Bezeichner für einen strukturierten Datentyp, der von PL/SQL implizit bei der Ausführung der Cursor-For-Schleife gemäß der Struktur des Cursors *Cursorname* erzeugt wird.

Im Gegensatz zur sonstigen Benutzung von Recordvariablen muß der Deklarationsteil keine explizite Deklaration der Strukturvariablen enthalten. An Stelle des Cursornamens kann auch direkt eine SQL-Anweisung stehen.

Im Einführungsbeispiel wird ein expliziter Cursor zur Selektion aller Zeilen aus der Tabelle „Filmliste" benutzt. Die gleiche Aufgabe erfüllt auch folgendes Beispiel unter Verwendung einer Cursor-For-Schleife:

```
declare
   v_genre_idnumber(2);
   cursor fl_cur  is
             SELECT *
             FROM   filmliste;

begin
   for fl_satz in fl_cur loop
      begin
         SELECT genre_id
         INTO   v_genre_id
         FROM   genre
         WHERE  lower(text) = lower(fl_satz.genre);
         ...
```

Analog kann die Select-Anweisung des Cursors auch direkt in der Cursor-For-Schleife stehen:

Select-Anweisung in einer Cursor-For-Schleife

```
declare
   v_genre_idnumber(2);

begin
   for fl_satz in (select * from filmliste) loop
   begin
      SELECT genre_id
      INTO   v_genre_id
      FROM   genre
      WHERE  lower(text) = lower(fl_satz.genre);
      ...
```

Bei jedem Schleifendurchlauf werden in die Recordvariable *fl_satz* automatisch die einzelnen Datensätze eingelesen, die der implizite Fetch aus der Datenbank überträgt.

Die Schleife wird für jede Zeile in der Ergebnismenge der Leseoperation einmal ausgeführt. Steht innerhalb der Schleife kein Abbruchkriterium wie EXIT WHEN, so endet die Schleifenverarbeitung automatisch mit dem letzten gelesenen Satz aus der Ergebnismenge.

Beim Durchlaufen einer For-Schleife werden dabei folgende Schritte implizit von PL/SQL durchgeführt:

Erster Schleifendurchlauf
: Beim ersten Durchlauf erfolgt die Deklaration der Recordvariablen, deren Struktur identisch mit der Cursordefinition ist. Der Cursor wird geöffnet und die erste Zeile aus dem gemeinsamen Speicherbereich in die Recordvariable übertragen.

Zweiter bis vorletzter Schleifendurchlauf
: Die einzelnen Zeilen werden in die Recordvariable zur Weiterverarbeitung übertragen.

Letzter Schleifendurchlauf
: Nachdem alle Datensätze gelesen wurden, wird die Schleife beendet und der Cursor geschlossen.

Die Recordvariable ist nur innerhalb der Cursor-For-Schleife gültig; somit können die Komponenten der Recordvariablen nur in diesem Bereich referenziert werden.

Im Eingangsbeispiel wird im Exceptionteil die Satznummer des fehlerhaften Satzes ausgegeben. Im folgenden Programmtext wurde der explizite Cursor im Eingangsbeispiel durch eine Cursor-For-Schleife ersetzt. Ohne weitere Änderung stellt die Syntaxanalyse folgenden Fehler fest:

```
declare
   v_genre_idnumber(2);

begin

   for fl_satz in (select * from filmliste) loop
      ...
   end loop;
exception
   when OTHERS then
      dbms_output.put_line('Fehler: ' || fl_satz.nr);
end;
/
```

```
PLS-00201: identifier 'FL_SATZ.NR' must be declared
PL/SQL: Statement ignored
```

Dieser Fehler kann einfach korrigiert werden: Der Wert der Komponente *fl_satz.nr* wird innerhalb der Schleife einer Variablen zugewiesen, die außerhalb der Cursor-For-Schleife referenziert werden kann.

4.10 Ein-/Ausgabe in PL/SQL

PL/SQL bietet keine besonderen Sprachkonstrukte, um die Ein- und Ausgabe von Text zu unterstützen. Innerhalb der Programmierumgebung SQL*Plus und SQLDBA kann das Standard-PL/SQL-Package DBMS_OUTPUT für die Ein- und Ausgabe genutzt werden.

Da Packages erst in einem späteren Kapitel genauer behandelt werden, konzentrieren wir uns an dieser Stelle auf die relevanten Packageprozeduren und auf ihre Verwendung für die Ein- und Ausgabe.

Der Aufruf dieser Prozeduren erfolgt durch die Notation:

Packagename.Prozedurname

Tabelle 21 gibt einen Überblick über die Prozeduren im Package DBMS_OUTPUT.

Tabelle 21: DBMS_OUTPUT Packageprozeduren

Aktion	Prozedurspezifikation
Initialisierung	disable; enable(buffer_size IN number DEFAULT 2000);
Eingabe	get_line(line OUT varchar2, status OUT number); get_lines(line OUT chararr, numlines IN OUT number);

Ausgabe	put(a IN varchar2);
	put(a IN number);
	put(a IN date);
	
	put_line(a IN varchar2);
	put_line(a IN number);
	put_line(a IN date);
	
	new_line;

Die Ausgabeprozeduren stellen ein nützliches Hilfsmittel dar, um logische Fehler in PL/SQL-Programmen zu suchen. Dieser Vorgang wird vor allem für die Ausgabe von Debuginformationen aus PL/SQL-Programmen genutzt. So können Ausgabeanweisungen an relevanten Programmstellen zeigen, wie weit die Ausführung eines Programms fortgeschritten ist. Auch können Werte von Ein- bzw. Ausgabeparametern einzelner Funktionen oder Prozeduren ausgegeben und überprüft werden.

Prozeduren zur Initialisierung

Der Aufruf der Ein- und Ausgabeprozeduren wird über Initialisierungsprozeduren gesteuert. Diese sind:

```
disable;
```

oder

```
enable(buffersize IN INTEGER DEFAULT 2000);
```

Mit *disable* werden alle folgenden Ein- und Ausgabeaufrufe ignoriert. Entsprechend werden nach Aufruf von *enable* alle weiteren Ein- und Ausgabeaufrufe ausgeführt. Der Parameter *buffersize* gibt die Größe des Speicherbereichs, der die Ausgaben zwischenspeichert, in Bytes an. Der Defaultwert beträgt dabei 2000 Bytes, mögliche Werte für *buffersize* liegen zwischen diesem Defaultwert und 1 MB.

SQL*Plus-Befehl SERVEROUT

Wird SQL*Plus als „Entwicklungsumgebung" für PL/SQL-Programme benutzt, kann alternativ der Umgebungsparameter SERVEROUT genutzt werden, der die gleiche Funktionalität wie diese beiden Prozeduren bietet.

Um den Inhalt dieses Speicherbereiches auf den Bildschirm auszugeben, muß dieser Umgebungsparameter aktiviert werden. Dies kann zum Beispiel mit einem der folgenden SQL*Plus-Befehle durchgeführt werden:

```
SET SERVEROUT ON;
SET SERVEROUT ON SIZE 500 000;
```

Die korrekte Syntax dafür lautet:

```
SET SERVEROUT[PUT] {OFF | ON} [SIZE n]
```

Der Befehl SERVEROUTPUT kann durch SERVEROUT abgekürzt verwendet werden. „OFF" deaktiviert und „ON" aktiviert die Bildschirmausgabe. Der Parameter *n* gibt die Größe des Speicherbereichs, der die Ausgaben zwischenspeichert, in Bytes an. Der Defaultwert beträgt dabei 2000 Bytes; mögliche Werte für *n* liegen zwischen diesem Defaultwert und 1 MB.

Die folgenden Aufrufe innerhalb von SQL*Plus sind jeweils gleichbedeutend, sie ermöglichen die Ein- und Ausgabe:

```
SQL> SET SERVEROUT ON;

SQL> EXEC dbms_output.enable;

SQL> begin
  2      dbms_output.enable;
  3  end;
```

Analog unterdrücken folgende äquivalente Aufrufe die Ein- und Ausgabe auf den Bildschirm:

```
SQL> SET SERVEROUT OFF;
SQL> EXEC dbms_output.disable;

SQL> begin
  2      dbms_output.disable;
  3  end;
```

Ausgabe vonTexten

Texte werden in den SQL*Plus-Speicherbereich mit Hilfe von folgenden Prozeduren ausgegeben.

```
procedure put(a  IN  varchar2);
procedure put(a  IN  number);
procedure put(a  IN  date);

procedure put_line(a  IN  varchar2);
procedure put_line(a  IN  number);
procedure put_line(a  IN  date);

procedure new_line(a  IN  varchar2);
```

Die Prozeduren *put* und *put_line* stellen die im Parameter *a* enthaltenen Zeichen in den Zwischenspeicherbereich. Dabei kopiert *put* die Zeichenkette ohne abschließenden Zeilenvorschub. *New_line* fügt an die Zeichenkette im Befehlsspeicher bereich einen Zeilenvorschub an. *Put_line* faßt die Funktionalität der beiden ersten Prozeduren zusammen: die Zeichenkette *a* wird durch das Zeichen für den Zeilenvorschub abgeschlossen und in den Befehlsspeicherbereich gestellt.

Ausgabe des Zwischenspeichers

Auf eine Besonderheit bei der Verwendung der Ausgabeprozeduren innerhalb von SQL*Plus sei noch hingewiesen: Der Inhalt des Zwischenspeichers wird während der Ausführung eines PL/SQL-Programms nicht – wie erwartet – direkt nach jedem Aufruf von *newline* bzw. *putline* auf den Bildschirm ausgegeben, sondern nach einem der folgenden Ereignisse:

- Der Befehlsspeicherbereich hat seine maximale Kapazität erreicht.
- Das PL/SQL-Programm endet ohne Erzeugen einer nicht behandelten Exception.

Eingabe vonTexten

Folgende Prozeduren lesen Zeichenketten aus dem SQL*Plus-Speicherbereich:

```
procedure get_line(  line      OUT   varchar2,
                     status    OUT   integer)

procedure get_lines( lines          OUT   chararr,
                     numlines   IN  OUT   number)
```

Lesen einer Zeile

Get_line liefert im Ausgabeparameter *line* aus dem Zwischenspeicherbereich alle Zeichen bis zum nächsten Zeilenvorschub. Der Zeilenvorschub wird nicht gelesen und eine Zeile kann maximal 255 Zeichen lang sein. Der Parameter *status* enthält den Wert 0, falls die Prozedur erfolgreich beendet wird, und im Fehlerfall den Wert 1.

Lesen mehrerer Zeilen

Für den Fall, daß mehrere Zeilen auf einmal gelesen werden sollen, steht die Prozedur *get_lines* zur Verfügung. Die gewünschte Zeilenanzahl wird im Parameter *numlines* übergeben. Das Resultat wird im Ausgabeparameter *lines* geliefert.

4.11 Transaktionsmechanismen

Wie in SQL beginnt auch in PL/SQL eine Transaktion mit der ersten SQL-Anweisung und endet mit dem SQL-Befehl COMMIT bzw. ROLLBACK. Die nächste Transaktion beginnt unmittelbar nach Beendigung der vorhergehenden Transaktion. Diese SQL-Befehle wie auch das Kommando SAVEPOINT können innerhalb von PL/SQL wie gewohnt verwendet werden.

Die Ausführung dieser Transaktionskommandos kann durch folgende Anweisung verhindert werden:

```
alter session disable commit in procedure;
```

Sinnvoll ist diese Einschränkung beispielsweise, wenn die Transaktionssteuerung außerhalb der PL/SQL-Programme kontrolliert wird. Zum Beispiel können Client-Anwendungen mit integrierter StoredProcedure-Schnittstelle das Festschreiben und Verwerfen einer Transaktion am Client verwalten. Ein eventuelles COMMIT bzw. ROLLBACK in den aufgerufenen StoredProcedures würde den Transaktionsmechanismus am Client unterbinden.

4.12 Fehlerbehandlung

In den vorhergehenden Abschnitten wurden einige Programmbeispiele besprochen. Dabei wurde neben der syntaktischen und semantischen Korrektheit auch vorausgesetzt, daß die Beispielprogramme sich während der Ausführung wie erwartet verhalten. An dieser Stelle wird dargestellt, was programmtechnisch zu tun ist, wenn diese Annahme nicht erfüllt ist.

Dazu betrachten wir in diesem Abschnitt interessante, PL/SQL spezifische Sprachkonstrukte, die Fehler bzw. Ausnahmesituationen behandeln, die aufgrund eines bestimmten Ereignisses während der Programmausführung erzeugt werden. Solche Fehlerzustände bezeichnet PL/SQL als Exceptions[15] und die Reaktion darauf als Exceptionhandling. Innerhalb von PL/SQL kann durch sogenannte Exceptionhandler auf eingetretene Exceptions Bezug genommen und individuell reagiert werden.

Der Verursacher einer Exception kann das RDBMS, PL/SQL oder der Programmierer selbst sein. Abhängig vom Verursacher können folgende Arten von Exceptions zur Laufzeit eines PL/SQL-Programms auftreten und behandelt werden:

Typen von Exceptions

- Interne PL/SQL- und Oracle-Exceptions, die einen vordefinierten Bezeichner besitzen: Dies sind die am häufigsten auftretenden Oracle-Fehlermeldungen. Beispielsweise wird die Exception *NO_DATA_FOUND* bei jedem Lesezugriff auf eine Tabelle, der kein Ergebnis liefert, erzeugt.
- Unbenannte interne PL/SQL- und Oracle-Exceptions: Alle restlichen Fehler, die keinen vordefinierten Namen besitzen, liefern nur eine Fehlernummer mit zugeordneter Fehlermeldung. Damit diese internen Exceptions wie vordefinierte Exceptions behandelt werden können, kann innerhalb eines PL/SQL-Programms im Deklarationsteil durch die Anweisung *pragma exception_init* ein zusätzlicher Name für die entsprechende Exception definiert werden.
- Vom Programmierer definierte Exceptions: Diese Exceptions werden im Deklarationsteil definiert und während der Programmausführung im Ausführungsteil durch den Befehl *raise* explizit erzeugt.
- Unbenannte, vom Programmierer erzeugte Exceptions: Diese werden durch Aufruf der Prozedur *raise_application_error* aktiviert. Wie interne Oracle-Fehler bestehen diese Exceptions aus einer Fehlernummer und einem zugeordneten Fehlertext.

[15] Unter dem Begriff Exceptions versteht man dabei keine Fehler, die während der Compilierungszeit auftreten, wie z. B. Syntaxfehler oder vergleichbare Fehler.

Alle Arten von Exceptions werden von PL/SQL gleich behandelt: Nach Erzeugen einer Exception erfolgt die sofortige Unterbrechung der aktuellen Programmausführung. Die Fortsetzung der Programmausführung findet dann im zuständigen Exceptionhandler statt. Genauer untersucht wird dieses Verhalten in Kapitel 4.12.3.

Programmiertechnisch unterschieden werden die vier Varianten gemäß der Notwendigkeit und Möglichkeit der Definitionsvereinbarung und gemäß der Notwendigkeit der expliziten Aktivierung.

Tabelle 22 stellt für jede Exceptionvariante die notwendigen Vereinbarungen sowie die Art der Aktivierung und Behandlung in einer Übersicht zusammen.

Tabelle 22: Vergleich der vier Exceptiontypen

	Interne Exceptions		Programmiererdefinierte Exceptions	
	vordefinierte	namenlose	vordefinierte	namenlose
Definition	im Package Standard	optional in einem Deklarationsteil	in einem Deklarationsteil	keine Deklaration erforderlich
Erzeugung	implizit	implizit	explizit	explizit
Behandlung	Handler für • *Exc_name* • OTHERS	Handler für • *Exc_name* • OTHERS	Handler für • *Exc_name* • OTHERS	Handler für • OTHERS Clientprogramm

4.12.1 Exceptionhandler

Wie in Kapitel 4.4.3 bereits erwähnt, wird auf Exceptions in einem dafür vorgesehenen Programmabschnitt, dem Exceptionteil, spezifisch reagiert. Ein Exceptionteil stellt damit die einzige Stelle in einem PL/SQL-Block dar, an der erzeugte Exceptions behandelt werden können.

Innerhalb eines PL/SQL-Blocks folgt der Exceptionteil optional dem Anweisungsteil und wird durch das Schlüsselwort EXCEPTION eingeleitet. Für jedes Ereignis kann in diesem Exceptionteil ein sogenannter Exceptionhandler stehen, der für die Behandlung des aufgetretenen Ereignisses verantwortlich ist. Die Anzahl der möglichen Exceptionhandler ist nicht beschränkt.

Abbildung 17 zeigt den generellen Aufbau eines Exceptionbereiches.

Abbildung 17: Aufbau des Exceptionteils

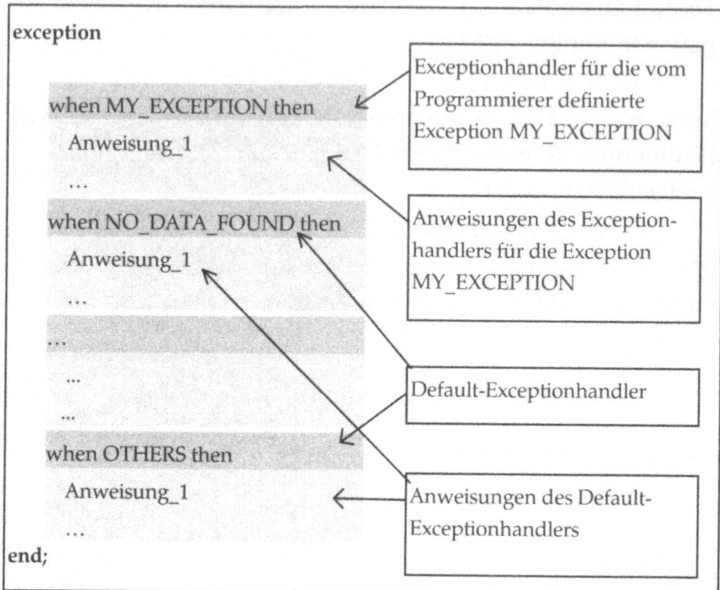

Ein Exceptionhandler beginnt mit dem Schlüsselwort WHEN und endet mit der letzten Anweisung im Then-Teil. Der Then-Teil kann dabei eine beliebige Anzahl von Anweisungen enthalten. Den Bezug zwischen Ereignis und Handler stellt der Name der Exception her. Damit können nur Exceptions, die einen Namen besitzen, von einem Exceptionhandler behandelt werden.

Die Syntax zur Definition eines Exceptionhandlers lautet:

WHEN *Exceptionname* [OR *Exceptionname* ...] THEN
  Anweisung;
  Anweisung;
  ...

Optional können, durch OR getrennt, mehrere unterschiedliche Exceptionbezeichner angegeben werden.

Jedoch darf innerhalb eines Exceptionteils jeder Bezeichner nur einmal vorkommen.

OTHERS-Exceptionhandler

In diesem Zusammenhang stellt sich die Frage, was mit Exceptions passiert, die keinen Namen besitzen. Dazu existiert ein reservierter Exceptionhandler mit dem Namen *OTHERS*, der als Platzhalter für alle Exceptions agiert. Enthält ein Exceptionteil einen *OTHERS*-Handler, behandelt dieser alle Ereignisse, für die kein gleichnamiger Exceptionhandler existiert. Die Verwendung der *OTHERS*-Exception ist dabei optional, ein Exceptionteil muß keinen *OTHERS*-Handler besitzen.

Reihenfolge der Exceptionhandler

Die Reihenfolge der Codierung der einzelnen Exceptionhandler innerhalb eines Exceptionteils erfolgt nach dem Prinzip „vom Besonderen zum Allgemeinen". Deshalb muß die *OTHERS*-Exception als letztes in einem Exceptionbereich stehen. Steht sie vor anderen spezifischen Handlern, so erfolgt beim Kompilieren folgende Fehlermeldung:

```
...
begin
    ...
exception
    when OTHERS then
        ...
    when MY_ERR then
     ...
end;
```

```
PLS-00370:  OTHERS  handler  must  be  last  among
            the exception handlers of a block
```

Tritt eine Ausnahmesituation ein, so wird der nächste Exceptionteil sequentiell nach einem verantwortlichen Handler durchsucht. Wird der erste passende Handler gefunden, wird dieser ausgeführt. Danach kann kein weiterer Handler aus dem gleichen Exceptionteil ausgeführt werden.

Im folgenden Beispiel wird *NO_DATA_FOUND* erzeugt, der erste Exceptionhandler wird aktiviert und die Meldung 'Kein Satz gefunden!' ausgegeben. Der *OTHERS*-Handler wird nur ausgeführt, falls der Exceptionbezeichner nicht *NO_DATA_FOUND* lautet. In diesem Fall erfolgt die Ausgabe 'Others-Fehler ...'.

```
begin
....
exception

    when NO_DATA_FOUND then
        dbms_output.put_line('Kein Satz gefunden!');
    when OTHERS then
        dbms_output.put_line('Others-Fehler ...');
end;
```

Unbehandelte Exception

Kann eine erzeugte Exception in keinem Exceptionteil behandelt werden, so spricht man von einer unbehandelten Exception. In diesem Fall wird ein PL/SQL-Programm sofort abgebrochen und die Fehlernummer mit der zugehörigen Fehlermeldung an die aufrufende Umgebung zurückgeliefert. In SQL*Plus erfolgt die Ausgabe des übergebenen Fehlers auf den Bildschirm.

Enthält der äußerste Block eines PL/SQL-Programms einen *OTHERS*-Teil, endet das Programm nie mit einer unbehandelten Exception: der *OTHERS*-Exceptionhandler reagiert auf alle „noch nicht behandelten" Exceptions.

Ein Beispiel:

```
begin
    begin
        ...
    end;
    ...
exception

    when OTHERS then
        dbms_output.put_line('Fehler bei der
                                Ausfuhrung');
end;
```

4.12.2 SQLCODE und SQLERRM

Wie im vorherigen Absatz beschrieben, kann ein *OTHERS*-Handler als Platzhalter für beliebige Exceptions stehen.

Unbenannte Exceptions bestehen aus einer Fehlernummer und einem zugeordneten Fehlertext. Damit die Ursache einer Exception in einem *OTHERS*-Handler genau spezifiziert werden kann, stehen zwei Funktionen zur Verfügung, die Fehlernummer und Fehlertext als Ergebnis liefern:

- *sqlcode*
- *sqlerrm*

Die Spezifikation der Funktion *sqlcode* lautet: sqlcode

```
function sqlcode
return number;
```

Sqlcode liefert innerhalb eines Exceptionteils die Nummer der Exception. Außerhalb eines Exceptionteils wird als Ergebnis immer 0 zurückgeliefert.

Die Funktion *sqlerrm* ist wie folgt deklariert: sqlerrm

```
function sqlerrm [(Fehlernummer number)]
return char
```

Liefert innerhalb eines Exceptionteils zu der aktuellen Exception-Nummer den entsprechenden Fehlertext. Außerhalb eines Exceptionsteils muß als Argument eine Fehlernummer übergeben werden. Fehlt die Angabe einer Fehlernummer, so wird der Standardtext „ORA-0000: normal, successful completion" als Resultat zurückgegeben.

Verursacher	sqlcode	sqlerrm
interner Oracle-Fehler	meistens Oracle-Fehlernummer[16]	jeweiliger Oracle-Fehlertext
durch *raise* erzeugte Exception	+1	„User-Defined Exception"
durch *raise_application_error* erzeugte Exception	jeweilige, als Argument übergebene Nummer (-20000..-20999)	jeweiliger, als Argument übergebener Text

Tabelle 23: Belegung von sqlcode und sqlerrm

[16] Zum Beispiel liefert SQLCODE nach dem Eintreten der Exception NO_DATA_FOUND(ORA-01403) den Wert +100 als Ergebnis.

Diese Funktionen können nicht in SQL-Anweisungen benutzt werden. Folgende Verwendung liefert daher eine Fehlermeldung.

```
begin
    ...
exception
    when OTHERS then
        INSERT INTO prgfehler(nr, text)
        VALUES(sqlcode, sqlerrm);
end;
```

```
PLS-00231: function 'SQLCODE' may not be used in SQL
```

Das korrekte Beispiel, um die Fehlerursache in der Tabelle „Prgfehler" zu dokumentieren, lautet:

```
declare
    errtext varchar2(300);
    errnr   number;

begin
    ...
exception
    when OTHERS then
        errnr := sqlcode;
        errtext := sqlerrm(errnr);
        INSERT INTO prgfehler(nr, text)
        VALUES(errnr, errtext);
end;
```

Innerhalb eines Exceptionteils beziehen sich beide Aufrufe auf die Exception, die den Exceptionhandler aktiviert hat.
Das Ergebnis eines Sqlcode-Aufrufes stimmt in den meisten Fällen mit der Oracle-Fehlernummer überein. Tabelle 23 zeigt, in Abhängigkeit der Art der Exception, die zu erwartenden Ergebnisse beim Aufruf von *sqlcode* und *sqlerrm* innerhalb eines Exceptionsteils.

Folgende Beispiele zeigen die Verwendung von *sqlcode* und *sqlerrm* in Verbindung mit einem *OTHERS*-Handler:

```
declare
   filmtitel titel.titel%TYPE;
   errnr     number;
   errtext   varchar2(300);
```

```
begin
   SELECT    titel
   INTO      filmtitel
   FROM      titel
   WHERE     film_id = 234234234;

exception
   when OTHERS then
      errnr :=  sqlcode;
      errtext := sqlerrm(errnr);
      dbms_output.put_line('Fehlernr: ' || errnr || '
                           Fehlertext: ' || errtext);
end;
```

```
Fehlernr: 100 Fehlertext: ORA-01403: no data found
```

Bei der Ausführung des ersten Programmblocks wurde eine interne Exception erzeugt, da die angegebene Filmnummer nicht existiert. Die Anweisungen im *OTHERS*-Handler liefern die genaue Fehlerursache als Bildschirmausgabe.

```
declare
   errtext             varchar2(300);
   MY_EXCEPTION        exception;

begin
   ...
   raise MY_EXCEPTION;
   ...
exception
   when OTHERS then
      errtext := sqlerrm;
      dbms_output.put_line('Fehlernr: ' || sqlcode ||
                           ' Fehlertext: ' || errtext);
end;
```

```
Fehlernr: 1 Fehlertext: User-Defined Exception
```

Im Gegensatz dazu stellt die Bildschirmausgabe im zweiten Beispiel lediglich fest, daß ein benutzerdefinierter Fehler aufgetreten ist.

Für diese Exceptionart sollte daher ein eigener Handler programmiert werden, um das eingetretene Ereignis spezifisch zu behandeln.

Zusammengefaßt gibt es folgende Alternativen, um festzustellen, welche Exception tatsächlich aufgetreten ist:

- Spezifische Exceptionhandler für vordefinierte bzw. durch *exception_init* definierte Exceptions.
- Ein Others-Handler fragt den tatsächlichen Fehler mit *sqlcode* bzw. *sqlerrm* ab.

Die zweite Variante bietet den Vorteil, daß weniger Programmcode für die Behandlung verschiedener Exceptions erforderlich ist. Im Gegensatz dazu liefert die erste Variante lesbareren Quelltext, wenn auf unterschiedliche Exceptions unterschiedlich reagiert werden muß.

4.12.3 Ablauf

Während der Ausführung eines PL/SQL-Programms können innerhalb von anonymen Blöcken, Prozeduren, Funktionen sowie in Packages Ausnahmesituationen auftreten, die die sequentielle Programmausführung unterbrechen. Die Fortführung findet gemäß der Aufrufhierarchie von anonymen Blöcken und Unterprogrammen in einem beteiligten Exceptionteil statt, sofern ein Exceptionhandler für die erzeugte Exception vorhanden ist.

Ausgehend von der Stelle, an der eine Exception ausgelöst wird, verzweigt die Programmausführung sofort zum übergeordneten Block oder wird im Exceptionteil des zugehörigen Blocks fortgesetzt.

Suche eines Exceptionhandlers

Befindet sich der gesuchte Exceptionhandler nicht innerhalb des aktivierten Blocks, so wird der Exceptionteil des nächst äußeren Blocks berücksichtigt. Diese Suche nach einem Handler wird solange fortgesetzt, bis der betreffende gefunden wird. Nach Ausführung der Anweisungen im Exceptionhandler wird die Programmausführung hinter der Aufrufstelle des aktuellen Blocks fortgesetzt. In den unterbrochenen Ausführungsteil kann nicht mehr zurückgekehrt werden (vgl. Abbildung 18).

Exceptions, die von keinem Exceptionhandler verarbeitet werden, brechen die Programmausführung mit Ausgabe der entsprechenden Fehlermeldung sofort ab. Ist dies nicht erwünscht, muß der äußerste Block eines PL/SQL-Programms einen OTHERS-Handler besitzen, damit das Programm mit einem definierten Zustand beendet werden kann.

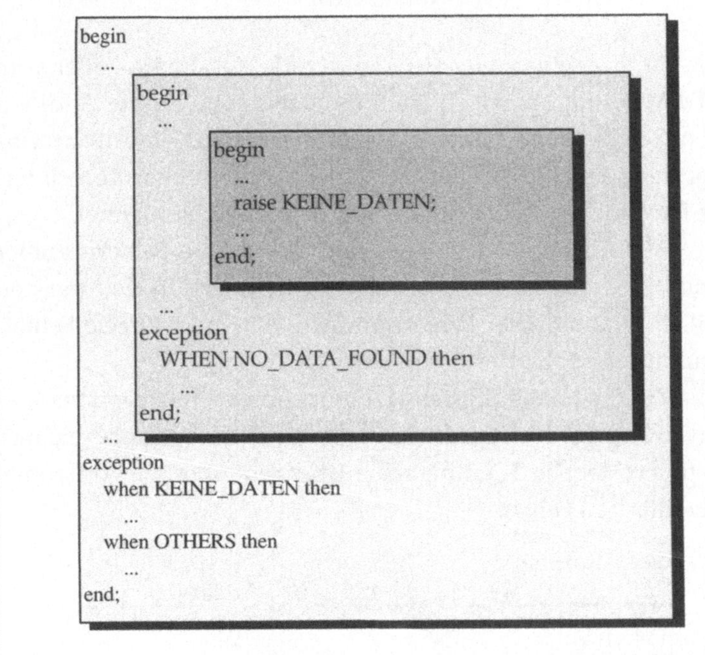

Abbildung 18: Behandlung einer Exception

Innerhalb eines Definitions- oder Deklarationsteils

Exceptions, die während der Übergabe von Parametern an Unterprogramme oder während der Vereinbarung der Objekte in einem Deklarationsteil ausgelöst werden, werden nicht innerhalb des zugehörigen Blocks behandelt. Die Programmausführung wird an der Aufrufstelle des Blocks, der den Fehler verursacht hat, fortgesetzt.

Innerhalb des Exceptionteils

Tritt während der Ausführung einer Exceptionbehandlung eine neue Ausnahmesituation ein, wird die Programmausführung an den umfassenden Block zurückgegeben, da die Exception nicht in demselben Exceptionteil behandelt werden kann.

Innerhalb eines Exceptionhandlers kann die aktuell behandelte Exception explizit durch das Kommando RAISE ohne

Angabe eines Exceptionbezeichners wiederholt aktiviert werden. In diesem Fall wird der aktuelle Block sofort verlassen und ein Exceptionhandler in einem umfassenden Block gesucht.

4.12.4 Vordefinierte Exceptions

Interne Exceptions werden von der PL/SQL-Engine oder vom RDBMS durch nicht erlaubte Operationen, wie die Addition von Zeichenketten oder den Lesezugriff auf eine nicht vorhandene Tabelle, erzeugt. Auf diese Art hervorgerufene interne Exceptions werden auch als Systemfehler bezeichnet.

Interne Exceptions = Systemfehler

Alle internen Exceptions sind durch eine Fehlernummer und einen zugeordneten Fehlertext definiert. In den meisten Fällen stimmt die Fehlernummer mit der Oracle-Fehlernummer im Fehlertext überein.

Definition

Zu den am häufigsten erzeugten internen Exceptions sind zusätzlich im PL/SQL-Package *Standard* Exceptionbezeichner definiert. Tabelle 24 enthält eine Übersicht über die vordefinieren internen Fehler.

Tabelle 24: Vordefinierte Oracle-Exceptions

Exceptionname Ora-Nr. (sqlcode)	Beschreibung
LOGIN_DENIED ORA-01017 (-1017)	Diese Exception wird beim Login an Oracle erzeugt, wenn der Benutzer bzw. das Paßwort ungültig ist.
NO_DATA_FOUND ORA-01403 (+100)	Eine Select-Abfrage findet keinen Datensatz in der Datenbank bzw. der Zugriff erfolgt auf eine nicht initialisierte Zeile in einer PL/SQL-Table.
NOT_LOGGED_ON ORA-01012 (-1012)	Ein SQL-Befehl wird an Oracle abgesetzt, der Benutzer ist aber nicht an Oracle angemeldet.
PROGRAM_ERROR ORA-06501 (-6501)	Wird erzeugt, falls ein interner PL/SQL-Fehler vorliegt.
STORAGE_ERROR ORA-06500 (-6500)	Wird von Oracle bei Speicherplatz- bzw. Speicherzugriffsproblemen ausgegeben.
TIMEOUT_ON_ RESOURCE ORA-00051 (-51)	Eine Zeitüberschreitung tritt beim Warten auf eine angeforderte Resource auf.
TOO_MANY_ROWS ORA-01422 (-1422)	Die Abfrage liefert mehr als einen Datensatz und für die Select-Anweisung wurde kein expliziter Cursor bereitgestellt.
TRANSACTION_ BACKED_OUT ORA-00061 (-61)	Innerhalb einer verteilten Transaktion wird ein entfernter Rollback ausgeführt. Aus Konsistenzgründen erzeugt Oracle implizit einen lokalen Rollback und erzeugt diese Exception.
VALUE_ERROR ORA-06502 (-6502)	Die an einer PL/SQL-Anweisung beteiligten Werte können nicht korrekt konvertiert bzw. abgeschnitten (beim Einfügen in eine Tabellenspalte) werden.
ZERO_DIVIDE ORA-01476 (-1476)	Diese Exception wird beim Versuch, durch 0 zu dividieren, erzeugt.

Ein Beispiel für einen definierten Bezeichner für eine Exception ist *NO_DATA_FOUND*. Diese Exception wird erzeugt, falls eine Select-Anweisung keinen mit der Where-Klausel korrespondierenden Datensatz liefert. Ebenfalls wird beim Zugriff auf ein nicht initialisiertes Feld in einer PL/SQL-Table *NO_DATA_FOUND* aktiviert.

Erzeugung

Intere Exceptions werden – wie ihre Bezeichnung bereits ausdrückt – von Oracle implizit nach dem Eintreten des jeweiligen Ereignisses erzeugt. PL/SQL-Programme müssen daher keine explizite Anweisungen zum Erzeugen von Oracle-Exceptions enthalten.

Behandlung

Für jede benannte interne Exception kann in einem Exceptionteil ein spezifischer Handler stehen. Der Exceptionhandler im nächsten Beispiel behandelt beispielsweise die Exception *NO_DATA_FOUND*.

```
declare
   mitw_satz mitwirkung%ROWTYPE;
   mitw_name varchar2(30);
   ...
begin
   ...
   /* Mitwirkende im Film lesen */
   SELECT *   INTO   mitw_satz
   FROM   mitwirkung
   WHERE  film_nr = in_filmnummer;

   SELECT name   INTO   mitw_name
   FROM   person
   WHERE  person_id = mitw_satz.person_id;
exception
   when NO_DATA_FOUND then
      dbms_output.put_line('Keine Mitwirkende:'
                              || mitw_satz.film_id);
   end;
end;
```

NO_DATA_FOUND wird in diesem Beispiel aktiviert, wenn kein Satz in der Tabelle „Mitwirkung" oder kein entsprechender Satz in der Tabelle „Person" vorhanden ist. Durch zusätzliche Verwendung von Begin-End-Blöcken (wie im nächsten Beispiel) kann jedes dieser Ereignisse speziell behandelt werden:

```
declare
   mitw_satz mitwirkung%ROWTYPE;
   mitw_name varchar2(30);
   ...
begin
   ...
   begin      /* Mitwirkende im Film lesen */
      SELECT *
      INTO   mitw_satz
      FROM   mitwirkung
      WHERE  film_nr = in_filmnummer;
```

```
    ...
    exception
       when NO_DATA_FOUND then
          dbms_output.put_line('Keine Mitwirkende:'
                               || mitw_satz.film_id);
    end;

    begin
       /* Ausgabe des Personennamens */
       SELECT name
       INTO   mitw_name
       FROM   person
       WHERE  person_id = mitw_satz.person_id;

       dbms_output.put_line('Name: ' || mitw_name);
    exception
       when NO_DATA_FOUND then
          dbms_output.put('Keine Person gefunden:'
                          || mitw_satz.person_id);
    end;
 end;
```

Liefert eine der beiden Select-Anweisungen kein Ergebnis, so wird der im jeweiligen Block enthaltene Exceptionhandler aktiviert und die Exception lokal behandelt.

4.12.5 Pragma Exception_init

Im Package *Standard* sind nur für eine kleine Auswahl von Oracle-Exceptions Namen definiert. Für alle weiteren internen RDBMS- und PL/SQL-Fehler steht das Kommando *PRAGMA EXCEPTION_INIT* zur Verfügung, um Exceptionbezeichner festzulegen. Der Vorteil der Deklaration eines Namens ist, daß ein Exceptionhandler bereitgestellt werden kann, der auf das Ereignis spezifisch reagiert. Als willkommener Nebeneffekt wird der Programmcode durch Verwendung von definierten Bezeichnern auch lesbarer. Oracle-Exceptions, die auf diese Art einen Namen erhalten, verhalten sich wie vordefinierte Exceptions im *Standard*-Package.

Die Deklaration eines Exceptionbezeichners erfolgt in zwei Schritten:

Deklaration

1. Definition eines Exceptionnamens.
2. Zuordnen des Exceptionnamens zu der gewünschten Oracle-Fehlernummer.

Vereinbarung eines Exceptionnamens

Die Syntax zur Vereinbarung eines Bezeichners für eine vordefinierte Exception lautet:

Exceptionname EXCEPTION;
PRAGMA EXCEPTION_INIT (*Exceptionname, Fehlernummer*);

Die Vergabe des Exceptionnamens *Exceptionname* orientiert sich an den PL/SQL-Namenskonventionen (vgl. 4.2). Das Schlüsselwort *EXCEPTION* legt fest, daß dieser Bezeichner nur als Argument der Anweisung *RAISE* bzw. in einem Exceptionteil verwendet werden kann. Tabelle 25 stellt die verschiedenen Befehle zur Vereinbarung und Aktivierung der unterschiedlichen Exceptiontypen in einer Übersicht zusammen.

```
declare
   FK_VERLETZUNG   exception;
   pragma exception_init(FK_VERLETZUNG, -2291 );

begin
   SAVEPOINT begin_delmitw;

   for fi_satz in (SELECT film_id FROM film
                   WHERE genre is NULL
                     AND typ is NULL) loop
      if sel_titel(fi_satz.film_id) is NULL then
         DELETE  mitwirkung
         WHERE   film_id = fi_satz.film_id;
         ins_protokoll('Mitw. zum Film geloscht: '
                       || fi_satz.film_id);
      end if;
   end loop;

   COMMIT; /* alles ok */

exception
    when FK_VERLETZUNG then
        ROLLBACK TO begin_delmitw;
end;
```

Dieser PL/SQL-Block löscht bei Filmen, die keine Titel und keine Angaben in den Attributen „Genre" und „Typ" besitzen, alle zugehörigen Einträge aus der Tabelle „Mitwirkung". Tritt dabei der Fehler mit der Fehlernummer -2291 auf, wird die zugeordnete Exception FK_VERETZUNG aktiviert und in den zugehörigen Exceptionteil verzweigt. Diese Exception löst Oracle bei Verletzung eines ForeignKey-Constraints aus.

Erzeugung

Interne Exceptions, die einen Namen erhalten, werden wie gewohnt von Oracle erzeugt. Zusätzlich können sie in einer Raise-Anweisung durch Angabe des definierten Exceptionbezeichners explizit ausgelöst werden. Diese Verwendung sollte allerdings vermieden werden, da ohne weitere Hilfsmittel nicht mehr eindeutig bestimmt werden kann, welches Ereignis eine Exception ausgelöst hat.

Dieser Mechanismus schränkt auch nicht ein, daß bereits vordefinierte Exceptions unbenannt werden können. Diese Verwendung kann ebenfalls leicht zu Fehlern führen und sollte daher nur in Ausnahmefällen eingesetzt werden.

Behandlung

Explizit deklarierte, interne Exceptions werden analog zu den vordefinierten Exceptions im Exceptionteil behandelt.

Tabelle 25: Zusammenfassung der Exceptiontypen

Exceptiontyp	Definition	Erzeugung
Intern, vordefiniert	definiert im Package Standard	implizit
Intern, namenlos	optional: *Exc_name* exception; pragma exception_init(...);	implizit
Programmierer-definiert, benannt	*Exc_name* exception;	explizit durch: raise *Exc_name*;
Programmierer-definiert, namenlos	keine Definition erforderlich	explizit durch: raise_application_error(...);

4.12.6 Benutzerdefinierte Exceptions

Benutzerdefinierte Exceptions dienen zur Steuerung von anwendungsabhängigen Fehlern oder Ereignissen. Per Definition legt der Programmierer dabei fest, welches Ereignis eine Exception einleitet. Solch eine Situation könnte in unserer Beispielanwendung auftreten, wenn zu einem Film kein Titel in der Tabelle „Filmliste" vorhanden ist.

Abbildung 19: Benutzerdefinierte Exception

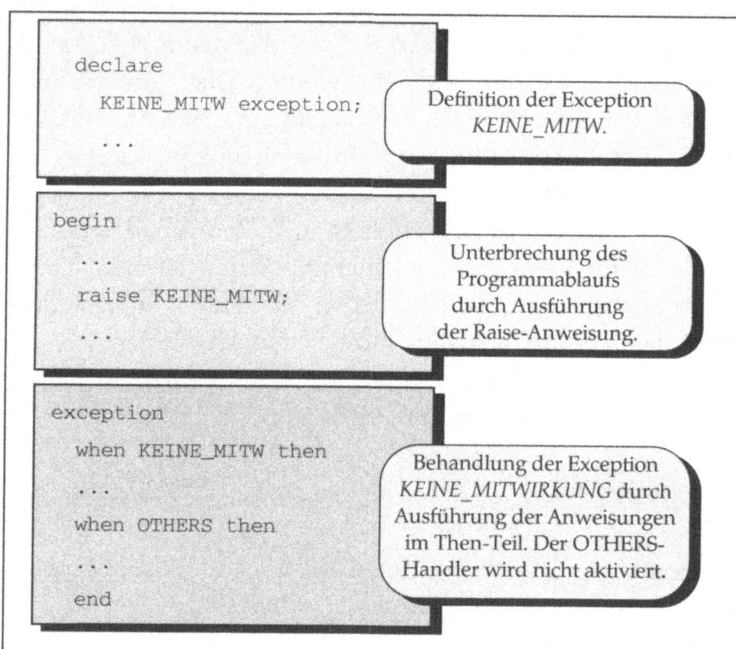

Analog zu den internen Exceptions existieren folgende Arten von benutzerdefinierten Exceptions:

- Benannte Exceptions
- Exceptions, die durch eine Nummer und zugehörigen Text repräsentiert werden.

Vom Programmierer definierte Exceptions werden wie interne Exceptions im Exceptionteil behandelt.

Im Unterschied zu internen Exceptions werden benutzerdefinierte Exceptions nicht implizit, sondern durch eine entsprechende Anweisung im Ausführungsteil erzeugt.

4.12.7 Benannte benutzerdefinierte Exceptions

Benannte benutzerdefinierte Exceptions definieren bestimmte Ereignisse, die während eines PL/SQL-Programmablaufs als Fehler gewertet werden sollen.

Definition

Solche Exceptions müssen explizit im Deklarationsteil wie folgt vereinbart werden:

Exceptionname EXCEPTION;

Exceptions unterliegen den gleichen Sichtbarkeitsregeln wie Variablen. Das Schlüsselwort EXCEPTION deklariert den Bezeichner als Ausnahmesituation. Dieser Bezeichner kann dann im restlichen Programmtext nur als Argument für den Raise-Befehl oder als gültiger Bezeichner eines Handlers benutzt werden. Beispielsweise definiert folgende Anweisung eine Exception mit dem Namen *KEINE_MITWIRKUNG*:

```
declare
   KEINE_MITWIRKUNG   exception;
```

Erzeugung

Benutzerdefinierte Exceptions, die im Deklarationsteil deklariert wurden, werden im zugehörigen Ausführungsteil durch die Anweisung RAISE aktiviert. Die Syntax lautet:

RAISE *Exceptionname;*

Die Exception *KEINE_MITWIRKUNG* wird erzeugt, falls die Leseanweisung keine Mitwirkenden zu der angegebenen Filmnummer findet. Beispielsweise kann dieses Ereignis wie folgt codiert sein.

```
declare
    l_anz                        number(2)   := 0;
    KEINE_MITWIRKUNG             exception;

begin
   SELECT count(*)
   INTO   l_anz
   FROM   mitwirkung
   WHERE  film_nr = 448;

   if l_anz = 0 then
      raise KEINE_MITWIRKUNG;
   end if;

exception
   when KEINE_MITWIRKUNG then
        dbms_output.put_line('Keine Mitwirkung!');
   when OTHERS then
        dbms_output.put_line(substr(sqlerrm, 1, 50));
end;
```

Durch Verwendung der Funktion *count* wird keine *NO_DATA_FOUND*-Exception ausgelöst, da *count* auch ein Ergebnis (0) liefert, wenn keine Sätze gefunden werden. Im Then-Zweig der If-Anweisung wird in diesem Fall die Exception *KEINE_MITWIRKUNG* ausgelöst und sofort in den gleichnamigen Exceptionhandler des gleichen Blocks verzweigt.

Behandlung

Die Behandlung einer durch RAISE aktivierten Exception unterscheidet sich nicht von der Handhabung der internen Exceptions: Nach Ausführung des Raise-Befehls wird die Ausführung des aktuellen Blocks gestoppt und in einen Exceptionhandler verzweigt, der die festgestellte Exception behandeln kann.

4.12.8 Unbenannte Exceptions

Neben der Möglichkeit, durch benannte benutzerdefinierte Exceptions bestimmte Ereignisse als Fehlerzustände zu definieren, können auch benutzerdefinierte namenlose Exceptions erzeugt werden. Diese Variante ist besonders für die Kommunikation zwischen RDBMS und Client interessant, da sich die Behandlung einer benutzerdefinierten, namenlosen Exception wesentlich von den restlichen unterscheidet.

Nachdem eine unbenannte benutzerdefinierte Exception erzeugt wird, geht die Kontrolle sofort an den Aufrufer zurück. Das bedeutet, daß ein lokal verfügbarer Exceptionteil im gleichen Block nicht berücksichtigt wird.

Da diese Exceptionart keinen Namen besitzt, muß sie nicht explizit in einem Deklarationsteil definiert werden. Definition

Die Spezifikation der Prozedur zum Erzeugen dieser Exceptionvariante lautet: Erzeugung

```
procedure raise_application_error (error_number  IN  number,
                                   error_msg_in  IN  varchar2);
```

Das Argument *error_number* ist aus dem Nummernkreis

-20000 bis - 20999

frei wählbar. Der zweite Parameter *error_msg_in* liefert einen Text an den Aufrufer zurück. Da die Länge dieses Textes auf 2048 Byte beschränkt ist, werden längere Texte implizit nach 2048 Byte abgeschnitten. Nach Aufruf dieser Prozedur wird die aktuelle Transaktion zurückgesetzt (rollback) und die Kontrolle an den Aufrufer zurückgegeben.

Ein Beispiel, wie die Prozedur aufgerufen werden kann:

```
raise_application_error(-20100, 'Ungültiges Jahr! ');
```

Folgendes Beispiel demonstriert die Verwendung dieser Methode, um Fehler an den Aufrufer zu übergeben: Behandlung

```
function insert_film(film_satz IN film%ROWTYPE)
return film.film_id%TYPE is
   neue_filmid number;
begin
   if film_satz.jahr is NULL then
     raise_application_error(-20114, 'Kein Jahr!');
   end if;
   INSERT INTO film(film_id, jahr, typ, genre, laenge)
   VALUES(seq_film.nextval, film_satz.jahr,
          film_satz.typ, film_satz.genre,
          film_satz.laenge);
   SELECT seq_film.currval INTO neue_filmid FROM dual;
   return(neue_filmid);
```

```
exception
   when DUP_VAL_ON_INDEX then
      raise_application_error(-20114,
                              'Film existiert bereits!');
end;
```

Diese Funktion wird in folgendem PL/SQL-Block aufgerufen:

```
declare
    fi_satz film%ROWTYPE;
    fid     number;
    errtext varchar2(300);
    errnr   number;

begin
   fi_satz.jahr := NULL;
   fi_satz.genre := 2;
   fi_satz.typ := 'KI';
   fid := insert_film(fi_satz);
   dbms_output.put_line(fid);


exception
   when OTHERS then
      errnr   := sqlcode;
      errtext := sqlerrm;
      dbms_output.put_line('Fehler: ' || errtext);
end;
```

```
Fehler: ORA-20114: Film ohne Jahr!
PL/SQL procedure successfully completed.
```

Als Jahreszahl wird der Wert NULL übergeben; damit ist die Bedingung „film_satz.jahr is NULL" erfüllt und die Exception -20114 wird erzeugt. Behandelt wird diese Exception im Others-Exceptionteil des aufrufenden PL/SQL-Blocks. Soll explizit auf diese ausgelöste Exception reagiert werden, so kann der PL/SQL-Block um eine Pragma-Anweisung erweitert werden:

```
declare
   fi_satz film%ROWTYPE;
   fid     number;
   errtext varchar2(300);
   errnr   number;
   ANGABEN_FEHLEN   exception;
   pragma exception_init(ANGABEN_FEHLEN, -20114);
```

```
begin
   fi_satz.jahr := NULL;
   ...
   fid := insert_film(fi_satz);
   dbms_output.put_line(fid);
exception
    when ANGABEN_FEHLEN then
        errtext := sqlcode;
        dbms_output.put_line('Fehlende Angaben: ' ||
                              errtext);
when OTHERS then
        errnr   := sqlcode;
        errtext := sqlerrm;
        dbms_output.put_line('Fehler: ' || errtext);
end;
```

```
Fehlende                      Angaben:                 -20114
PL/SQL procedure successfully completed.
```

In diesem Fall wird die in der Funktion *insert_film* explizit ausgelöste Exception im Exceptionhandler mit dem Bezeichner ANGABEN_FEHLEN behandelt, da durch die Funktion *raise_application_error* eine Exception mit der zugeordneten Nummer -20014 aktiviert wurde.

4.12.9 Gültigkeit und Sichtbarkeit

Für Exceptions gelten die gleichen Sichtbarkeits- und Gültigkeitsregeln wie für Variablen. Beispielsweise können innerhalb eines Deklarationsbereiches nicht mehrere Exceptions mit dem gleichen Namen stehen und in einem inneren Block vereinbarte Exceptions sind nach außen nicht sichtbar. Diese Regel verdeutlicht das nächste Beispiel:

```
declare
    KEINE_DATEN                 exception;
begin
    declare
        KEINE_DATEN             exception;
    begin
        raise KEINE_DATEN;
    end;
exception
    when KEINE_DATEN then
        dbms_output.put_line('Fehlende Angaben.');
end;
```

Nehmen wir an, die Exception KEINE_DATEN wird im äußeren Block ausgelöst:

```
Fehlende Angaben.
PL/SQL procedure successfully completed.
```

Der gleichnamige Exceptionhandler in diesem Block übernimmt die Programmkontrolle und gibt die entsprechende Meldung auf den Bildschirm aus.

Was passiert aber, wenn die Exception im inneren Block ausgeführt wird?

```
ORA-06510: PL/SQL: unhandled user-defined exception
```

Die Exception wird nicht behandelt und die Programmausführung endet sofort mit Ausgabe von Informationen zu dieser unbehandelten Exception. Da der innere Block keinen zugehörigen Exceptionhandler für diese Exception besitzt, wird der äußere Exceptionhandler aktiviert, der diesen Block unmittelbar umgibt. Dieser Handler kennt allerdings den Bezeichner der aktivierten Exception nicht, da der Exceptionbezeichner im inneren Block lokal definiert wurde und nach Verlassen dieses Blocks nicht mehr erreichbar ist. Der gleichnamige Exceptionhandler kann damit nur die Exception KEINE_DATEN des gleichen Blocks behandeln.

Dieses Problem könnte beispielsweise durch Einführung eines zusätzlichen OTHERS-Handlers im äußersten Block oder durch einen lokalen Exceptionhandler im inneren Block gelöst werden.

4.13 Dynamisches SQL in PL/SQL

In den bisherigen Programmbeispielen wurde statisches SQL verwendet, da die Strukturen der SQL-Anweisungen bereits zum Übersetzungszeitpunkt feststanden. Im Gegensatz dazu spricht man von dynamischem SQL, wenn eine SQL-Anweisung erst zur Laufzeit vom jeweiligen Programm als Zeichenkette generiert und zur Ausführung an den SQL-Prozessor übergeben wird. Damit ist das Laufzeitverhalten von Programmen mit dynamischem SQL im Vergleich zu Programmen mit statischem SQL etwas langsamer. Es erlaubt jedoch, sehr flexible Programme zu erstellen und in PL/SQL DDL-Anweisungen einzubinden. Beispielsweise sollte dynamisches SQL auch eingesetzt werden, wenn die Datenbankobjektreferenzen oder der Inhalt einer SQL-Anweisung erst zur Laufzeit bestimmt werden können.

Seit Version 7.1 von Oracle ist es möglich, dynamisches SQL in PL/SQL zu verwenden. Die Funktionalität wird in Form eines mitgelieferten Packages mit dem Namen DBMS_SQL realisiert. Tabelle 26 zeigt eine Übersicht der vorhandenen Funktionen und Prozeduren. Eine dynamische SQL-Anweisung kann in einer Datenbanktabelle abgelegt oder dynamisch in einem PL/SQL-Programm als Zeichenkette generiert werden.

Tabelle 26: Unterprogramme im Package DBMS_SQL

Funktion / Prozedur	Beschreibung
procedure bind_variable procedure bind_variable_char procedure bind_variable_raw procedure bind_variable_rowid	Belegt eine Variable, die in der dynamischen SQL-Anweisung verwendet wird, mit einem Wert. Abhängig vom Datentyp des Wertes stehen einige Varianten dieser Prozedur zur Verfügung.
procedure close_cursor	Schließen eines Cursors.
procedure column_value procedure column_value_char procedure column_value_raw procedure column_value_rowid	Überträgt einen Spaltenwert in eine Programmvariable.
procedure define_column procedure define_column_char procedure define_column_raw procedure define_column_rowid	Definition der Spalten in einer Select-Liste.
function execute	Führt den Cursor aus.
function execute_and_fetch	Führt den Cursor aus und überträgt die Ergebniszeilen.
function fetch_rows	Die Ergebniszeilen der ausgeführten Anweisung werden übertragen.

Funktion / Prozedur	Beschreibung
function is_open	Liefert TRUE, falls der Cursor bereits geöffnet ist.
function last_error_position	Diese Funktion liefert die Position des ersten fehlerhaften Zeichens innerhalb der SQL-Anweisung.
function last_row_count	Liefert die Anzahl der gelesenen Ergebniszeilen.
function last_row_id	Liefert die ROWID der zuletzt gelesenen Ergebniszeile.
function last_sql_function_code	Liefert den Ergebniswert der letzten SQL-Anweisung.
function open_cursor	Der Cursor wird geöffnet und ein Verweis auf den Cursorspeicherbereich wird zurückgegeben.
procedure parse	Die angegebene SQL-Anweisung wird geparst und bei Bedarf (DLL-Anweisung) ausgeführt.
procedure variable_value procedure variable_value_char procedure variable_value_raw procedure variable_value_rowid	Liest den Wert einer Cursorvariablen.

Zur Erinnerung: Ein PL/SQL-Programm mit statischem SQL wird vom PL/SQL-Prozessor zum Übersetzungszeitpunkt geparst und gebunden, wobei alle vorhandenen Referenzen auf Datenbankobjekte anhand des Data Dictionaries aufgelöst und als Speicheradressen den jeweiligen Programmvariablen zugeordnet werden.

Diese Aufgaben des PL/SQL-Prozessors müssen in PL/SQL mit dynamischem SQL explizit durchgeführt werden, da die Objektreferenzen zum Übersetzungszeitpunkt noch nicht feststehen. PL/SQL-Programme mit dynamischen SQL-Anweisungen sind daher wesentlich länger und aufwendiger zu programmieren als PL/SQL-Programme mit statischen SQL-Anweisungen.

Eine dynamische SQL-Anweisung muß in folgenden Schritten programmiert werden:

1. Schritt: Öffnen eines Cursors

Im ersten Schritt wird ein Cursor durch Aufruf der *Open_cursor*-Funktion geöffnet. Die Funktionsschnittstelle lautet:

```
function open_cursor return number;
```

Das RDBMS reserviert einen privaten Speicherbereich und liefert eine identifizierende Nummer für den Cursor zurück. Diese Nummer muß in weiteren DBMS_SQL-Funktions- bzw. Prozeduraufrufen als Referenz angegeben werden.

2. Schritt: Parsen

Die SQL-Anweisung wird durch Aufruf der folgenden Funktion geparst:

```
procedure parse( c              IN number,
                 statement      IN varchar2,
                 language_flag  IN number);
```

Der erste Parameter *c* enthält die Nummer des geöffneten Cursors. Die SQL-Anweisung wird ohne abschließendem ';' als Zeichenkette an den Parameter *statement* übergeben. Folgende SQL-Schlüsselworte dürfen nicht innerhalb der Zeichenkette stehen:

- CLOSE, DECLARE, DESCRIBE, EXECUTE, FETCH,
- INCLUDE, OPEN, PREPARE, OPEN, WHENEVER

Die Bezeichner von Eingabeparametern der SQL-Anweisung müssen durch einen vorangestellten Doppelpunkt gekennzeichnet werden. Beispielsweise enthält die folgende zu parsende Select-Anweisung die Eingabevariable *penr*, die zur Laufzeit durch einen Wert ersetzt wird:

```
dbms_sql.parse(dyn_cur, 'SELECT     name, geburtsdatum
                         FROM       person
                         WHERE      person_id = :penr',
               dbms_sql.V7);
```

Der letzte Parameter *language_flag* akzeptiert folgende Konstanten, die im Package *dbms_sql* vereinbart sind:

dmbs_sql.V6	Beim Parsen der Anweisung verhält sich der Server wie Oracle 6.
dmbs_sql.V7	Der Server verhält sich wie Oracle ab Version 7.
dmbs_sql.NATIVE	Die Anweisung wird mit der Umgebung des verbundenen Datenbanksystems ausgeführt.

DDL-Anweisungen werden durch Aufruf dieser Funktion geparst und anschließend ausgeführt. Die folgenden Schritte müssen daher für dynamische DDL-Anweisungen nicht mehr programmiert werden.

Beispielsweise erzeugt folgende Prozedur in Abhängigkeit von den übergebenen Argumentwerten für eine beliebige Tabelle ein öffentliches oder privates Synonym:

Beispiel: Dynamische DDL-Anweisung innerhalb von PL/SQL

```
create procedure create_syn
      (in_syntyp      IN      varchar2 DEFAULT '',
       in_tabname     IN      varchar2,
       in_synname     IN      varchar2)
is
    dyn_cur   number;
    pars_str varchar2(100) :=
      'CREATE ' || in_syntyp || ' SYNONYM ' ||
      in_synname || ' FOR ' || in_tabname;

begin
    /* Offnen eines Cursors */
    dyn_cur := dbms_sql.open_cursor;

    /* Parsen und Ausfuhrung der Anweisung */
    dbms_sql.parse(dyn_cur, pars_str, dbms_sql.V7);

    /* Schließen des Cursors */
    dbms_sql.close_cursor(dyn_cur);
end;
```

Mögliche Aufrufe dieser Prozedur:

```
exec create_syn('public', 'person', 'person');
exec create_syn('', 'common.person', 'person');
```

Der erste Prozeduraufruf erzeugt ein gleichnamiges Public-Synoynm für die Tabelle „Person". Der zweite Aufruf versieht die Tabelle „Person" des Benutzers *common* mit einem privaten Synonym mit dem Namen *person*.

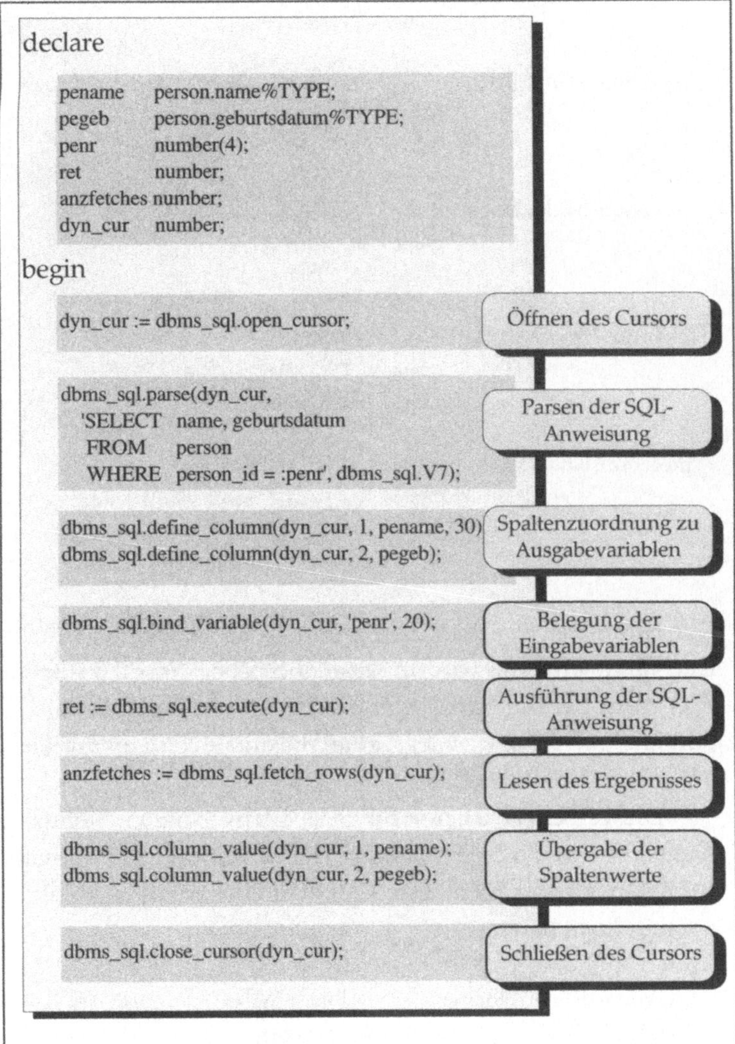

Abbildung 20: Phasen einer dynamischen Select-Anweisung

Variablen der jeweiligen Programmiersprache, die in der dynamischen SQL-Anweisung enthalten sind, müssen mit Werten belegt werden.

3. Schritt: Belegung der Variablen

Dazu steht die Packageprozedur *bind_variable* zur Verfügung, die als überladene Prozedur implementiert ist:

```
procedure bind_variable( c      IN number,
                         name   IN varchar2,
                         value  IN number);

procedure bind_variable( c      IN number,
                         name   IN varchar2,
                         value  IN varchar2);

procedure bind_variable( c      IN number,
                         name   IN varchar2,
                         value  IN date);

procedure bind_variable( c      IN number,
                         name   IN varchar2,
                         value  IN mlslabel);

procedure bind_variable( c               IN number,
                         name            IN varchar2,
                         value           IN varchar2,
                         out_value_size  IN number);
```

Der Parameter *c* enthält die Nummer des geöffneten Cursors. Der Variablenname wird in *name* übergeben und der zugehörige Wert, der die Variable ersetzt, in *value*. Das optionale Argument *out_value_size* legt eine maximale Länge für einen Wert vom Typ *varchar2* fest.

Dieser Schritt ist nur für Select-Anweisungen nötig, um die Spalten in der Select-Liste zu definieren und den Ausgabevariablen zuzuordnen. Dazu steht die überladene Funktion *define_column* bereit:

4. Schritt: Definition der Select-Liste

```
procedure define_column(c        IN number,
                        positionIN number,
                        column   IN number);

procedure define_column( c            IN number,
                         position     IN number,
                         column    IN varchar2,
                         column_size  IN number);
```

```
procedure define_column( c          IN  number,
                         position   IN  number,
                         column     IN  date);
```

Die Nummer des geöffneten Cursors wird an den Parameter *c* übergeben. Die jeweilige Spalte in der Select-Liste wird durch eine relative Positionsangabe (*position*) angesprochen. Die PL/SQL-Variable, die in einer späteren Phase den Wert der Spalte aufnehmen soll, wird in *column* angegeben. Für Spalten vom Datentyp *varchar2* muß die maximale Länge des Wertes in *column_size* definiert werden.

5. Schritt: Ausführung

Die dynamisch generierte SQL-Anweisung wird durch Aufruf der Funktion *execute* ausgeführt. Die Spezifikation dieser Funktion lautet:

```
function execute (c     IN  number)
return number;
```

Die jeweilige Cursornummer wird als Parameter übergeben. Als Ergebnis liefert diese Funktion bei Insert-, Update- und Delete-Anweisungen die Anzahl der geänderten Datensätze zurück.

6. Schritt: Fetch

Nach Ausführung der Execute-Funktion können einzelne Sätze aus der Ergebnismenge gelesen werden. Die Spezifikation dieser Funktion lautet:

```
function fetch_rows(c        IN  number)
return number;
```

Die Nummer des Cursors, dessen nächster Ergebnissatz gelesen werden soll, wird an *c* übergeben. Als Ergebnis liefert *fetch_rows* die Anzahl der gelesenen Sätze zurück. Können keine Sätze mehr gelesen werden, ist der Ergebniswert 0.

execute_and_fetch

Die Funktion *execute_and_fetch* kann an Stelle der Funktionen *execute* und *fetch_rows* für Select-Anweisungen benutzt werden, die in der Regel nur **einen** Datensatz als Ergebnis liefern. Die Select-Anweisung wird ausgeführt und die gesamte Ergebnismenge wird anschließend gelesen.

Die Definition dieser Funktion lautet:

```
function execute_and_fetch( c       IN number,
                            exact   IN boolean     DEFAULT FALSE)
return number;
```

Der Parameter *c* enthält die Nummer des geöffneten Cursors. Ist der Steuerparameter *exact* TRUE, wird die Exception *NO_DATA_FOUND* ausgelöst, falls die auszuführende Select-Anweisung mehr als einen Ergebnisdatensatz liefert. Andernfalls wird dieser Parameter ignoriert.

7. Schritt: Übergabe von Werten aus der Ergebnismenge

Die einzelnen Spaltenwerte aus der Ergebnismenge müssen in Programmvariablen übertragen werden. Diese Aktion ist nur für Select-Anweisungen nötig, deren Ergebnismenge durch *execute_and_fetch* bzw. *fetch_rows* gelesen wurde.

Mit den vorhergehenden Aufrufen der Funktion *define_column* wurden die Spalten in der Select-Liste jeweils mit einem Variablennamen assoziiert. Die Funktion *column_value* überträgt nun die einzelnen Spaltenwerte in die zugeordneten Programmvariablen. Die Definitionen dieser überladenen Funktionen lauten:

```
procedure column_value( c               IN    number,
                        position        IN    number,
                        value           OUT   number
                        [,column_error  OUT   number,
                         actual_length  OUT   number] );

procedure column_value( c               IN    number,
                        position        IN    number,
                        value           OUT   varchar2
                        [, column_error OUT   number,
                        actual_length   OUT   number]);

procedure column_value( c               IN    number,
                        position        IN    number,
                        value           OUT   date
                        [, column_error OUT   number,
                        actual_length   OUT   number] );
```

```
procedure column_value (c          IN      number,
                        position        IN      number,
                        value           OUT     mlslabel
                        [, column_error OUT     number,
                        actual_length   OUT     number] );
```

Der Parameter *c* enthält die Nummer des geöffneten Cursors. Die Position der Spalte in der Select-Liste wird im Parameter *position* angegeben. Der zugehörige Spaltenwert wird als Ausgabeparameter in *value* zurückgeliefert. Optional liefert der Ausgabeparameter *column_error* eine Fehlernummer, die eventuell aufgetretene Fehler bei der Übertragung des Spaltenwertes beschreibt, und der Ausgabeparameter *actual_length* die tatsächliche Länge des Spaltenwertes.

Für weitere Datentypen wie *raw* oder *rowid* gibt es eigene Column_value-Prozeduren (siehe Tabelle 26).

Folgende überladene Prozedur überträgt Variablenwerte, die in der geparsten SQL-Anweisung enthalten sind, in lokale Programmvariablen:

```
procedure variable_value(c      IN      number,
                         name   IN      varchar2,
                         value  OUT     number);

procedure variable_value(c      IN      number,
                         name   IN      varchar2,
                         value  OUT     varchar2);

procedure variable_value(c      IN      number,
                         name   IN      varchar2,
                         value  OUT     date);

procedure variable_value(c      IN      number,
                         name   IN      varchar2,
                         value  OUT     raw | mlslabel);
```

Die Cursornummer wird an das Argument *c* übergeben und der Variablenname, der in der SQL-Anweisung referenziert ist, an *name*. Der Variablenwert wird im Ausgabeparameter *value* zurückgeliefert.

Für Datentypen wie *raw* oder *rowid* existieren weitere Prozeduren (siehe Tabelle 26).

Die letzte Anweisung schließt den Cursor, indem Oracle den reservierten Speicherplatz wieder freigibt. Die Funktionsspezifikation lautet:

```
procedure close_cur(c       IN OUTnumber);
```

8. Schritt: Schließen des Cursors

Der Ein-/Ausgabeparameter *c* wird mit dem Wert NULL belegt, um den nicht mehr verfügbaren Cursor zu kennzeichnen.

Die unterschiedliche Verwendung von statischem und dynamischem SQL zeigen die folgenden beiden, äquivalenten Beispiele:

Beispiel mit statischem SQL

```
set serverout on;
declare
    pename    person.name%TYPE;
    pegeb     person.geburtsdatum%TYPE;
    penr      number(4)    := 20;

begin
    SELECT    name, geburtsdatum
    INTO      pename, pegeb
    FROM      person
    WHERE     person_id = penr;

    dbms_output.put_line('Personenname: ' || pename);
end;
/
-------------------------------------------------------------
Personenname: SPENCER
```

Das Beispiel liest den Namen und das Geburtsdatum einer Person und zeigt als Ergebnis den Namen der gefundenen Person an. Diese einfache Select-Anweisung wird im folgenden Beispiel als dynamische Anweisung formuliert und ausgeführt:

Analoges Beispiel mit dynamischem SQL

```
set serverout on;
declare
    pename          person.name%TYPE;
    pegeb           person.geburtsdatum%TYPE;
    penr            number(4);
    ret_exec        number;
    anz_fetches     number;
    dyn_cur         number(38);
```

```
begin
    /*
      Öffnen eines Cursors und Parsen der Select-
      Anweisung
    */
    dyn_cur := dbms_sql.open_cursor;
    dbms_sql.parse(dyn_cur, 'SELECT name, geburtsdatum
                             FROM        person
                             WHERE person_id = :penr',
                  dbms_sql.V7);

    /* INTO-Klausel: Spaltenzuordnung zu Variablen */
    dbms_sql.define_column(dyn_cur, 1, pename, 30);
    dbms_sql.define_column(dyn_cur, 2, pegeb);

    /* Wertzuweisung an die Eingabevariable penr   */
    dbms_sql.bind_variable(dyn_cur, 'penr', 20);

    /*
      Ausfuhrung der Select-Anweisung,
      Lesen des Ergebnisses und Ubergabe der
      Spaltenwerte an die Variablen
    */
    ret_exec := dbms_sql.execute(dyn_cur);
    anz_fetches := dbms_sql.fetch_rows(dyn_cur);
    dbms_sql.column_value(dyn_cur, 1, pename);
    dbms_sql.column_value(dyn_cur, 2, pegeb);

    /* Schließen des Cursors */
    dbms_sql.close_cursor(dyn_cur);

    dbms_output.put_line('Personenname: ' || pename);
end;
/
```

```
Personenname: SPENCER
```

Das nächste Beispiel zeigt eine Prozedur, die als Argument eine Zeichenkette mit einer zusätzlichen Where-Bedingung akzeptiert und als Ergebnis die gefundenen Sätze auf den Bildschirm ausgibt:

```
procedure suche_filme(in_wherebed   IN   varchar2)
is
   dyn_cur          number;
   erg_exec         number;
   v_jahr           film.jahr%TYPE;
   v_filmtyp film.typ%TYPE;
   v_titel          titel.titel%TYPE;
```

```
   v_tityp            titel.typ%TYPE;
   v_sprache          titel.sprache%TYPE;
   anz_saetzebinary_integer := 0;
   parse_str          varchar2(200)  :=
      'SELECT f.jahr, f.typ, t.titel,t.typ, t.sprache
       FROM   film f, titel t
       WHERE  f.film_id = t.film_id '|| in_wherebed;

begin
   /*
      Offnen des Cursors und Parsen der Anweisung
   */
   dyn_cur := dbms_sql.open_cursor;
   dbms_sql.parse(dyn_cur, parse_str, dbms_sql.V7);

   /*
      INTO-Klausel: Zuordnen der Spalten zu
      Variablennamen
   */
   dbms_sql.define_column(dyn_cur, 1, v_jahr,    4);
   dbms_sql.define_column(dyn_cur, 2, v_filmtyp, 2);
   dbms_sql.define_column(dyn_cur, 3, v_titel,  30);
   dbms_sql.define_column(dyn_cur, 4, v_tityp,   2);
   dbms_sql.define_column(dyn_cur, 5, v_sprache, 2);

   /*
      Ausfuhrung der Select-Anweisung
   */
   erg_exec := dbms_sql.execute(dyn_cur);

   /*
      Lesen der Ergebnissatze und Ubergabe der
      Spaltenwerte an die Variablen
   */
   while dbms_sql.fetch_rows(dyn_cur) > 0 loop
      dbms_sql.column_value(dyn_cur, 1, v_jahr);
      dbms_sql.column_value(dyn_cur, 2, v_filmtyp);
      dbms_sql.column_value(dyn_cur, 3, v_titel);
      dbms_sql.column_value(dyn_cur, 4, v_tityp);
      dbms_sql.column_value(dyn_cur, 5, v_sprache);

      dbms_output.put_line(v_jahr || ' ' || v_filmtyp
                           || ' ' || v_tityp || ' '
                           || v_sprache || ' '
                           || v_titel);
   end loop;

   anz_saetze := dbms_sql.last_row_count;
   dbms_output.put_line('Satze: ' || anz_saetze);

   /* Schließen des Cursors */
   dbms_sql.close_cursor(dyn_cur);
end;
```

Beispielsweise kann diese Prozedur wie folgt aufgerufen werden:

```
SQL>  exec suche_filme(' and titel like ''SOME%'' ');
1959 LK OF EN SOME LIKE IT HOT
1962 LK OF EN SOMETHING'S GOT TO GIVE
Satze: 2

SQL>  exec suche_filme(' and rownum < 4');
1957 LK OF EN PRINCE AND THE SHOWGIRL, THE
1957 LK OF IT PRINCIPE E LA BALLERINA, IL
1957 LK OF DE PRINZ UND DIE TAENZERIN, DER
Satze: 3
```

Sonstige Funktionen im Package DBMS_SQL

Durch das Package *DBMS_SQL* sind weitere Funktionen definiert, die für Abfragen von aufgetretenen Fehlern oder sonstigen Informationen während der Verarbeitung von dynamischen SQL-Anweisungen benötigt werden.

Funktion: is_open

Analog zum Cursorattribut %ISOPEN liefert die Funktion *is_open* den Ergebniswert TRUE, falls der angegebene Cursor bereits geöffnet ist, andernfalls den Wert FALSE.

```
function is_open(c    IN  number)
return boolean;
```

Die Nummer des Cursors enthält der Parameter *c*.

Funktion: last_error_position

Während der Ausführung einer dynamischen SQL-Anweisung mit der Funktion *execute* bzw. *execute_and_fetch* können Fehler auftreten. Zur Lokalisierung der Fehlerursache kann die Position des Fehlers innerhalb der ausgeführten SQL-Anweisung mit der Funktion *last_error_position* abgefragt werden. Die Spezifikation dieser Funktion lautet:

```
function last_error_position
return number;
```

Falls kein Fehler aufgetreten ist, liefert die Funktion den Wert 0, sonst die Position des ersten fehlerhaften Zeichens innerhalb der zuletzt ausgeführten SQL-Anweisung. Ein Aufruf dieser Funktion muß unmittelbar nach der ausführenden Funktion (*execute* bzw. *execute_and_fetch*) stehen.

Das Cursorattribut %ROWCOUNT ermittelt bei statischen Select-Anweisungen die Anzahl der bereits übertragenen Datensätze. Analog realisiert die Funktion *last_row_count* die gleiche Funktionalität für dynamische Select-Anweisungen. Die Spezifikation dieser Funktion lautet:

Funktion: last_row_count

```
function last_row_count
return number;
```

Der Aufruf dieser Funktion muß unmittelbar dem Funktionsaufruf zum Übertragen von Sätzen aus der Ergebnismenge folgen (*fetch_rows* oder *execute_and_fetch*).

Funktion: last_row_id

Die nächste Funktion *last_row_id* liefert analog zur vorhergehenden Funktion nur ein sinnvolles Ergebnis, wenn der Aufruf nach einem Funktionsaufruf wie *fetch_rows* oder *execute_and_fetch* erfolgt. Die Funktion *last_row_id* ist wie folgt vereinbart:

```
function last_row_id
return rowid;
```

Als Ergebnis liefert diese Funktion die ROWID des zuletzt übertragenen Ergebnissatzes.

Funktion: last_sql_function_code

Die nächste Funktion liefert den Statuswert der zuletzt ausgeführten SQL-Anweisung. Die Funktionsspezifikation lautet:

```
function last_sql_function_code
return number;
```

Dieser Funktionsaufruf muß unmittelbar nach einer ausführenden Funktion (*execute* bzw. *execute_and_fetch)* stehen.

Das letzte Beispiel in diesem Abschnitt zeigt, wie man Fremdschlüssel einer Tabelle dynamisch indizieren kann:

Als Argument wird ein Tabellenname (*in_tabname*) und ein Präfix (*in_praefix*) für den Indexnamen übergeben. Der Cursor *fk_cur* liest anhand des Data Dictionaries alle Tabellen mit Attributnamen, die als Fremdschlüssel in Beziehung zu den Schlüsselattributen der übergebenen Tabelle stehen. Die einzelnen Sätze aus der Ergebnismenge des Cursors *fk_cur* werden implizit mit der For-Schleife eingelesen. Jeder Schleifendurchlauf öffnet einen Cursor, die jeweilige „create index"-Anweisung wird anhand der übergebenen Argumente und der gelesenen Objektbezeichner generiert und durch Aufruf der Prozedur *dbms_sql.parse* ausgeführt.

```
procedure create_fkindexe
      (in_tabname IN varchar2,
       in_praefix IN varchar2 DEFAULT 'IND_')
is
   cursor    fk_cur  is
      SELECT fk.table_name, cc.column_name
      FROM   user_constraints t, user_constraints fk,
             user_cons_columns cc
      WHERE  t.table_name = UPPER(in_tabname)
        AND  (t.constraint_type = 'P'
              OR  t.constraint_type = 'U')
        AND  t.constraint_name = fk.r_constraint_name
        AND  fk.constraint_type = 'R'
        AND  fk.constraint_name = cc.constraint_name;
   ind_name           varchar2(30);
   parse_str          varchar2(100);
   dyn_cur            number;
   INDEX_EXIST        exception;
   pragma exception_init(INDEX_EXIST, -955);

begin

  for fkobj_satz in fk_cur loop
    dyn_cur := dbms_sql.open_cursor;
    /* Generierung des Parsestrings */
    ind_name := in_praefix ||
                substr(fkobj_satz.table_name, 1, 8) ||
                substr(fkobj_satz.column_name, 1, 8);
    parse_str := 'CREATE INDEX ' || ind_name ||
                 ' ON ' || fkobj_satz.table_name ||
                 '(' || fkobj_satz.column_name || ')';

    begin /* Parsen und Ausführung der Anw.*/
      dbms_sql.parse(dyn_cur, parse_str, dbms_sql.V7);
    exception
      when INDEX_EXIST then
        dbms_output.put_line('I:' || parse_str);
      when OTHERS then
        dbms_output.put_line('E:' || parse_str);
    end;

    dbms_sql.close_cursor(dyn_cur);
  end loop;
end;
```

Ist der jeweilige Indexbezeichner bereits vergeben, löst Oracle die Exceptionnummer -955 aus. Im Exceptionteil wird diese Exception durch Ausgabe einer Meldung gesondert behandelt. Die letzte Anweisung schließt den Cursor. Der folgende Aufruf

```
SQL> exec  create_fkindexe('PERSON', 'IND_');
```

dieser Prozedur versieht beispielsweise alle Attribute mit einem Index, die einen Fremdschlüssel auf die Tabelle „Person" darstellen.

5 Module

Das vorhergehende Kapitel erklärte verschiedene grundlegende PL/SQL-Sprachelemente wie Variablen, Cursor, Schleifen und Bedingungen und zeigte, wie man einfache PL/SQL-Blöcke erstellt.

Dieses Kapitel beschäftigt sich mit den Möglichkeiten zur Modularisierung von PL/SQL-Programmen und beschreibt verschiedene Techniken, um Module wie Funktionen und Prozeduren zu realisieren. Einige Gründe, PL/SQL-Programme in kleinere Module zu unterteilen, seien stichpunktartig genannt:

- Verbesserung der Performance
- Steigerung der Abstraktion und Integration
- Erhöhung der Produktivität und Wiederverwendbarkeit
- Reduzierung des Programmieraufwands

In PL/SQL stehen folgende Komponenten zur Strukturierung von Programmen zur Verfügung:

- **Anonyme Blöcke**
  Anonyme Blöcke besitzen keinen Namen und keine Parameterleiste. Diese Programmblöcke wurden bereits im vorhergehenden Kapitel behandelt.

- **Prozeduren**
  Eine Prozedur ist ein benannter PL/SQL-Block, an den Parameter übergeben werden können. Da eine Prozedur kein Ergebnis abliefert, kann sie nicht unmittelbar in einem Ausdruck stehen. Ihr Aufruf erfolgt daher als ausführbare Anweisung.

- **Funktionen**
  Analog zu Prozeduren können an Funktionen Parameter übergeben werden. Im Unterschied zu einer Prozedur liefert eine Funktion immer einen Ergebniswert an den Aufrufer zurück. Der Aufruf erfolgt innerhalb eines PL/SQL-Ausdrucks.

- **Packages**
  Ein Package ist zwar kein PL/SQL-Block, da ein Package als Ganzes nicht aufrufbar ist, aber eine wichtige Komponente zur Strukturierung von umfangreicherem PL/SQL-Programmtext. Innerhalb eines Packages werden Variablen, Typdefinitionen, Cursor, Prozeduren und Funktionen zusammengefaßt, die von anderen PL/SQL-Objekten referenziert werden können.

Prozeduren Funktionen

Prozeduren und Funktionen können selbständig ausgeführt werden und sich gegenseitig aufrufen. Bei der Entwicklung von Funktionen und Prozeduren können auch moderne Eigenschaften wie Overloading und Vorwärtsdeklaration genutzt werden.

StoredProcedures

Die wesentliche Eigenschaft von Funktionen, Prozeduren und Packages ist die Fähigkeit, in kompilierter Form in der Datenbank gespeichert zu werden. Gespeicherte PL/SQL-Module werden zusammengefaßt als StoredProcedures bezeichnet. StoredProcedures können von jedem PL/SQL unterstützendem Oracle-Werkzeug bzw. von jeder Oracle unterstützenden Programmiersprache verwendet werden. Beispielsweise wird dadurch für Client-Server-Anwendungen die Voraussetzung geschaffen, zentrale Datenbankabläufe sowie Datenbankzugriffe von den eigentlichen Anwendungsprogrammen abzugrenzen.

Innerhalb dieses Kapitels werden die Eigenschaften dieser Module genauer betrachtet. Zunächst beschreibt der erste Abschnitt, wie Funktionen und Prozeduren erstellt, aufgerufen und in der Datenbank verwaltet werden. Im zweiten Abschnitt werden Packages betrachtet, die mehrere Funktionen, Prozeduren, Cursor und Variablen unter einem Namen zusammenfassen. Wie Tabellen können auch StoredProcedures in entfernten Datenbanken aufgerufen werden. Der letzte Abschnitt in diesem Kapitel führt dazu die notwendigen Grundlagen wie Namenskonventionen für Aufrufe in verteilten Datenbanken ein.

5.1 Funktionen und Prozeduren

Funktionen und Prozeduren lernten wir bereits in Kapitel 4.4 als benannte Blöcke kennen. Zusammengefaßt werden Funktionen und Prozeduren auch als Unterprogramme bezeichnet.

Eine Funktion bzw. Prozedur besteht aus den folgenden vier Komponenten:

- Definitionsteil
- Deklarationsteil
- Ausführungsteil
- Exceptionteil

Der Definitionsteil wird auch als Funktions- bzw. Prozedurkopf („Spezifikation") und die restlichen Teile als Funktions- bzw. Prozedurkörper („Body") bezeichnet. Der Kopf stellt dabei die Spezifikation nach außen und der Körper die eigentliche Implementierung der Funktion bzw. Prozedur dar. Das bedeutet, sie können so implementiert sein, daß ein Anwendungsentwickler nur den Namen, die Parameterleiste und den Returndatentyp einer Funktion bzw. Prozedur kennen muß, um sie aufzurufen.

Die Syntax zur Vereinbarung einer Prozedur lautet:

Vereinbarung einer Prozedur

```
PROCEDURE Name [ (Parameterdek [, Parameterdek, ...]) ]
IS
        [Deklarationsbereich]
BEGIN
        Ausführungsteil
[EXCEPTION
        Exceptionteil]
END [Name];
```

Deklaration einer Funktion

Ähnlich sieht die Vereinbarung einer Funktion aus:

```
FUNCTION Name [ (Parameterdek [, Parameterdek, ...]) ]
RETURN Datentyp
IS
        [Deklarationsbereich]
BEGIN
        Ausführungsteil
[EXCEPTION
        Exceptionteil]
END [Name];
```

Parameterleiste

Die Parameterleiste hat syntaktisch folgende Gestalt:

```
Parameterdek ::= Parametername     [ IN | OUT | IN OUT]  Datentyp
                                   [{:= | DEFAULT} Wert]
```

Definitionsbereich

Die Unterscheidung von Funktionen und Prozeduren erfolgt im Definitionsbereich. Eine Funktion wird durch das Schlüsselwort FUNCTION und eine Prozedur durch das Schlüsselwort PROCEDURE eingeleitet.

Den Schlüsselworten FUNCTION bzw. PROCEDURE folgt der Name der Funktion bzw. Prozedur, der den üblichen PL/SQL-Namenskonventionen (siehe Kapitel 4.2) entsprechen muß.

Parameterdefinition

Die Parameterleiste spezifiziert, welche Parameter mit welchem Datentyp übergeben werden können. Die einzelnen Parameter werden durch Kommata voneinander getrennt. Zusätzlich legen die Schlüsselworte IN, OUT oder IN OUT die Verwendung eines Parameters als Ein-, Aus- oder Ein-/-Ausgabeparameter fest.

Ein einzelner formaler Parameter kann durch das Schlüsselwort *DEFAULT* oder durch den Zuweisungsoperator := mit einem Wert initialisiert werden. Zu beachten ist, daß die Angabe des Datentyps ohne Längenangabe erfolgt. Wird keine Parameterübergabe benötigt, so kann die Parameterleiste auch fehlen. In diesem Fall erfolgt die Deklaration ohne Angabe von Klammern nach dem Prozedur- bzw. Funktionsnamen. Die genauere Bedeutung dieser Methoden zur Spezifikation der formalen Parameter wird in Abschnitt 5.1.5 beschrieben.

Das folgende Beispiel zeigt eine Prozedur ohne Parameterleiste:

```
procedure time
is
begin
   dbms_output.put_line(to_char(sysdate,
                        'DD.MM.YY  HH:MI:SS'));
end;
```

Diese Prozedur gibt das aktuelle Datum mit Uhrzeit auf den Bildschirm aus. Der kurze Prozedurname *time* im Vergleich zu der langen Ausgabeanweisung kann bei häufiger Anwendung viel Tipparbeit ersparen. In SQL*Plus wird diese Prozedur beispielsweise durch folgenden Aufruf ausgeführt:

```
SQL> set serverout on;
SQL> exec time;
16.05.96  05:39:12

PL/SQL procedure successfully completed.
```

Rückgabewert von Funktionen

Funktionen liefern immer ein Ergebnis, einen Rückgabewert, an die aufrufende Umgebung zurück. Bei einer Funktionsdefinition wird daher zusätzlich der Datentyp des Rückgabewertes nach dem Schlüsselwort RETURN angegeben. Dieser Datentyp kann ein Basisdatentyp wie *char* oder *boolean*, ein strukturierter Typ wie Table oder Record, oder ein abgeleiteter Typ wie %TYPE sein.

Beispielsweise liefert folgende Funktion als Ergebnis einen Wert vom Typ *boolean* zurück:

```
function exist_titel(
             in_filmid  IN  titel.film_id%TYPE)
return boolean is
   titel_anzahl    number(2);
begin
   SELECT  count(*)
   INTO    titel_anzahl
   FROM    titel
   WHERE   film_id = in_filmid;

   return (titel_anzahl > 0);
end;
```

Dem Definitionsbereich folgt der Deklarationsbereich, der analog zu anonymen Blöcken verwendet wird. In Unterprogrammen folgt dieser Teil implizit dem Schlüsselwort IS und in anonymen Blöcken wird der Deklarationsteil explizit durch das Schlüsselwort DECLARE eingeleitet. In diesem Bereich werden alle für die Funktion bzw. Prozedur erforderlichen lokalen Größen wie Variablen und Cursor vereinbart. Falls keine lokalen Vereinbarungen nötig sind, kann der Deklarationsteil auch leer sein.

leerer Deklarationsbereich

Folgende Prozedur hat einen leeren Deklarationsteil:

```
procedure ins_protokoll
          (status IN varchar2, text IN varchar2)
is
begin
   INSERT INTO protokoll(status, text, zeit)
   VALUES (status, text,
     to_char(sysdate, 'MM-DD-YYYY  HH24:MI:SS'));
end;
```

Der Ausführungsteil beginnt mit dem Schlüsselwort BEGIN und endet, falls vorhanden, mit dem Schlüsselwort EXCEPTION oder mit dem Schlüsselwort END. Der Ausführungsteil kann als einziger Teil eines Unterprogramms nicht leer sein[17].

[17] Wie bei anonymen Blöcken besteht ein gültiger Anweisungsteil aus mindestens einer Anweisung, die auch die *NULL*-Anweisung sein kann.

Der Exceptionteil kann optional als letzter Teil in einem Block stehen. Die in Kapitel 4.12 beschriebenen Regeln zur Behandlung von Exceptions gelten analog für Unterprogramme.

Ein Beispiel:

```
procedure del_film (in_filmid  IN  film.film_id%TYPE)
is
    errnr   number;
    errtext varchar2(300);

begin
    if not exist_titel(in_filmid) then
        DELETE  film
        WHERE   film_id = in_filmid;
    end if;

exception
   when OTHERS then
      errnr   := sqlcode;
      errtext := sqlerrm(sqlcode);
      ins_protokoll(errnr, 'Film: ' ||
                    in_filmid || errtext);
end;
```

Die Prozedur *del_film* löscht aus der Tabelle „Film" einen Eintrag, falls keine Titel mehr vorhanden sind. Wird während der Ausführung eine Exception erzeugt (beispielsweise bei Verletzung eines Foreign-Key-Constraints), verzweigt die Programmkontrolle in den Exceptionteil und der aufgetretene Fehler wird durch Aufruf der Funktion *ins_protokoll* in die Tabelle „Protokoll" eingefügt.

Unterprogrammname als Label nach END

Nach der letzten End-Anweisung kann optional der Name des Unterprogramms stehen. Dieses Label dient nur zur Dokumentation des Textendes einer Funktion bzw. Prozedur.

Die nächsten Abschnitte zeigen, wie Unterprogramme aufgerufen, deklariert und verwendet werden.

5.1.1 Aufruf von Unterprogrammen

Der Aufruf von Unterprogrammen erfolgt durch Angabe des Prozedur- bzw. Funktionsnamens mit den jeweiligen Parameterwerten in Form einer PL/SQL-Anweisung (vgl. Kapitel 5.3). Möglich ist der Aufruf innerhalb aller Oracle-Werkzeuge wie SQL*DBA oder SQL*Plus und aus eingebetteten SQL- oder OCI-basierten Anwendungen.

Beispielsweise erfolgt der Aufruf einer einzelnen Funktion oder Prozedur innerhalb von SQL*Plus durch das Kommando EXEC.

```
SQL> exec loesche_film(123);
```

Die Prozedur *loesche_film* wird mit dem Parameterwert 123 aufgerufen und ausgeführt.

Ein Unterprogrammaufruf zur Laufzeit bewirkt, daß der aktuell aktive Block unterbrochen und die Programmkontrolle an das aufgerufene Unterprogramm übergeben wird. Nach Beenden des Unterprogramms wird die Programmausführung direkt hinter der Aufrufstelle fortgesetzt.

Unterprogramme können auch innerhalb von SQL-Anweisungen aufgerufen werden. Allerdings sind die Aufrufe auf Funktionen beschränkt. Genauer wird dieser Sachverhalt in Kapitel 10.2 behandelt.

5.1.2 Rückkehr aus Unterprogrammen

Wie im letzten Abschnitt beschrieben, müssen Funktionen genau einen Resultatwert an den Aufrufer der Funktion zurückliefern. Diese Aufgabe erfüllt die Return-Anweisung, die nicht mit dem Schlüsselwort RETURN zur Deklaration des Ergebnisdatentyps einer Funktion verwechselt werden darf. Die Return-Anweisung beendet die Ausführung eines Unterprogramms und gibt die Programmkontrolle an die aufrufende Stelle zurück.

Diese Anweisung existiert in zwei Ausprägungen:

RETURN;
RETURN *Ergebniswert;*

in Prozeduren:
RETURN;

Die erste Anweisung kann nur innerhalb von Prozeduren stehen, da kein Wert zurück an den Aufrufer übergeben wird. Verwendet wird diese Anweisung hauptsächlich, um eine Prozedur vorzeitig zu beenden. Wird innerhalb einer Prozedur keine Return-Anweisung ausgeführt, so erfolgt die Rückkehr an die aufrufende Stelle implizit nach Ausführung der gesamten Prozedur. Folgendes Beispiel demonstriert diesen Unterschied:

```
procedure del_person(in_pesatz   IN   person%ROWTYPE)
is
begin
   if in_pesatz.person_id is NULL then
      return; /* Rücksprung, person_id nicht gultig */
   end if;

   DELETE      person
   WHERE       person_id = in_pesatz.person_id;
end;           /* Rücksprung, falls person_id gultig */
```

Diese Prozedur löscht den als Parameter übergebenen Satz aus der Tabelle „Person". Die If-Anweisung prüft, ob ein ungültiger Attributwert *person_id* übergeben wurde. Ist diese Bedingung erfüllt, wird die Return-Anweisung ausgeführt und die Prozedur sofort verlassen. Andernfalls erfolgt der Rücksprung nach Ausführung der Delete-Anweisung.

in Funktionen:
RETURN W*ert*;

Die zweite Form der Return-Anweisung wird in Funktionen zur Ergebnisrückgabe an den Aufrufer verwendet. Im Gegensatz zu Prozeduren ist innerhalb einer Funktion eine Return-Anweisung unbedingt erforderlich. Der Ergebniswert kann dabei durch einen beliebig komplizierten Ausdruck, der auch Funktionsaufrufe enthalten kann, berechnet werden.

Ein Beispiel:

```
function konv_namen
             (gesamtname     in     char    ,
              nachname       in out varchar2,
              vorname        in out varchar2)
return char is

   kommapos number(2) := instr(gesamtname, ',');

begin

   nachname := NULL;
   vorname  := NULL;
   /*
      Konvertiere Format <nachname>[,<vorname(n)>]
      nach <nachname> <vorname(n)>
   */
   if kommapos < 1 then
      nachname := gesamtname;
      return 'F';
   else
      nachname := ltrim(rtrim(substr(gesamtname, 1,
                  kommapos-1)));
      vorname  := ltrim(rtrim(substr(gesamtname,
                  kommapos+1)));
      return 'P';
   end if;

end;
```

Der im Parameter *gesamtname* übergebene Personenname wird in den Nachnamen und Vornamen, der durch Komma abgesetzt sein muß, zerlegt. Als Ergebnis wird der Wert 'F' oder 'P' an den Aufrufer der Funktion zurückgegeben.

Die in Tabelle 27 dargestellten Anweisungen zeigen weitere Beispiele zur Verwendung der Return-Anweisung.

Stimmt der Ergebniswert mit dem spezifizierten Datentyp des Rückgabewertes nicht überein, so versucht PL/SQL eine implizite Typkonvertierung durchzuführen. Ist dies nicht möglich, wird die Exception VALUE_ERROR erzeugt.

Laufzeitfehler

Erst zur Laufzeit erhält man eine Fehlermeldung, wenn eine Funktion keinen Wert zurückgibt bzw. innerhalb einer Prozedur versucht wird, einen Wert zurückzugeben.

Ein Beispiel:

```
function typ_zu_mitw
          (filmtyp IN char, funktion IN varchar2)
return number is

begin
   if filmtyp = 'MU' then  /* Musikfilm */
     return(fktnr_musikfilm(funktion));
   elsif filmtyp = 'KF' then
     return(fktnr_serfilm(funktion));
   end if;
end;
```

Die Funktion liefert in Abhängigkeit von einer Bedingung ein Ergebnis zurück. Folgender Aufruf führt allerdings zu einem nicht erwünschten Ergebnis:

```
SQL> exec :i := typ_zu_mitw('UM', 'DA');
begin :i := typ_zu_mitw('UM', 'DA'); end;
*
ERROR at line 1:
ORA-06503: PL/SQL: Function returned without value
```

Keine der beiden Bedingungen konnte erfüllt werden. Mit Erreichen der letzten End-Anweisung stellt der PL/SQL-Interpreter fest, daß keine Return-Anweisung ausgeführt werden konnte und erzeugt die entsprechende Exception.

Tabelle 27: Beispiele zu Return-Anweisungen in Funktionen

Ergebnis-typ	Beispiel	Erläuterung
NUMBER	return 0;	Rückgabe von 0.
NUMBER	return anz_mit(filmid);	Rückgabe des Ergebnis des Aufrufes der Funktion *anz_mit*(...).
VARCHAR2	return 'ERG: ' || 'ok';	Rückgabe der Zeichenkette 'ERG: ok'
VARCHAR2	return upper(sel_name(peid));	Liefert den in Großbuchstaben umgewandelten Namen, den die Funktion *sel_name* ermittelt.
BOOLEAN	return a < b;	Liefert TRUE, falls die Bedingung erfüllt ist, ansonsten FALSE oder NULL.
PL/SQL-TABELLE	return tab_mitw;	Rückgabe einer gesamten PL/SQL-Tabelle.

Wie das vorhergehende Beispiel zeigt, sollte beim Programmieren von Funktionen beachtet werden, daß jede Funktion als letzte Anweisung eine Return-Anweisung enthält. Syntaktisch ist dies nicht erforderlich, ein Unterprogramm kann mehrere Return-Anweisungen an beliebigen Stellen enthalten. Die zuerst ausgeführte Return-Anweisung beendet sofort das jeweilige Unterprogramm. Da sehr lange Unterprogramme mit mehrfachen Return-Anweisungen nicht sehr lesbar sind, sollte diese Möglichkeit nur in Ausnahmefällen genutzt werden.

5.1.3 Verwendung

Nachdem im letzten Abschnitt der formale Aufbau von Funktionen und Prozeduren besprochen wurde, erläutert dieser Abschnitt, an welchen Stellen Funktionen und Prozeduren vereinbart und verwendet werden können.

Ein Unterprogramm kann dabei an folgenden Stellen vereinbart sein:

- Innerhalb des Deklarationsteils eines Blocks.
- In der Datenbank als gespeicherte, kompilierte Einheit.
- Innerhalb eines gespeicherten, kompilierten Packages als öffentliche, von außen aufrufbare Funktion bzw. Prozedur.
- Innerhalb eines gespeicherten, kompilierten Packages als private, nur innerhalb des Packages aufrufbare Funktion bzw. Prozedur.

Deklaration innerhalb eines anonymen Blocks

Unterprogramme, die innerhalb eines anonymen Blocks, einer Funktion oder einer Prozedur deklariert werden, sind nur innerhalb dieses Blocks aufrufbar. Die Deklaration erfolgt dabei wie die Vereinbarung von Variablen oder Cursorn im Deklarationsteil eines Blocks. Allerdings dürfen nach Funktions- bzw. Prozedurdeklarationen keine weiteren Variablen und Cursor mehr vereinbart werden.

Das nächste skizzierte Beispiel zeigt die Vereinbarung einer Funktion im Deklarationsteil eines anonymen Blocks:

```
declare
   persname   varchar2(62);
   mitw_satz mitwirkung%ROWTYPE;
   ...
   function lese_pename(in_peid   IN   number)
   return varchar2 is
      pe_name          varchar2(62);

   begin
      SELECT name || ', ' || vorname
      INTO   pe_name
      FROM   person
      WHERE  person_id = in_peid;

      return pe_name;
   end;

begin
   ...
   persname := lese_pename(mitw_satz.person_id);
   ...
end;
```

Die Funktion *lese_pename* akzeptiert beim Aufruf als Parameter einen Wert vom Datentyp *number*. Der entsprechende Vor- und Nachname dieser Person wird gelesen, zusammengefügt und als Resultat an den Aufrufer übergeben. Die Funktion wird innerhalb des Ausführungsteils aufgerufen, wobei das Ergebnis der Variablen *persname* zugewiesen wird.

Gültigkeitsbereich eines Unterprogrammes

Der Gültigkeitsbereich von Unterprogrammen, die in einem anonymen Block definiert sind, entspricht dem Gültigkeitsbereich von Variablen, die im gleichen Deklarationsteil stehen. Ein Nachteil dieser Deklarationsstelle ist, daß die deklarierten Funktionen nur unmittelbar im zugehörigen Block aufgerufen werden können von außen nicht sichtbar sind. Wird diese Möglichkeit benötigt, muß ein Unterprogramm als StoredProcedure deklariert werden.

Deklaration als alleinstehende StoredProcedure

Funktionen und Prozeduren können für sich allein als kompilierte Einheit in der Datenbank gespeichert werden. Damit liegen sie zentral vor und können beliebig, beispielsweise aus PL/SQL-Blöcken und OCI-basierten Anwenderprogrammen, aufgerufen werden. Die Eigenschaften von StoredProcedures faßt der Abschnitt 5.1.10 zusammen.

Analog zu allen anderen Schemaobjekten ist der Gültigkeitsbereich einer alleinstehenden StoredProcedure die gesamte Datenbank.

Deklaration innerhalb eines Packages

Funktionen und Prozeduren können auch im Kontext eines Packages definiert und deklariert sein. Unter einem Package versteht man ein Modul, das weitere Objekte wie Funktionen und globale Variablen zusammenfaßt. Eine genauere Beschreibung dazu enthält der Abschnitt 5.2. Abhängig von der Position innerhalb eines Packages unterscheidet man private und öffentliche Packagefunktionen und Packageprozeduren. Sind sie von außen aufrufbar, werden sie als öffentliche Unterprogramme bezeichnet. Entsprechend können private Prozeduren und Funktionen nur innerhalb eines Packages verwendet werden.

Gültigkeitsbereich einer Packageprozedur

Der Gültigkeitsbereich eines öffentlichen Unterprogramms entspricht dem einer alleinstehenden StoredProcedure. Private Unterprogramme sind innerhalb des Packagekörpers ab ihrer Definition gültig.

5.1.4 Verwaltung

Folgende Datenbankoperationen sind auf gespeicherte Unterprogramme anwendbar:

- Erzeugen einer Funktion oder Prozedur
- Ändern einer bereits gespeicherten Funktion oder Prozedur
- Löschen einer Funktion oder Prozedur
- Rekompilieren einer Funktion oder Prozedur

Erzeugen einer StoredProcedure

Ein gespeichertes Unterprogramm wird durch den bereits bekannten DDL-Befehl CREATE in der Datenbank abgelegt.

Die genaue Syntax lautet:

CREATE [OR REPLACE] PROCEDURE *Prozedurname* ...
CREATE [OR REPLACE] FUNCTION *Funktionsname* ...

CREATE erzeugt ein neues, kompiliertes PL/SQL-Objekt in der Datenbank. Existiert bereits eine gleichnamige Prozedur oder Funktion, erzeugt der PL/SQL-Prozessor eine entsprechende Fehlermeldung.

Fehler, die während der Kompilierung auftreten, werden im Data Dictionary protokolliert und können über die Views *user_errors, all_errors* oder *dba_errors* abgefragt werden (vgl. Kapitel 9).

Folgende Anweisung erzeugt eine neue Prozedur in der Datenbank:

```
CREATE procedure del_person(in_peid  IN  number)
is
   errtext    varchar2(300);

begin
   DELETE     person
   WHERE      person_id = in_peid;

exception
   when OTHERS then
      errtext := sqlerrm(sqlcode);
      ins_protokoll(in_peid, 'Fehler: ' || errtext);
end;
```

Ersetzen einer StoredProcedure

Soll ein unter dem gleichen Namen und Typ bereits vorhandenes PL/SQL-Objekt ersetzt werden, so wird CREATE OR REPLACE verwendet. Die jeweilige StoredProcedure behält bei diesem Ersetzungsvorgang alle bereits bestehenden Ausführungsrechte (vgl. 8.2).

Ein Beispiel:

```
CREATE OR REPLACE
procedure del_person(in_peid IN number)
is
   errtext   varchar2(300);

begin
   ...
```

Eine StoredProcedure wird durch folgende syntaktische Form des SQL-Kommandos DROP wieder aus der Datenbank entfernt:

Löschen einer StoredProcedure

DROP FUNCTION *Funktionsname;*
DROP PROCEDURE *Prozedurname;*

Rekompilieren einer StoredProcedure

StoredProcedures können andere Datenbankobjekte wie Tabellen und Sequenzen referenzieren. Das RDBMS überwacht diese Abhängigkeiten zwischen Datenbankobjekten und setzt bei Problemen das Statusattribut eines Objekts auf „INVALID". Mit diesem Status gekennzeichnete StoredProcedures können explizit rekompiliert werden. Kapitel 7 enthält eine genaue Beschreibung dieser Operation.

5.1.5 Parameterdeklaration

Als einführendes Beispiel dient folgende Prozedur, die abhängig vom Parameterwert *typ* alle an einem Film Mitwirkenden oder nur die Darsteller oder Sänger ermittelt:

```
procedure anz_mit
            (filmident    IN       number  DEFAULT 0,
             typ          IN OUT   char,
             mitw_anz        OUT   number)
is
begin

    if typ not in ('DA', 'SI') then
        /* zahle alle Mitwirkenden */
        typ := '??';
        SELECT count(*)
        INTO   mitw_anz
        FROM   mitwirkung
        WHERE  film_id = filmident;
    else
        SELECT count(*)
        INTO   mitw_anz
        FROM   mitwirkung
        WHERE  funktion = typ
          AND  film_id = filmident;
    end if;

end;
```

Der Parameter *filmident* ist als Eingabeparameter vereinbart und wird daher innerhalb des Prozedurkörpers nicht verändert. Der Inhalt des Parameters *typ* wird in der If-Anweisung „gelesen" und abhängig vom Erfolg der Bedingung verändert. Der dritte formale Parameter *mit_anz* erhält das Ergebnis der Select-Anweisung.

Die Parameterleiste eines Unterprogramms legt die Anzahl und den Datentyp der zu übergebende Argumente fest.

Formale Parameter

Die in einer Parameterleiste definierten Argumente werden zur Unterscheidung von sonstigen Funktions- bzw. Prozedurparametern auch als formale Parameter bezeichnet. Innerhalb der Funktionen bzw. Prozeduren werden formale Parameter wie lokale Variablen benutzt.

Aktuelle Parameter

Parameter, die beim Aufruf an eine Funktion bzw. Prozedur übergeben werden, tragen die Bezeichnung „aktuelle Parameter".

Die Datentypen der formalen und aktuellen Parameter müssen prinzipiell beim Aufruf übereinstimmen. Passen die Datentypen gemäß ihrer Definition nicht zusammen, so versucht PL/SQL die üblichen impliziten Datentypkonvertierungen durchzuführen. Ist die Überführung in entsprechende Datentypen nicht möglich, so erzeugt PL/SQL – wie im nachfolgenden Beispiel eingetreten – beim Aufruf der Funktion bzw. Prozedur eine entsprechende Exception:

```
SQL> declare
         typ char(2) := 'DA';
         anz number;
     begin
         anz_mit(typ, 'DA', anz);
         dbms_output.put_line('Anzahl:' || anz);
     end;
     /

declare
 *
ERROR at line 1:
ORA-06502: PL/SQL: numeric or value error
```

Die Parameterleiste einer Funktion bzw. Prozedur kann auf verschiedene Arten spezifiziert werden. Die zugehörige Syntax wurde bereits in einem früheren Abschnitt behandelt, wird hier aber zur Verdeutlichung nochmals aufgenommen:

(Parametername [IN | OUT | IN OUT] Datentyp
[{:= | default} *Wert*], ...)

Spezifikation der Parameterleiste

Ist die Parameterleiste vorhanden, enthält sie mindestens einen Parameter. Im einfachsten Fall ist ein Parameter durch einen Namen und einen Datentyp spezifiziert. In diesem Fall wird der Parametermodus IN als Voreinstellung vorausgesetzt. Durch Angabe des Parametermodus und eines Defaultwertes nimmt die Spezifikation eines Parameters eine komplexere Form an. Gemäß der Semantik der Parametermodi sind allerdings nur bestimmte Kombinationen zulässig. Abbildung 21 stellt die Parametermodi schematisch dar.

Abbildung 21: Parametermodi IN, OUT, IN OUT

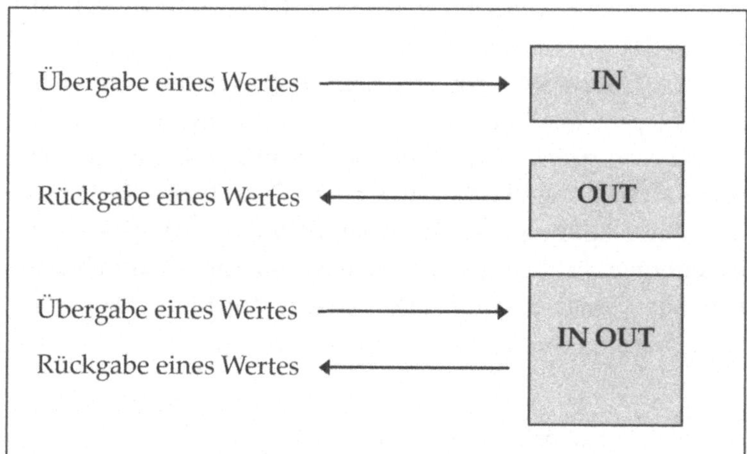

Parametermodus IN

Der Parametermodus IN übergibt dem aufgerufenen Unterprogramm eine Kopie des aktuellen Parameterwertes. Innerhalb des aufgerufenen Unterprogramms wird ein IN-Parameter als ein konstanter Wert behandelt, der zwar gelesen, dessen Inhalt aber nicht geändert werden kann. Nur Parameter mit diesem Modus können bei ihrer Deklaration mit einem Wert vorbelegt werden.

Da IN-Parameter keine Werte zurückliefern, können als aktuelle Parameter auch komplexe Ausdrücke stehen, die vor der Übergabe berechnet werden.

Dieser Modus wird als Standardmodus bei fehlender Angabe des Modus bei der Parameterdeklaration angenommen. Trotzdem sollte in der Praxis der Modus IN zum besseren Verständnis angegeben werden.

Parametermodus OUT

Parameter mit diesem Übergabemodus können innerhalb des Unterprogramms nur auf der linken Seite von Zuweisungen stehen. Das bedeutet, ihr Wert kann zwar verändert, aber nicht gelesen werden. Typischerweise werden Out-Parameter zur Rückgabe von berechneten Werten verwendet. Dazu erzeugt PL/SQL eine Kopie des Parameters, und alle Wertzuweisungen innerhalb des Unterprogramms erfolgen an diese Kopie. Erst vor der Rückkehr aus dem Unterprogramm erhält der Ausgabeparameter den aktuellen Wert dieser Kopie. Diese Eigenschaft führt dazu, daß Ausgabeparameter nach Aktivierung einer unbehandelten Exception keinen im aufrufenden Programmteil sichtbaren Wert besitzen.

Der aktuelle Parameter muß eine initialisierte Variable sein, die den Wert des formalen Parameters nach dem Rücksprung aus der aufgerufenen Funktion aufnehmen kann.

Soll die Funktion *konv_namen* (siehe Abschnitt 5.1.2) in SQL*Plus getestet werden, müssen für den Ergebniswert und für alle formalen Ausgabeparameter SQL*Plus-Variablen bereitgestellt werden:

```
SQL> var na char(30);
SQL> var vor char(30);
SQL> var typ char(1);
SQL>  exec :typ := konv_namen('WILDER, BILLY',
                               :na, :vor);
PL/SQL procedure successfully completed.
SQL> print vor na;
VOR
-------
BILLY

NA
------
WILDER
```

Parametermodus IN OUT

Der Modus IN OUT vereinigt die beiden Eigenschaften der anderen Übergabemodi: Parameter mit diesem Modus können mit einem Wert vorbelegt und in dem zugehörigen

Unterprogramm gelesen und verändert werden. Als aktueller Parameter muß ein Name einer Variablen übergeben werden, deren Inhalt verändert wird.

Tabelle 28: Parametermodi und ihre Verwendung

Parameter-modus	Aktuelle Parameter	Vor-belegung	Erlaubte Aktion
IN	Konstante, Variable, Ausdruck	✓	Lesen
OUT	Variable		Ändern
IN OUT	Variable	✓	Lesen, Ändern

Vorbelegung von Parametern

Eingabeparameter können durch den Zuweisungsoperator „:=" oder durch das Schlüsselwort DEFAULT mit einem Wert initialisiert werden. Dieser Wert darf allerdings nicht durch eine Umgebungsvariable oder einen komplexen Ausdruck angegeben werden. Ein vordefinierter Wert bleibt erhalten, wenn beim Aufruf kein aktueller Parameter übergeben wird. Andernfalls wird die Vorbelegung durch den übergebenen Parameterwert überschrieben.

5.1.6 Parameterübergabe

In den bisherigen Beispielen mit Aufrufen von Funktionen und Prozeduren wurden Übergabeparameter in der üblichen Schreibweise, wie aus anderen Programmiersprachen bekannt, in der Reihenfolge der formalen Parameter angegeben. In diesem Abschnitt werden die Methoden zur Parameterübergabe etwas genauer betrachtet.

PL/SQL stellt also verschiedene Möglichkeiten zur Übergabe der aktuellen Parameter zur Verfügung:

- Positionale Notation
- Namentliche Notation
- Kombination aus positionaler und namentlicher Notation

Abbildung 22 stellt diese Methoden in einem Beispiel gegenüber.

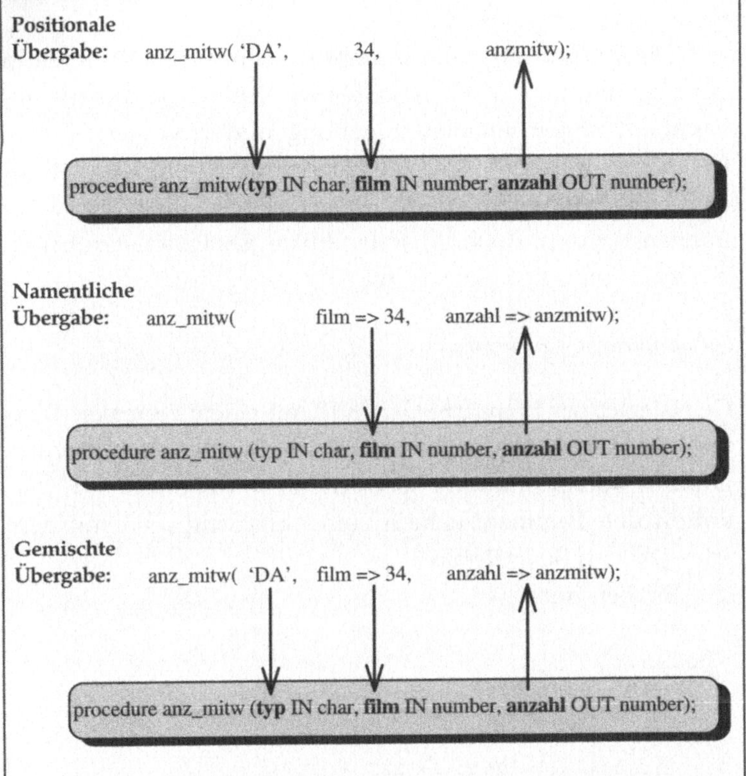

Abbildung 22: Methoden zur Parameterübergabe

Die aktuellen Parameter werden gemäß der Reihenfolge, in der sie in der Parameterleiste stehen, durch einen Parameterwert angegeben. Der n-te aktuelle Parameter übergibt dabei seinen Wert an den n-ten formalen Parameter.

Ein Beispiel:

```
declare
    mitwtyp char(2) := 'DA';
    anz number;

begin
   anz_mit(mitwtyp, 123, anz);
   ...
```

Die aus dem letzten Abschnitt bekannte Prozedur *anz_mit* wird mit Werten für alle formalen Parameter aufgerufen.

Dabei wird die Variable *mitwtyp* an den formalen Parameter *typ* übergeben, der Wert 123 an den Parameter *filmident* und die Variable *anz* für den Ausgabewert des formalen Parameters *mitw_anzahl* bereitgestellt.

Namentliche Notation

Die Zuordnung von aktuellen zu formalen Parametern wird bei der namentlichen Schreibweise über die Angabe des Parameternamen vor dem zugehörigen Wert vorgenommen. Die Anzahl der beim Aufruf angegebenen Parameter muß bei dieser Methode nicht mit der Anzahl der formalen Parameter übereinstimmen. Auch die Reihenfolge der Parameterübergabe ist beliebig. Die Syntax lautet:

Parametername => Parameterwert

Der Bezeichner *Parametername* muß mit einem formalen Parameternamen in der Parameterleiste des jeweiligen Unterprogramms übereinstimmen. Der Assoziationsoperator => verknüpft den Parameternamen zum Aufrufzeitpunkt mit dem angegebenen *Parameterwert*.

Ein Beispiel:

```
declare
    anz     number;
    mitwtyp char(2) := 'DA';
begin
   anz_mit(filmident => 123,
           mitw_anz  => anz,
           typ       => mitwtyp);
   ...
```

Die Prozedur *anz_mit* wird wie im letzten Beispiel mit Werten für alle formalen Parameter aufgerufen. Allerdings wird hier die Reihenfolge der formalen Parameter in der Parameterleiste nicht berücksichtigt, da die formalen Parameternamen angegeben sind.

Kombination

Die positionale kann auch mit der namentlichen Methode kombiniert werden. Allerdings müssen alle positionalen Parameter am Anfang der aktuellen Parameterliste stehen. Das bedeutet insbesondere, daß nach dem ersten namentlich spezifizierten Parameter kein weiterer positionaler stehen kann.

Dazu wieder ein Beispiel:

```
declare
   anz        number;
   mitwtyp    char(2) := 'DA';
begin
   anz_mit(mitwtyp, 123, mitw_anz  => anz);
   ...
```

Die Prozedur *anz_mit* wird wieder mit Werten für alle formalen Parameter aufgerufen. Dabei wird die Variable *mitwtyp* ('DA') an den Parameter *typ* und der Wert 123 an den Parameter *filmident* übergeben. Der formale Parameter *mitw_anz* wird namentlich genannt, ihm wird die Variable *anz* zugeordnet.

Wahl des Übergabemodus

Welcher Übergabemodus gewählt wird, ist im Prinzip Geschmacksache. Die namentliche Schreibweise bietet sich beispielsweise in folgenden Fällen an:

- Die Anzahl der tatsächlich zu übergebenden aktuellen Parameter weicht von der Anzahl der vorhandenen formalen Parameter stark ab.
- Die Schnittstelle des Unterprogramms umfaßt sehr viele Parameter, die jedoch sprechende Namen besitzen.
- Die Anzahl der Eingabeparameter innerhalb der Parameterleiste wird sich noch erhöhen.

Ein Nachteil der namentlichen Notation ist, daß Änderungen an den Bezeichnern der formalen Parameter bei allen namentlichen Aufrufen nachgezogen werden müssen. Andernfalls erhält man bei der späteren Ausführung eines Funktionsaufrufes eine entsprechende Fehlermeldung.

5.1.7 Vorwärtsdeklaration

Unter Vorwärtsdeklaration versteht man die Bekanntmachung eines Funktions- bzw. Prozedurkopfes ohne Angabe des Funktions- bzw. Prozedurkörpers. Der jeweilige Funktions-

bzw. Prozedurkörper muß zu diesem Zeitpunkt noch nicht in einem Deklarationsteil oder Package definiert sein.

Ein Beispiel:

```
declare
   erg_pruefung boolean;

   function valid_titel
        (in_filmid  IN titel.film_id%TYPE)
   return boolean;

   function valid_film
        (in_filmid  IN  titel.film_id%TYPE)
   return boolean is
      erg boolean;
   begin
      if valid_titel(in_filmid) then
         /* prufe Mitwirkende */
         ...
      ...
   end;

   function valid_titel
        (in_filmid  IN  titel.film_id%TYPE)
   return boolean is
      ti_anz   number;
   begin
      SELECT  count(*)
      INTO    titel_anzahl
      FROM    titel
      WHERE   film_id = in_filmid;

      if titel_anzahl > 0 then
         return TRUE;
      else
         return FALSE;
      end if;
   end;

begin
   ...
   erg_pruefung := valid_film(123) and
                   valid_titel(123);
   ...
end;
```

Die Funktion *valid_film* ruft die an dieser Stelle noch nicht definierte Funktion *valid_titel* auf. Damit der PL/SQL-Prozessor die Referenz auf den Namen *valid_titel* auflösen kann, muß der zugehörige Funktionskopf vor der referenzierenden Funktion *valid_film* stehen.

Allerdings muß die Definition noch innerhalb des gleichen Blocks oder innerhalb des gleichen Packages erfolgen. Ist nur die Deklaration vorhanden, so erzeugt PL/SQL während der Ausführung bzw. beim Kompilieren folgenden Fehler:

```
PLS-00328: A subprogram body must be defined for the
forward declaration of VALID_TITEL.
```

Unterschied: Definition und Deklaration

Bei der Verwendung von Unterprogrammen muß zwischen der Definition und Deklaration des jeweiligen Unterprogramms unterschieden werden:

- Definition: Ein definiertes Unterprogramm kann immer referenziert werden.
- Deklaration: Die Deklaration eines Unterprogramms spezifiziert den Funktions- bzw. Prozedurkopf, also den Namen einer Funktion bzw. Prozedur und die Parameterleiste durch den Namen und den Datentyp der Argumente. Funktionsdeklarationen schließen den Datentyp des Rückgabewertes mit ein. Diese Spezifikation kann benutzt werden, um potentiell aufrufende Unterprogramme korrekt zu übersetzen.

Vorwärtsdeklaration kann auch dann eingesetzt werden, wenn Unterprogramme in einer bestimmten Reihenfolge definiert werden sollen. Eine weitere Anwendung ist die Bekanntmachung von Prozeduren und Funktionen im öffentlichen Bereich eines Packages. Diese Möglichkeit behandelt Abschnitt 5.2.

5.1.8 Rekursive Funktionen

Eine rekursive Funktion ruft sich selbst auf. Durch diese Technik kann bei der Programmierung mit rekursiven Funktionen sehr leicht eine Endlosschleife entstehen. In diesem Fall endet nach genügend langer Laufzeit die Abarbeitung mit der Exception STORAGE_ERROR, da der Laufzeitspeicher nach einem rekursiven Aufruf erst nach Beendigung des Aufrufes freigegeben werden kann und dadurch sukzessive weniger freier Platz bleibt.

Typisches Beispiel

Ein typisches Beispiel für eine Rekursion ist die Berechnung des größten gemeinsamen Teilers von zwei Zahlen:

```
function ggt(x  IN  number,
             y  IN  number)
return number is
   restwert   number  := x mod y;

begin
   if restwert = 0 then
      return y;
   else
      return ggt(y, restwert);
   end if;
end;
```

Die Funktion *ggt* ruft sich im Funktionskörper selbst auf. Bei jedem Funktionsaufruf wird an den Parameter *y* der Rest der Teilung von x und y übergeben, bis die Rekursion mit der Bedingung *restwert = 0* endet.

Eine Rekursion kann abhängig von der Rekursionstiefe viele Datenbankresourcen beanspruchen und sollte daher nur angewendet werden, wenn eine iterative Lösung des Problems nicht mehr lesbar ist.

5.1.9 Überladene Funktionen

Warum sind folgende Aufrufe der PL/SQL-Funktion *to_char* möglich?

```
genre_zeichen := to_char(genre_id);
akt_datum := to_char(sysdate, 'MM.DD.YYYY');
```

Die Funktion *to_char* wird in der ersten Anweisung mit einem aktuellen Parameter und in der zweiten Anweisung mit zwei aktuellen Parametern aufgerufen. Die positionelle Parameterübergabe sieht allerdings vor, daß für jeden formalen Parameter genau ein aktueller Parameter bereitgestellt werden muß. Die Lösung ist, daß es sich hierbei um sogenannte überladene Funktionen handelt.

Prozeduren bzw. Funktionen können den gleichen Namen besitzen, um gleiche Programmlogik mit unterschiedlichen Parametertypen zur Verfügung zu stellen. Diese Methode wird als Überladen (Overloading) von Funktionen oder Prozeduren bezeichnet.

Wann ist Overloading erlaubt?

Mehrfache Vereinbarung von gleichnamigen Prozeduren oder Funktionen ist erlaubt, wenn sich die Definition des Prozedur- oder Funktionskopfes in einer der folgenden Angaben unterscheidet:

- Parameteranzahl
- Parameterdatentyp

Erlaubte Programmtextstellen

Diese Methode kann allerdings nur an folgenden Stellen angewendet werden:

- innerhalb eines Deklarationsteils in einem Block
- innerhalb eines Packages

Alleinstehende Prozeduren und Funktionen dürfen demnach nicht überladen implementiert werden. Grundlage für überladene Unterprogramme ist, daß sich alle Prozeduren (Funktionen) mit gleichem Namen im gleichen Deklarationsteil oder Package befinden.

In Abbildung 23 sind drei überladene Funktionen mit gleicher Parameteranzahl, aber unterschiedlichen Datentypen in einem anonymen Block dargestellt.

Overloading im Deklarationsteil

Im Deklarationsteil eines anonymen Blocks werden die überladenen Funktionen bzw. Prozeduren mit den verschiedenen Parameterleisten deklariert. Je nach Aufruf und Übergabe von Datentypen innerhalb des zugeordneten Blocks wird die entsprechende Funktion bzw. Prozedur gesucht und ausgeführt.

Beispielsweise werden Datumangaben häufig in verschiedenen Formaten und Datentypen in der Datenbank abgelegt. Folgende Funktionen führen die verschiedenen Darstellungen in eine einheitliche über:

```
declare
   datumfeld      number;

   function normdate(datum   IN       varchar2)
   return number is
   begin
      /* DD.MM.YYYY -> YYYYMMDD */
      return (substr(datum, 7, 4) ||
              substr(datum, 4, 2) ||
              substr(datum, 1, 2));
   end;

   function normdate(datum   IN       number)
   return number is
   begin
        /* YYYY -> YYYY0000 */
        return to_number(datum || '0000');
   end;

   function normdate(datum   IN       date)
   return number is
   begin
        /* YYYY -> YYYY0000 */
        return  to_char(datum, 'YYYYMMDD');
   end;

begin
    datumfeld := normdate('12.03.1996');
    dbms_output.put_line('Datum: ' || datumfeld);
    datumfeld := normdate(1996);
    dbms_output.put_line('Datum: ' || datumfeld);
    datumfeld := normdate(sysdate);
    dbms_output.put_line('Datum: ' || datumfeld);
end;
```

Der häufigere Anwendungsfall ist das Überladen von Prozeduren bzw. Funktionen in einem Package, da diese global aufrufbar sind. In Abschnitt 5.2.3 wird dies an einigen Beispielen erläutert.

Wie bereits erwähnt, müssen sich überladene Funktionen oder Prozeduren in ihrer Parameteranzahl und deren Datentypen unterscheiden. Dabei muß berücksichtigt werden, daß der PL/SQL-Prozessor während der Laufzeit genau ein Unterprogramm finden muß, das zum Aufruf paßt. Deshalb sind bezüglich der Vergabe von Datentypen einige Einschränkungen gegeben: Die erste schreibt vor, daß die jeweiligen Datentypen der Parameter nicht zur gleichen Klasse der Untertypen gehören dürfen.

Beispielsweise können die Typen *varchar2* und *long* beim Aufruf nicht unterschieden werden, da *long* nur ein Untertyp des Datentyps *varchar2* ist. Folgende überladene Funktionen sind demnach nicht möglich:

Einschränkungen bzgl. der Datentypen

```
declare
   ...
   procedure init_text(inout_text  IN OUT  varchar2)
   ...
   procedure init_text(inout_text  IN OUT  long)
   ...
```

Für Funktionen besteht die weitere Einschränkung, daß sich überladene Funktionen durch mehr als unterschiedliche Return-Datentypen unterscheiden müssen.

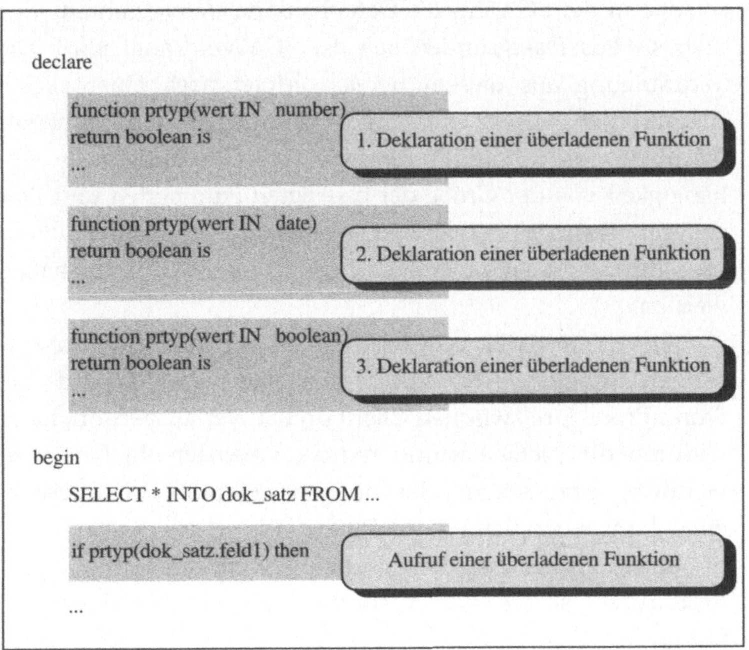

Abbildung 23: Overloading von Funktionen

5.1.10 StoredProcedures

Der Begriff StoredProcedures wurden bereits an verschiedenen Stellen benutzt. In diesem Abschnitt werden deren Eigenschaften nochmals zusammengefaßt und einige Besonderheiten von gepeicherten PL/SQL-Objekten betrachtet.

StoredProcedures und SGA

Funktionen bzw. Prozeduren werden in kompilierter Form in der Datenbank gespeichert; damit entfällt die Übersetzungszeit beim Aufruf. Erfolgt der Zugriff auf eine StoredProcedure, wird diese – falls nicht bereits vorhanden – von der Platte in die SGA (genauer, in den Shared Buffer Pool) geladen. Allen Datenbankbenutzern steht dieser Bereich zur Verfügung, so daß bei erneutem Zugriff die StoredProcedure aus der SGA gelesen und nicht neu geladen wird. Eine StoredProcedure befindet sich solange in der SGA, bis die Datenbank heruntergefahren wird oder sie aus Platzgründen aus der SGA verdrängt wird. Die Verdrängung aus diesem Bereich erfolgt nach einem LRU-Algorithmus[18]. Diese Vorgänge, Verdrängen und erneutes Nachladen von StoredProcedures, können allerdings in Abhängigkeit von der Größe der beteiligten Funktionen und Prozeduren spürbar viel Zeit kosten. Häufig benötigte StoredProcedures können daher auch explizit in der SGA festgehalten werden.

Verbessertes Laufzeitverhalten

Durch StoredProcedures können mehrere SQL-Anweisungen zu einer Einheit zusammengefaßt werden. Wird eine StoredProcedure zwischen Client und Server ausgeführt, kann dadurch die Netzbelastung reduziert werden. Je nach Anwendung und Anzahl der nötigen Operationen innerhalb einer Transaktion kann dieser Zeitgewinn erheblich sein.

Datenschutz

Ein weiterer Aspekt für die Verwendung von StoredProcedures ist die Datensicherheit von Tabellendaten, da StoredProcedures immer mit den Privilegien des Eigentümers ausgeführt werden. Diese Eigenschaft wird genauer in Kapitel 8.1 untersucht.

Ein letzter Hinweis an dieser Stelle: Funktionen und Prozeduren, die aus Datenbanktriggern aufgerufen werden, dür-

[18] LRU steht dabei als Abkürzung für Last Recently Used, was kurz beschrieben bedeutet, daß StoredProcedures mit dem am weitesten zurückliegenden Zugriff zuerst verdrängt werden.

fen keine Anweisungen zur Transaktionssteuerung enthalten (vgl. dazu Kapitel 6).

5.2 Packages

Jede Programmiersprache sollte Möglichkeiten zur Modularisierung und Strukturierung eines Programmes bieten. Im letzten Kapitel wurden bereits Prozeduren und Funktionen beschrieben, die ein Programm in kleinere Einheiten zerlegen. Die Voraussetzung zur Modularisierung wird in PL/SQL von einem weiteren Konstrukt, dem sogenannten Package, erfüllt.

Ein Package kann verschiedene Objekte, wie Funktionen, Prozeduren, Variablen, Cursordeklarationen, Typdeklarationen von PL/SQL-Tabellen und Records sowie Exceptions, zu einem neuen Objekt vom Typ „Package" zusammenfassen und gruppieren. Größere, komplizierte Programme können durch die Verwendung von Packages in kleine, übersichtliche Einheiten zerlegt werden, die leichter zu programmieren, zu testen und zu verwalten sind.

Packages werden wie StoredProcedures in kompilierter Form in Oracle gespeichert. Damit liegen Funktionen und Prozeduren nicht mehr verstreut in der Datenbank, sondern stehen logisch zusammengefaßt in einem Objekt zur Verfügung.

Im Überblick sind die wesentlichen Vorteile bei der Verwendung von Packages folgende:

- Logisch zusammengehörende Objekte werden zu einer modularen Einheit zusammengefaßt. In einem Package enthaltene Prozeduren oder Funktionen können Funktionen bzw. Prozeduren in anderen Packages aufrufen.
- Packages werden auch einem Schlagwort aus der OOP (**O**bject**O**riented**P**rogramming) gerecht. Durch Definition von öffentlichen und privaten Objekten werden Daten gekapselt und abstrahiert.
- Packages werden beim Aufruf eines Package-Objekts komplett in den Arbeitsspeicher geladen und automa-

tisch nachkompiliert. Bei weiteren Aufrufen von Package-Objekten liegt das Package bereits im Speicher vor. Dadurch sind im Vergleich zu Aufrufen von mehreren alleinstehenden Funktionen weniger Plattenzugriffe nötig, was eine Verbesserung der Performance bedeutet.

- Die Lebenszeit global definierter Variablen, Konstanten und Cursor besteht während der gesamten Session. Damit können Variablen transaktionsübergreifend definiert werden und ihre Werte behalten.
- Analog zu alleinstehenden StoredProcedures können Package-Funktionen bzw. Package-Prozeduren auch aus Oracle basierten Applikationen heraus ausgeführt werden.

Die letzte Eigenschaft erlaubt, alle Datenbank-Zugriffe und Operationen an den Datenbanktabellen durch Packages zu realisieren. Dies bietet den Vorteil der Datenkapselung und Verfügbarkeit einer zentralen Datenbankzugriffsschnittstelle. Daneben können komplizierte, transaktionsintensive Datenbankoperationen direkt in Oracle durch die Reduzierung des Netzverkehrs performanter ausgeführt werden.

5.2.1 Verwaltung

Packages werden wie Funktionen und Prozeduren beispielsweise mit SQL*Plus oder mit SQL*DBA erzeugt und in die Datenbank eingefügt. Dabei können folgende SQL-Operationen mit Packages durchgeführt werden:

- Erzeugen eines Packages (CREATE)
- Ändern eines bereits in der Datenbank gespeicherten Packages (CREATE OR REPLACE)
- Entfernen eines Packages aus der Datenbank (DROP)

Ein Package wird durch das Schlüsselwort CREATE in der Datenbank angelegt. Zu beachten ist, daß der Package-Spezifikationsteil und der Packagebody **getrennt** erzeugt werden müssen. Die Syntax lautet:

Erzeugen eines Packages

CREATE PACKAGE *Packagename* ...
CREATE PACKAGE BODY *Packagename* ...

Der Spezifikationsteil des Packages *Packagename* muß dabei vor dem Packagebody *Packagename* in der Datenbank vorhanden sein.

Während der Durchführung der CREATE-Anweisung finden anlog zur Erzeugung von alleinstehenden Stored-Procedures jeweils folgende Aktionen statt:

Aktionen während der Durchführung der CREATE-Anweisung

Der PL/SQL-Prozessor übersetzt den PL/SQL-Quelltext und führt dazu die syntaktische und semantische Analyse durch. Beispielsweise werden bei der Syntaxprüfung eines Packagebodys die öffentlichen Prozedur- und Funktionsdeklarationen im Packagespezifikationsteil mit denen im Body verglichen. Dabei überprüft der PL/SQL-Prozessor auch, ob alle Zugriffs- und Ausführungsberechtigungen für Objekte, die im Package referenziert werden, vorhanden sind. Innerhalb von SQL-Befehlen können diese Objekte beispielsweise Datenbanktabellen und Sequenzen sein.

Nach Abschluß dieser Analyse wird der Quelltext und der kompilierte „P-Code" des Packages in das Data Dictionary eingefügt. Zu beachten ist, daß dieser Schritt auch erfolgt, wenn die vorhergehende Analyse mit Fehlern beendet wurde.

Als letzte Aktion wird dem Benutzer der Erfolg des durchgeführten Kommandos mitgeteilt.

Fehlerbehandlung

Fehler, die während der Erzeugung des Packages auftreten, können beispielsweise in SQL*Plus durch

SHOW ERRORS

abgefragt werden. Ausführlich werden Möglichkeiten zur Fehlerfindung und Behebung in Kapitel 9 behandelt.

Ein Beispiel:

```
CREATE PACKAGE timest AS

   procedure pro_sel_timestamp
      (cachename     IN      varchar2,
       viewname      IN      varchar2,
       timestamp     OUT     varchar2,
       ident OUT     number);

   procedure pro_akt_timestamp
      (cachename     IN      varchar2,
       viewname      IN      varchar2,
       ident         IN OUT  number,
       timestamp     INOUT   varchar2);

end timest;
.......................................................
Warning: Package created with compilation errors.
```

Die Prozedurvereinbarung *pro_akt_timestamp* enthält noch einen Syntaxfehler (*INOUT*). Nach der Korrektur dieses Fehlers wird die Create-Anweisung nochmals ausgeführt und liefert wieder einen Fehler:

```
CREATE PACKAGE timest AS ...
.......................................................
ORA-00955: name is already used by an existing object
```

Mit dem ersten (fehlerhaften) Übersetzungsvorgang wurde das Package bereits in das Data Dictionary eingetragen und kann jetzt entweder ersetzt oder gelöscht, aber nicht mehr mit CREATE neu erzeugt werden.

Ändern eines Packages

Soll ein in der Datenbank gleichnamiges Package ersetzt werden, so wird der Befehl CREATE OR REPLACE verwendet:

CREATE OR REPLACE PACKAGE *Packagename ...*
CREATE OR REPLACE PACKAGE BODY *Packagename...*

Löschen eines Packages

Gelöscht werden Packages durch die Anweisung DROP:

DROP PACKAGE *Packagename ...*

Diese Operation muß nicht für jedes Packageteil einzeln ausgeführt werden, da der Packagedeklarationsteil und der Packagebody zusammen gelöscht werden.

5.2.2 Packageaufbau

Ein Package setzt sich aus dem

- Spezifikationsteil und dem
- Packagebody

zusammen. Diese Teile müssen beide den gleichen Namen tragen und werden als zwei eigenständige Objekte in der Datenbank verwaltet. Der gemeinsame Name sichert dabei den Zusammenhang zwischen den beiden Packageteilen. Im Gegensatz zu Funktionen oder Prozeduren können Packages nicht ineinander geschachtelt werden.

Abbildung 24 zeigt die beiden Packagekomponenten.

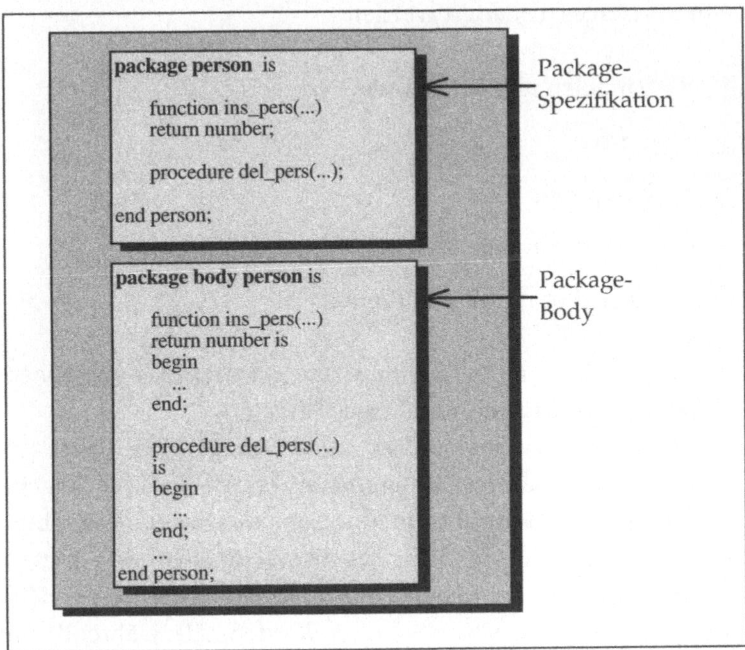

Abbildung 24: Spezifikationsteil und Packagebody

Spricht man von einem „Package", so meint man für gewöhnlich beide Datenbankobjekte. Ein Package kann auch aus einem Spezifikationsteil ohne Packagebody bestehen, wobei die Umkehrung, Packagebody ohne Spezifikationsteil, nicht möglich ist.

Bei der Programmentwicklung bietet diese Trennung den wesentlichen Vorteil der Top-Down-Vorgehensweise: beispielsweise kann eine Funktion über die Deklaration referenziert werden, ohne bereits implementiert zu sein.
Die beiden Package-Komponenten sind gemäß ihrer Aufgabe unterschiedlich strukturiert. Der jeweilige Aufbau wird im folgenden erklärt.

Spezifikationsteil mit öffentlichen Objekten

Der Spezifikationsteil stellt die eigentliche Schnittstelle zu Applikationen dar, da er alle Objekte des Packages enthält, die von außen aufrufbar sind. Objekte werden in diesem Bereich allerdings nur deklariert und nicht implementiert. Aufgrund dieser Eigenschaften werden diese Objekte auch als öffentliche und Objekte im Packagebody als private Objekte bezeichnet.

Folgende PL/SQL-Elemente können im Spezifikationsteil eines Packages deklariert werden:

- Variablen und Konstanten
- Cursor
- Exceptions
- Datentypen wie PL/SQL-Tabellen und Records
- Prozeduren und Funktionen

Abbildung 25 zeigt beispielhaft die möglichen öffentlichen Objekte im Spezifikationsteil eines Packages.

Globale Packagevariablen und Packagecursor behalten während der gesamten Sessiondauer ihre Werte. Diese Eigenschaft ist beispielsweise sehr nützlich, wenn innerhalb eines PL/SQL-Programms gleiche Tabellenwerte sehr oft gelesen werden müssen. Die Tabellenwerte können durch einen Zugriff in globale Variablen gelesen werden, die während der ganzen Session zur Verfügung stehen.

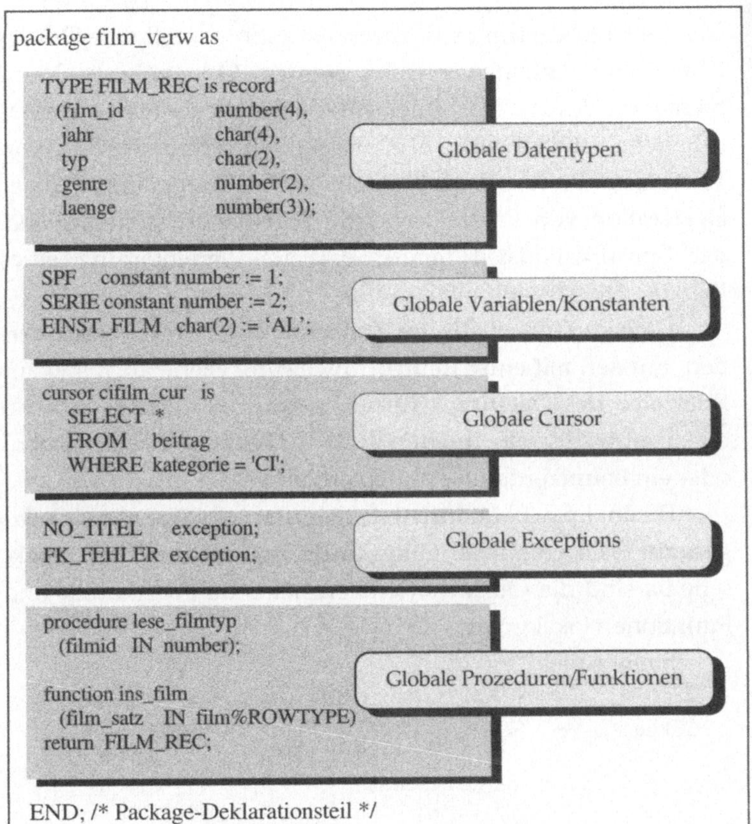

Abbildung 25: Spezifikationsteil eines Packages

Globale Variablen und Cursor

Die komplette Syntax zur Vereinbarung eines Package-Spezifikationsteils lautet:

```
PACKAGE Packagename {IS | AS}
  {Objektdeklaration [Objektdeklaration ...]}
  {Unterprogrammdeklaration [Unterprogrammdeklaration ...]}
END [Packagename];

Unterprogrammdeklaration ::=
      { Prozedurdeklaration | Funktionsdeklaration }

Objektdeklaration ::=
      { Variablendeklaration | Konstantendeklaration
        | Exceptiondeklaration | PL/SQL-Tabellendeklaration
        | Recorddeklaration     | Cursordeklaration
        | Cursorspezifikation }
```

Der Packagebezeichner *Packagename* kann gemäß den Oracle-Namenskonventionen gewählt werden. Optional zur Dokumentation des Package-Quelltextes kann dieser Name zusätzlich dem Schlüsselwort END folgen. Die Vereinbarung von Variablen, Cursorn, Exceptions sowie Datentypen muß vor der Deklaration von Prozeduren und Funktionen stehen, wobei der Spezifikationsteil mindestens eine Vereinbarung eines PL/SQL-Objekts enthalten muß.

Globale Cursordeklaration

Globale Cursor, die im Deklarationsteil vereinbart werden, müssen mit einer Return-Anweisung (siehe auch 4.9) zur Rückgabe des Datentyps versehen sein. Der Datentyp kann dabei entweder ein durch %ROWTYPE abgeleiteter Record oder ein benutzerdefinierter Record sein.

Gültigkeit

Die im Spezifikationsteil deklarierten Objekte sind für das gesamte Package global gültig. In Bezug auf das Datenbankschema sind die Objekte wie alleinstehende Prozeduren und Funktionen lokal gültig.

Ein Beispiel:

```
package match is

    procedure ins_matchcode
            (in_film_id  IN  film.film_id%TYPE,
             in_titel_id IN  titel.titel_id%TYPE,
             in_sprache  IN  titel.sprache%TYPE,
             in_titel    IN  titel.titel%TYPE);

    procedure del_matchcode
            (in_film_id   IN   film.film_id%TYPE,
             in_titel_id  IN   titel.titel_id%TYPE);

    procedure upd_matchcode
            (in_film_id  IN  film.film_id%TYPE,
             in_titel_id IN  titel.titel_id%TYPE,
             in_sprache  IN  titel.sprache%TYPE,
             in_titel    IN  titel.titel%TYPE);

end;
```

Der Bezeichner dieses Packages lautet *match*. In diesem Packagedeklarationsteil sind nur drei Prozeduren spezifiziert, die den Zugriff auf eine Tabelle mit dem Namen „Matchliste" realisieren.

Der Packagebody enthält die Implementierungen der im Spezifikationsteil deklarierten Objekte. Alle in diesem Teil befindlichen Objekte sind von außen nicht sichtbar und daher nur über die Spezifikation im Spezifikationsteil aufrufbar.

Der Packagebody kann auch Objekte enthalten, die nicht Bestandteil des Spezifikationsteiles sind. Diese Objekte werden als privat oder auch als lokal bezeichnet und können nur innerhalb des Packagebodys durch eine andere Funktion bzw. Prozedur ausgeführt werden.

Packagebody-Deklaration

Die folgende Syntax kennzeichnet die Vereinbarung eines Packagebodys:

PACKAGE BODY *Packagename* {IS | AS}
  {*Objektdeklaration* [*Objektdeklaration* ...]}
  {Unterprogrammdefinition [Unterprogrammdefinition ...]}
  [BEGIN
    Anweisungen]
  [EXCEPTION
    Exceptionhandler]
END [*Packagename*];

Unterprogrammdefinition ::=
      { *Prozedurdefnition*
       | *Funktiondefinition* }

Der Packagename muß mit dem Namen des Deklarationsteils übereinstimmen. Lokale PL/SQL-Objekte wie Variablen, Cursor und Exceptions müssen vor den lokalen und globalen Prozedur- und Funktionsdefinitionen stehen.

Initialisierungsbereich

Optional kann ein Begin- und Exception-Block am Ende des Packages eingefügt werden. Die Anweisungen nach BEGIN werden genau einmal, und zwar beim ersten Aufruf des Packages innerhalb einer Session, ausgeführt. Beispielsweise kann dieser Bereich zur Initialisierung von globalen Packagevariablen oder sessionabhängigen Einstellungen verwendet werden. In der Praxis wird diese Möglichkeit selten genutzt, da die einmalige, implizite Ausführung von Anweisungen in der Regel Probleme bei der Fehlersuche bereitet.

Gültigkeit

Alle Objekte wie Variablenvereinbarungen und lokale Prozeduren, die in diesem Teil enthalten sind, können nur innerhalb des Packagebodys angesprochen werden.

Beispielsweise ist der Packagebody zum Packagespezifikationsteil *match* wie folgt implementiert:

```
package body match is

/*************************************************
     Lokaler Packagebodyteil
 *************************************************/
  INS_ERRNR   constant number := -20001;
  DEL_ERRNR   constant number := -20002;

  function wort_in_matchliste
          (in_sprache       IN     char,
           in_wort          IN     varchar2)
  return boolean is
    anz_vorhanden number(2) := 0;
  begin
    /* Vergleich: Existiert Wort in Tabelle ? */
    SELECT  count(*)
    INTO    anz_vorhanden
    FROM    matchliste
    WHERE   sprache = in_sprache
      AND   wort    = UPPER(rtrim(ltrim(in_wort)));
    if anz_vorhanden > 0 then
       return TRUE;
    end if;
    return FALSE;
  end;

  function lese_naechstes_wort(satz IN varchar2)
  return varchar2 is
    ergwort varchar2(30) := NULL;
  begin
    if instr(satz, ' ') = 0 then
       ergwort := satz;
    else
       ergwort := substr(satz, 1, instr(satz, ' '));
    end if;
    return ergwort;
  end;

/*****************************************************
     Globaler Packagebodyteil
 *****************************************************/
procedure ins_matchcode
            (in_film_id   IN   film.film_id%TYPE,
             in_titel_id  IN   titel.titel_id%TYPE,
             in_sprache   IN   titel.sprache%TYPE,
             in_titel     IN   titel.titel%TYPE)
  is
    v_titel titel.titel%TYPE := in_titel || ' ';
    v_nextwort  varchar2(20) := NULL;
```

```
begin
  while length(v_titel) > 0 loop
    v_nextwort := lese_naechstes_wort(v_titel);
    dbms_output.put_line('Wort: ' || v_nextwort);
    if wort_in_matchliste(in_sprache, v_nextwort)
    then
      begin
        INSERT INTO titel_match
                   (film_id, titel_id, wort)
        VALUES(in_film_id, in_titel_id, v_nextwort);
      exception
        when DUP_VAL_ON_INDEX then
          NULL;
      end;
    end if;
    v_titel := substr(v_titel,
                      length(v_nextwort) + 1);
  end loop;

exception
  when OTHERS then
    raise_application_error(INS_ERRNR, 'Fehler beim
                            Einfugen: ' || in_film_id);
end;

procedure del_matchcode
         (in_film_id   IN   film.film_id%TYPE,
          in_titel_id  IN   titel.titel_id%TYPE)
is
begin
  DELETE titel_match
  WHERE  film_id = in_film_id
    AND  titel_id = in_titel_id;

exception
  when OTHERS then
    raise_application_error(DEL_ERRNR, 'Fehler beim
                            Löschen: ' || in_film_id);
end;

procedure upd_matchcode
         (in_film_id   IN   film.film_id%TYPE,
          in_titel_id  IN   titel.titel_id%TYPE,
          in_sprache   IN   titel.sprache%TYPE,
          in_titel     IN   titel.titel%TYPE)
is
begin
  del_matchcode(in_film_id, in_titel_id);
  ins_matchcode(in_film_id, in_titel_id,
                in_sprache, in_titel);
end;

end;
```

Der PL/SQL-Prozessor muß zum Übersetzungszeitpunkt des Packagebodys jede im Packagedeklarationsteil enthaltene Prozedur- oder Funktionsvereinbarung im Packagebody wiederfinden. Dazu versucht der PL/SQL-Prozessor jede einzelne syntaktische Einheit in den Prozedurköpfen (Funktionsköpfen) miteinander in Deckung zu bringen. Die Prozedur- und Funktionsdefinitionen im Spezifikationsteil und im Body dürfen sich nur in der Anzahl der vorhandenen Leerzeichen zwischen den einzelnen Schlüsselworten und Variablen unterscheiden. Bei Unstimmigkeiten kann der Packagebody nicht erfolgreich übersetzt werden.

5.2.3 Overloading

Wie in Abschnitt 5.1.9 beschrieben, können Prozeduren bzw. Funktionen den gleichen Namen besitzen, um gleiche Programmlogik mit unterschiedlichen Parametertypen zur Verfügung zu stellen. Diese Methode kann auch innerhalb eines Packages angewendet werden. Im Deklarationsteil werden die überladenen Funktionen bzw. Prozeduren mit den verschiedenen Parameterleisten deklariert. Je nach Aufruf und Übergabe von Datentypen wird die entsprechende Funktion bzw. Prozedur im Packagebody gesucht und ausgeführt.

Ein Beispiel:

```
package film_verw as
   TYPE FilmTabTyp
        IS TABLE OF number(4)
        INDEX BY binary_integer;
   ...
end;

package titel_anzeige as
   TYPE TitelTabTyp
      IS TABLE OF varchar2(50)
      INDEX BY binary_integer;

   TYPE DeSynTiTabTyp
      IS TABLE OF varchar2(50)
      INDEX BY binary_integer;

   TITEL_SPRACHE   char(2) := 'DE';
```

```
    procedure sel_titel
       (anz_zeilen IN      number,
        film_tab   IN      film_verw.FilmTabTyp,
        titel_tab      OUT TitelTabTyp);

    procedure sel_titel
       (filmid     IN      number,
        ergtitel       OUT titel.titel%TYPE);

    procedure sel_titel
       (filmid     IN      number,
        titel_tab      OUT TitelTabTyp);

    procedure sel_titel
       (spr        IN      char,
        filmid     IN      number,
        ergtitel       OUT varchar2);
end;
```

Die Packageprozedur *sel_titel* ist viermal mit dem gleichen Namen, aber mit unterschiedlichen Parameterleisten deklariert. Der Datentyp *FilmTabTyp* ist als globaler Typ im Package *film_verw* deklariert und wird innerhalb des Packages *titel_anzeige* als Parameterdatentyp referenziert.

Diese Prozeduren sind im Packagebody wie folgt implementiert:

```
package body titel_anzeige as

   procedure sel_titel
      (anz_zeilen IN  number,
       film_tab   IN  film_verw.FilmTabTyp,
       titel_tab  OUT TitelTabTyp)
   is
   begin
      for i in 1..anz_zeilen loop
         SELECT  titel
         INTO    titel_tab(i)
         FROM    titel
         WHERE   film_id = film_tab(i)
           AND    rownum  = 1;
      end loop;
   end;
```

```
procedure sel_titel
   (filmid    IN  number,
    ergtitel  OUT titel.titel%TYPE)
is
begin
   SELECT titel
   INTO   ergtitel
   FROM   titel
   WHERE  film_id = filmid
     AND  sprache = TITEL_SPRACHE
     AND  rownum =1;
end;

procedure sel_titel
   (filmid    IN  number,
    titel_tab OUT TitelTabTyp)
is
   anz_zeilen number(3) := 0;
begin
   anz_zeilen := 0;
   for titel_satz in (SELECT *
                      FROM   titel
                      WHERE  film_id = filmid) loop
      anz_zeilen := anz_zeilen + 1;
      titel_tab(anz_zeilen) := titel_satz.titel;
   end loop;

exception
   when OTHERS then
      raise_application_error (-20015,
                 'Fehler beim Lesen der Titel ...');
end;

procedure sel_titel
   (spr       IN  char,
    filmid    IN  number,
    ergtitel  OUT varchar2)
is
begin
   SELECT titel
   INTO   ergtitel
   FROM   titel
   WHERE  film_id = filmid
     AND  sprache = spr
     AND  rownum =1;
end;
end;
```

Die erste Prozedur fügt in Abhängigkeit der Anzahl von Filmnummern in der übergebenen PL/SQL-Tabelle zu jeder Filmnummer einen Titel in die PL/SQL-Tabelle vom Typ *TitelTabTyp* ein.

Die zweite vereinbarte Prozedur liefert zu der übergebenen Filmnummer und der Sprachangabe in der globalen Variablen *TITEL_SPRACHE* genau einen Titel im Ausgabeparameter *ergtitel* zurück. Die globale Packagevariable kann innerhalb des gleichnamigen Packagebodys ohne Angabe des Packagenamens referenziert werden.

Die dritte Prozedur überträgt zu der übergebenen Filmnummer alle vorhandenen Titel in die PL/SQL-Tabelle vom Typ *TitelTabTyp*.

Die letzte Prozedur selektiert zu der übergebenen Filmnummer und Titelsprache genau einen Titel und liefert diesen in *ergtitel* an den Aufrufer zurück.

5.2.4 Aufruf

Ein Aufruf eines Packageobjekts, wie z. B. einer globalen Variablen oder einer Funktion, kann aus einer beliebigen Oracle-Applikation, aus einem innerhalb der gleichen Session gestartetem PL/SQL-Programm, einem Trigger oder aus dem gleichen Package heraus erfolgen. Der aufrufende Datenbankbenutzer muß nur das Privileg besitzen, das Package auszuführen (vgl. Kapitel 8).

Ein Packageobjekt wird von außen durch die übliche Punktnotation referenziert:

Referenzierung von Package-Objekten

[*Schemaname.*]*Packagename.Datentypname*[*@Datenbanklinkname*]
[*Schemaname.*]*Packagename.Variablenname*[*@Datenbanklinkname*]
[*Schemaname.*]*Packagename.Konstantenname*[*@Datenbanklinkname*]
[*Schemaname.*]*Packagename.Exceptionname*[*@Datenbanklinkname*]
[*Schemaname.*]*Packagename.Prozedurname*[*@Datenbanklinkname*]
[*Schemaname.*]*Packagename.Funktionstypname*[*@Datenbanklinkname*]

Beispielsweise wird die im letzten Abschnitt beschriebene Packageprozedur *titel_anzeige.sel_titel* wie folgt aufgerufen:

```
SQL>  exec titel_anzeige.sel_titel('EN', 90, :ti);
SQL> print ti;
TI
------------------------
GENTLEMEN PREFER BLONDES
```

Das nächste Beispiel zeigt einen Packagespezifikationsteil, der nur Definitionen von globalen Variablen enthält:

```
package glob_defs is

   /* Benutzer-Voreinstellungen */
   F_DefaultGenre       varchar2(12)    := 'Slapstick';
   F_SprachgrpOriginal titel.typ%type := 'OT';

   F_Film    number(9)    := -20015 ;
   F_Titel   number(9)    := -20030 ;

   F_Film_0  number(9) := F_Film - 0 ;
   F_Film_1  number(9) := F_Film - 1 ;
   F_Film_2  number(9) := F_Film - 2 ;
   F_Film_3  number(9) := F_Film - 3 ;
   F_Film_4  number(9) := F_Film - 4 ;

   F_Titel_0  number(9) := F_Titel- 0 ;
   F_Titel_1  number(9) := F_Titel- 1 ;
   F_Titel_2  number(9) := F_Titel- 2 ;
   F_Titel_3  number(9) := F_Titel- 3 ;


end;
```

In diesem Fall ist keine zusätzliche Implementierung eines Packagebodys notwendig. Da globale Variablen während der gesamten Session ihre zugewiesenen Werte behalten, können sie als globale Programmvariablen für andere StoredProcedures genutzt werden.

Beispielsweise werden die in dem Package *glob_defs* deklarierten Variablen mit dem Präfix 'F_' zur eindeutigen Fehlerrückgabe aus allen Prozeduren benutzt:

```
package body film_verw is
   ...
   procedure del_titel(titelid IN titel.titel_id%TYPE)
   is
   begin
      ...
   exception
      when OTHERS then
         raise_application_error(glob_defs.F_Film_3,
                                 'Kein Titel geloscht!');
   end;
   ...
end;
```

Es ist leider nicht erlaubt, globale Packagevariablen in verteilten Datenbanken (vgl. Abschnitt 5.3) anzusprechen. Diese Einschränkung gilt nicht nur für direkte Verweise über einen Datenbanklink, sondern auch für indirekte Verweise innerhalb des entfernten Packages. Wird eine globale Packagevariable beispielsweise zur Initialisierung eines Funktionsparameters verwendet, dann kann die jeweilige Funktion nicht mehr entfernt aufgerufen werden, da die globale Packevariable damit indirekt referenziert wird.

5.3 Aufrufe in verteilten Datenbanken

In diesem Abschnitt werden die Namenskonventionen für Aufrufe von gespeicherten PL/SQL-Objekten innerhalb von verteilten Datenbanken beschrieben. Dazu wird zuerst ein kurzer Abriß über die Namenskonventionen in Oracle und über den Begriff „verteilte Datenbank" gegeben.

Damit Objekte innerhalb einer Datenbank eindeutige Namen besitzen, benutzt Oracle ein hierarchisches Modell für die Adressierung von Objekten. Dieses Modell wird für verteilte Datenbanken um einen globalen Namen[19] für die jeweilige Datenbank erweitert. Die Hierarchie ist nach folgenden, einfachen Regeln aufgebaut:

- Die Bezeichner der Datenbanken innerhalb eines verteilten Datenbanksystems sind eindeutig.
- Die Bezeichner der Schemata innerhalb einer Datenbank sind eindeutig.
- Die Bezeichner der Objekte innerhalb eines Schemas sind eindeutig.

Diese hierarchische Struktur gewährleistet, daß jeder Datenbankobjektname innerhalb seines Kontextes eindeutig ist

[19] Der globale Datenbankname besteht aus dem, bis zu 8-stelligen eindeutigen Namen für die Datenbank und aus der Adresse der verbundenen Netzwerkdomain, die gemäß der Internet-Adressierungsrichtlinie aufgebaut ist.

und außerhalb dieses Kontextes über den jeweiligen Kontextnamen identifiziert werden kann.

Eine verteilte Datenbank besteht in der Regel aus verschiedenen Datenbanksystemen auf unterschiedlichen Rechnern, die von Oracle als ein logisches Datenbanksystem behandelt werden.

Für den Anwender bedeutet diese Datenbanktechnologie, daß er nicht wissen muß, in welcher Datenbank und auf welchem Rechner die jeweiligen Datenbankobjekte zu finden sind. Es müssen nur die Namen der Objekte bekannt sein, die jeweilige Netzverbindung stellt Oracle selbst her.

Datenbanklink

Die Verbindung zwischen verteilten Datenbanken wird gewöhnlich über sogenannte Datenbanklinks aufgebaut.

Beispielsweise erzeugt folgende Anweisung einen Datenbanklink:

```
CREATE DATABASE LINK Datenbanklinkname
CONNECT TO Benutzer IDENTIFIED BY Paßwort
USING 'Datenbankbezeichnung';
```

Der Bezeichner des Datenbanklinks wird in *Datenbanklinkname* angegeben. Der Benutzer muß als Datenbankbenutzer auf der entfernten Datenbank eingetragen sein. Der Rechnername und der Bezeichner der Datenbank, zu der die Verbindung aufgebaut werden soll, werden in *Datenbankbezeichnung* genannt.

Zur Bezeichnung von gespeicherten Funktionen oder Prozeduren sowie von öffentlichen Packageobjekten stehen die gleichen Möglichkeiten zur Verfügung wie für alle anderen Schemaobjekte wie Tabellen, Cursor und Variablen. Der jeweilige Bezeichner einer StoredProcedure kann gemäß der Oracle-Namenshierarchie auf folgende Arten angegeben werden:

[*Schemaname.*][*Packagename.*]*Funktionsname*[*@Datenbanklinkname*]
[*Schemaname.*][*Packagename.*]*Prozedurname*[*@Datenbanklinkname*]

Der Bezeichner *Schemaname* identifiziert das Schema, zu dem das jeweilige PL/SQL-Objekt gehört. Ist die Funktion oder Prozedur in einem Package organisiert, muß der Name des

Packages angegeben werden. *Funktionsname* repräsentiert den Bezeichner einer gespeicherten Funktion und *Prozedurname* den Bezeichner einer gespeicherten Prozedur. Die Option *@Datenbanklinkname* kennzeichnet, daß sich das entsprechende Objekt in einer entfernten Datenbank befindet.

Diese Namenskonvention verdeutlicht Abbildung 26 durch den beispielhaften Aufruf einer entfernten Packageprozedur.

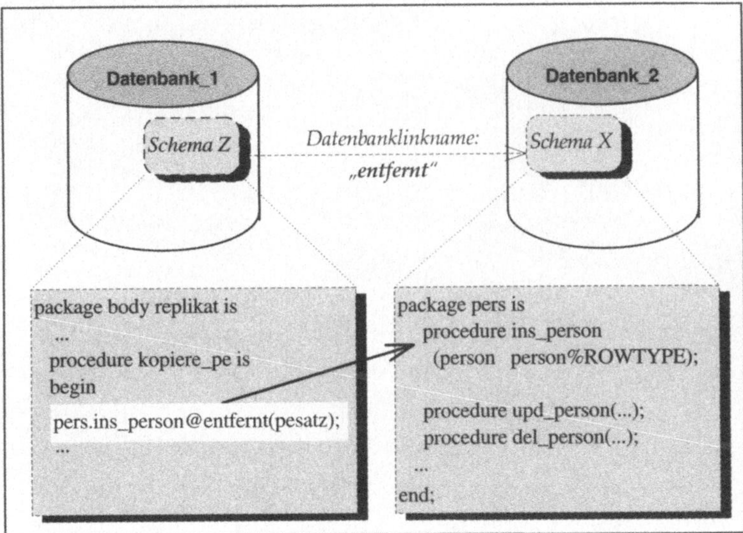

Abbildung 26: Aufruf einer entfernten Packagefunktion

6 Trigger

Trigger sind in der Datenbank gespeicherte Objekte, die zu einer Tabelle gehören. Datenbanktrigger werden wie StoredProcedures in PL/SQL und SQL programmiert. Der wesentliche Unterschied zwischen diesen Programmeinheiten ist die Art der Aktivierung. PL/SQL-Blöcke wie Stored-Procedures werden von Anwenderprogrammen explizit aufgerufen und ausgeführt. Trigger können nicht explizit aufgerufen werden, ihre Aktivierung erfolgt implizit durch das RDBMS und hängt vom Eintreten einer Insert-, Update- oder Delete-Operation in einer Tabelle ab.

Trigger werden im wesentlichen für folgende Aufgaben eingesetzt:

- Gewährleistung der Datenintegrität, auch über verteilte Datenbanken hinweg
- Pflege von abhängigen Tabellenattributen
- Einhaltung komplexer Regeln zwischen verschiedenen Tabellendaten
- Pflege von synchronen Replikaten
- Pflege von Statistiken und Zugriffsprotokollen

Die zentrale Aufgabe eines Triggers besteht darin, die Datenintegrität in der Datenbank sicherzustellen. Unter Datenintegrität versteht man dabei keine Regeln, die sich auf eine bestimmte Anwendung beziehen, sondern Regeln, die globale Eigenschaften der gespeicherten Daten, wie beispielsweise Beziehungen zwischen den Daten beschreiben.

Die Entscheidung, welche Funktionalität in Form eines Triggers realisiert werden soll, hängt von den gestellten Anforderungen und von der Architektur der jeweiligen Datenbankanwendungen ab. Da Trigger zu komplexen Abhängigkeiten führen können, sollten sie jedoch nur dann verwendet werden, wenn es unbedingt notwenig erscheint.

Die nächsten Abschnitte befassen sich mit der Programmierung von Triggern. Dazu muß man wissen, aus welchen Bestandteilen ein Trigger aufgebaut ist und welche Operationen zur Verwaltung von Triggern zur Verfügung stehen.

6.1 Eigenschaften

Ein Trigger wird durch folgende Eigenschaften definiert:

- Ein Trigger gehört zu einer Tabelle.
- Ein Trigger wird implizit durch das RDBMS aktiviert.
- Triggertyp
  Ein Trigger ist entweder ein Zeilentrigger oder ein Anweisungstrigger.
- Aktivierungszeitpunkt
  Ein Trigger wird entweder vor der auslösenden DML-Operation (BEFORE) oder nach der auslösenden DML-Operation (AFTER) aktiviert.
- Auslöser
  Die auslösenden DML-Ereignisse können Insert-, Update- und/oder Delete-Anweisungen in der zugeordneten Tabelle sein.

Trigger werden als selbständige Objekte in der Datenbank gespeichert. Sie sind jedoch wie Indizes oder deklarative Constraints von der zugehörigen Tabelle abhängig und können ohne sie nicht existieren. Das bedeutet insbesondere, daß Trigger automatisch gelöscht werden, wenn die verbundene Tabelle aus der Datenbank entfernt wird.

Im Unterschied zu StoredProcedures erhalten Trigger allerdings nicht implizit bei einer strukturellen Änderung der verbundenen Tabelle den Status „ungültig". Solche strukturellen Änderungen werden erst während der nächsten Triggerausführung festgestellt und bei Unstimmigkeiten durch eine entsprechende Fehlernummer mit einer Meldung belegt.

Die Aktivierung eines Triggers („Feuern" eines Triggers) erfolgt implizit durch das RDBMS vor oder nach Ausführung eines Insert-, Update- oder Delete-Befehls in der verbundenen Tabelle. Dieser Vorgang ist dabei unabhängig vom Benutzer, der den jeweiligen DML-Befehl ausgeführt hat.

Triggertypen

Nach Häufigkeit der Aktivierung eines Triggers je DML-Operation werden „Zeilentrigger" und „Anweisungstrigger" unterschieden.

Zeilentrigger

Ein Zeilentrigger wird für jeden Datensatz, den die DML-Operation einfügt, ändert oder löscht, einmal aktiviert. Ändert der jeweilige DML-Befehl keinen Datensatz, wird der Zeilentrigger nicht aufgerufen. Werden beispielsweise durch einen Delete-Befehl 100 Datensätze aus einer Tabelle gelöscht, so wird ein abhängiger Zeilentrigger auch 100-mal ausgelöst. Gemäß dieser Eigenschaft wird ein Zeilentrigger eingesetzt, wenn die auszuführenden Aktionen von den Inhalten der einzelnen veränderten Zeilen abhängen.

Beispielsweise sollen alle Änderungen in der Tabelle „Film" protokolliert werden. Diese Anforderung kann ein Zeilentrigger erfüllen, da signifikante Merkmale jedes einzelnen Satzes in eine Protokolltabelle eingetragen werden müssen. Folgendes Beispiel illustriert diesen Trigger:

```
TRIGGER film_historie_trg
after INSERT or UPDATE or DELETE on film FOR EACH ROW
begin
   if INSERTING then
     prc_ins_syshist('FILM','I',:new.film_id);
   end if;
   if UPDATING then
     prc_ins_syshist('FILM','U',:new.film_id);
   end if;
   if DELETING then
     prc_ins_syshist('FILM','D',:old.jahr,:old.genre);
   end if;
end;
```

Dieser Trigger trägt den Namen *film_historie_trg* und ist der Tabelle „Film" zugeordnet. Nach jeder erfolgreich durchgeführten DML-Operation in der Tabelle „Film" wird dieser Trigger ausgelöst. Im Triggerrumpf wird für jede geänderte Zeile die Funktion *prc_ins_syshist* aufgerufen, um die geänderten Daten zu protokollieren.

Anweisungstrigger

Im Gegensatz dazu reagiert ein Anweisungstrigger unabhängig von der Anzahl der veränderten Zeilen nur auf die durchzuführende bzw. durchgeführte DML-Anweisung. Die Aktivierung eines Anweisungstriggers erfolgt auch, falls keine Datensätze von der DML-Operation verändert werden bzw. wurden. Dieser Triggertyp wird benutzt, wenn die auszuführenden Aktionen nicht von den Attributwerten der einzelnen Datensätze abhängen.

Beispielsweise kann ein Anweisungstrigger verwendet werden, um die Berechtigung eines Benutzers für die auszuführende Operation zu überprüfen.

Aktivierungszeitpunkt

Ein Trigger kann vor oder nach einer DML-Anweisung aktiviert werden. Dieser Zeitpunkt wird bei der Definition eines Triggers durch die Schlüsselworte BEFORE und AFTER angegeben.

Der im letzten Abschnitt skizzierte Anweisungstrigger zur Überprüfung der Benutzerprivilegien soll vor der eigentlichen DML-Operation aktiviert werden, da diese nicht ausgeführt werden darf, wenn die Berechtigung nicht vorhanden ist. Ein weiterer Anwendungsfall ist gegeben, wenn Attributwerte vor der Durchführung eines Insert- oder Update-Befehls noch zu berechnen sind.

Ein letztes Beispiel stellt einen sehr speziellen Anwendungsfall vor: Kritische Tabelleninhalte sollen nicht von mehreren Anwendern gleichzeitig geändert werden dürfen. Diese Anforderung kann durch Before-Trigger gewährleistet werden, die einen Mechanismus implementieren, um fachliche Sperren in einer Tabelle abzufragen und zu setzen.
After-Trigger werden eingesetzt, wenn die Triggeraktionen von der Durchführung der DML-Anweisung abhängen. Ein Beispiel dazu ist der zuvor beschriebene „Protokoll-Trigger".

Die Ereignisse, die Trigger auslösen, wurden bereits mehrfach erwähnt. Diese sind Insert-, Update- und Delete-Operationen in der Tabelle, die in der Triggerdefinition referenziert wird.

Abbildung 27 zeigt beispielhaft die möglichen Triggertypen, die aufgrund einer Update-Anweisung in der Tabelle „Person" ausgeführt werden können.

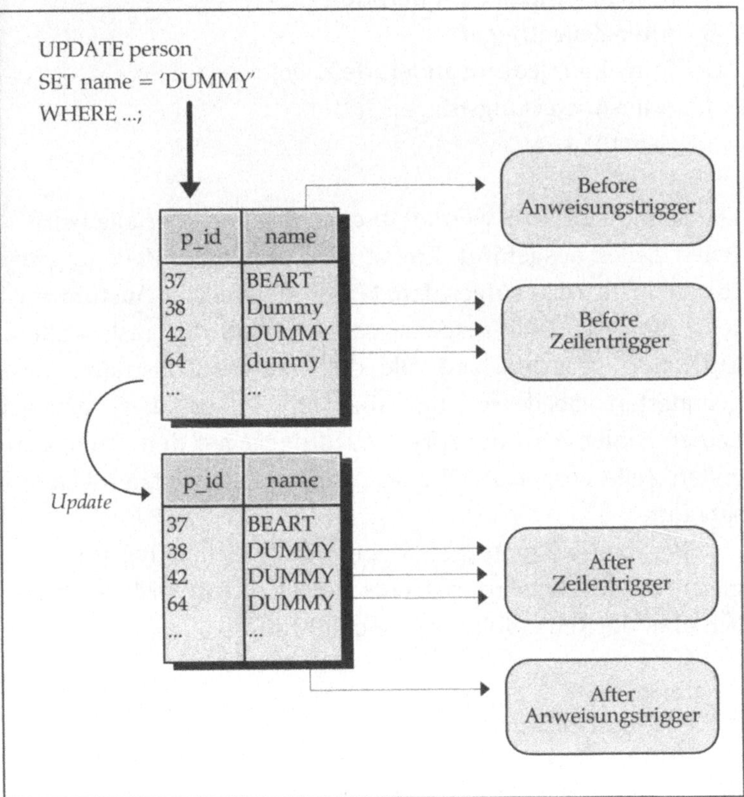

Abbildung 27: Ausführung von Triggern nach UPDATE

Anzahl an Triggern je Tabelle

Die Anzahl der unterschiedlichen Triggervarianten je Tabelle war bis Oracle Version 7.2 auf 12 begrenzt. Seit Version 7.2 ist diese Einschränkung aufgehoben. Allerdings sollte berücksichtigt werden, daß Trigger nicht nur die Ausführungszeit einer DML-Operation verlängern, sondern auch wertvolle Datenbankresourcen verbrauchen.

Besitzt eine Tabelle mehr als einen Trigger, erfolgt die Aktivierung der betroffenen Trigger in folgender Reihenfolge:

Reihenfolge der Aktivierung

1. Before-Anweisungstrigger
   (1-mal)
2. Before-Zeilentrigger
   (n-mal, für jede zu ändernde Zeile)
3. After-Zeilentrigger
   (n-mal, für jede zu ändernde Zeile)
4. After-Anweisungstrigger
   (1-mal)

Die Schritte 2 und 3 werden in einer Schleife über alle betroffenen Zeilen ausgeführt: Zuerst wird der Before-Zeilentrigger für die erste Zeile aufgerufen. Nach erfolgreicher Ausführung wird die erste Zeile gesperrt, entsprechend der auslösenden Operation geändert und alle deklarativen Constraints der geänderten Tabelle werden überprüft. Liefert diese Aktion keinen Fehler, wird der After-Zeilentrigger mit den Daten der ersten Zeile ausgelöst. Dies setzt sich bis zum letzten Datensatz fort.

Bei Existenz mehrerer Trigger vom gleichen Typ und mit gleichem Auslösezeitpunkt entscheidet das RDBMS willkürlich über die Reihenfolge ihrer Ausführung.

6.2 Triggeraufbau

Ein Trigger setzt sich aus den folgenden Komponenten zusammen:

- Definitionsteil
- Deklarationsteil
- Ausführungsteil
- Exceptionteil

In Abbildung 28 werden die einzelnen Bestandteile mit ihren einleitenden Schlüsselworten schematisiert dargestellt.

Der Definitionsteil legt die Eigenschaften des Triggers fest. Er enthält den Triggernamen, den Zeitpunkt der Aktivierung, den Triggertyp und die auslösenden Ereignisse. Optional kann eine einschränkende SQL-Anweisung im Definitionsteil stehen. Dieser Bereich wird auch als Triggerkopf bezeichnet. Eine genaue Erläuterung der einzelnen Bestandteile erfolgt im nächsten Abschnitt.

Trigger-Deklarationsteil

Im Deklarationsteil werden sämtliche PL/SQL-Variablen, die im Ausführungs- und Exceptionteil verwendet werden, vereinbart. Als Datentyp dieser Variablen sind alle PL/SQL-Datentypen mit Ausnahme von *long* und *long raw* erlaubt.

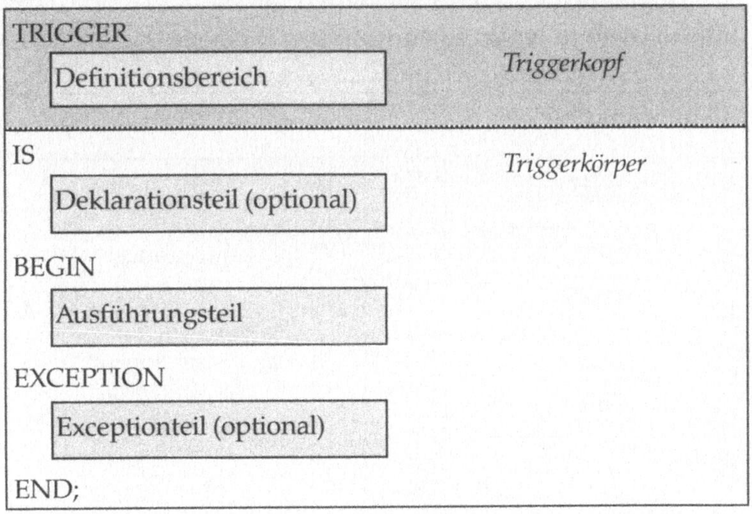

Abbildung 28: Triggeraufbau

TRIGGER	*Triggerkopf*
Definitionsbereich	
IS	*Triggerkörper*
Deklarationsteil (optional)	
BEGIN	
Ausführungsteil	
EXCEPTION	
Exceptionteil (optional)	
END;	

Der Ausführungsteil wird in PL/SQL codiert. Allerdings dürfen einige der aus Kapitel 4 bekannten Sprachkonstrukte nur eingeschränkt verwendet werden. Diese Einschränkungen werden im Abschnitt 6.4 untersucht.

inserting, updating, deleting

Ein Trigger kann mehrere Ereignisse gleichzeitig behandeln. In der Praxis besteht jedoch oft die Notwendigkeit, auf die einzelnen Ereignisse unterschiedlich zu reagieren.

Aus diesem Grund kennt ein Trigger eine weiteres strukturelles Sprachelement:

{if | else | elsif} INSERTING then
{if | else | elsif} UPDATING ['*Attributname*'] then
{if | else | elsif} DELETING then

Diese speziellen Bedingungen erlauben, in Abhängigkeit der auslösenden DML-Operation in einen bestimmten Then-Zweig zu verzweigen. Handelt es sich um eine Update-Anweisung, besteht die Möglichkeit, auf die Veränderung einzelner Spalten spezifisch zu reagieren.

Abbildung 29 zeigt schematisiert die Struktur eines Ausführungsteils unter Verwendung dieser If-Konstrukte.

Abbildung 29: Typischer Ausführungsteil eines Zeilentriggers

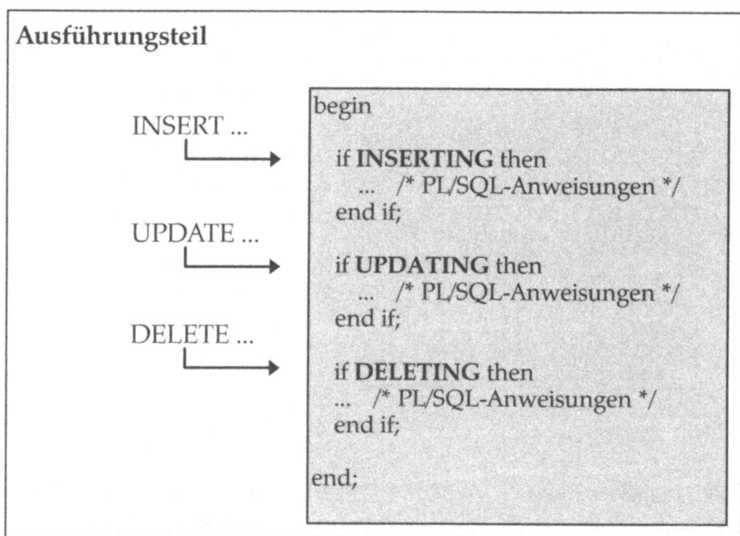

Innerhalb eines Zeilentriggers ist der Zugriff auf den urspünglichen und auf den neuen Wert eines Attributs des geänderten Datensatzes erlaubt. Die Notation dazu lautet:

:OLD.*Attributname*
:NEW.*Attributname*

Verwendung von OLD und NEW

Das Präfix :OLD referenziert den geänderten, und das Präfix :NEW den aktuellen Attributwert. Der Punkt dient als Separator zwischen Präfix und Attributnamen. Diese Notation darf nicht für Attribute verwendet werden, deren Datentyp *long* oder *long raw* ist. Die Präfixe können auch innerhalb des Definitionsteils in der Referencing- oder When-Bedingung stehen. Im Definitionsteil werden sie allerdings als lokale Größen behandelt und müssen nicht durch den Doppelpunkt referenziert werden.

Der Zugriff auf den ursprünglichen sowie auf den neuen Attributwert scheint auf den ersten Blick nur für Update-Operationen interessant zu sein. Bei einer Insert-Operation existiert kein ursprünglicher Wert, da der Datensatz noch nicht vorhanden ist, und bei einer Delete-Operation kein aktueller Wert, da der Datensatz nicht mehr vorhanden ist. Dennoch können aus Konsistenzgründen die Präfixe OLD und NEW verwendet werden. Der Bezeichner NEW ist beispielsweise auch erlaubt, um in Before-Triggern Attributwerte zu ändern oder zu initialisieren.

Tabelle 29 zeigt die Belegung von OLD und NEW in Abhängigkeit der ausgeführten DML-Operation.

	:old.Attribtname	**:new.Attributname**
INSERT	NULL	aktueller Wert
UPDATE	ursprünglicher Wert	aktueller Wert
DELETE	ursprünglicher Wert	NULL

Tabelle 29: Belegung von OLD und NEW

Der Triggerbody kann DML-Anweisungen enthalten, die wiederum zur Aktivierung von Triggern, die den referenzierten Tabellen zugeordnet sind, führen können. Dieses Verhalten ist in Abbildung 30 schematisch dargestellt. Tritt während der Ausführung eines Triggers in dieser Kette ein Fehler auf, wird die Kette unterbrochen und die Transaktion bis vor den Aufruf der ersten DML-Operation zurückgesetzt.

Die Anzahl von Triggern innerhalb einer Kette ist auf 32 limitiert. Diese Zahl sollte nicht als sportliches Ziel interpretiert werden. Kaskadierende Beziehungen zwischen Datenbanktriggern können zu sehr schwer überschaubaren und fehleranfälligen Abläufen führen und sollten daher so weit wie möglich vermieden werden[20].

Abbildung 30: Kaskadierende Trigger

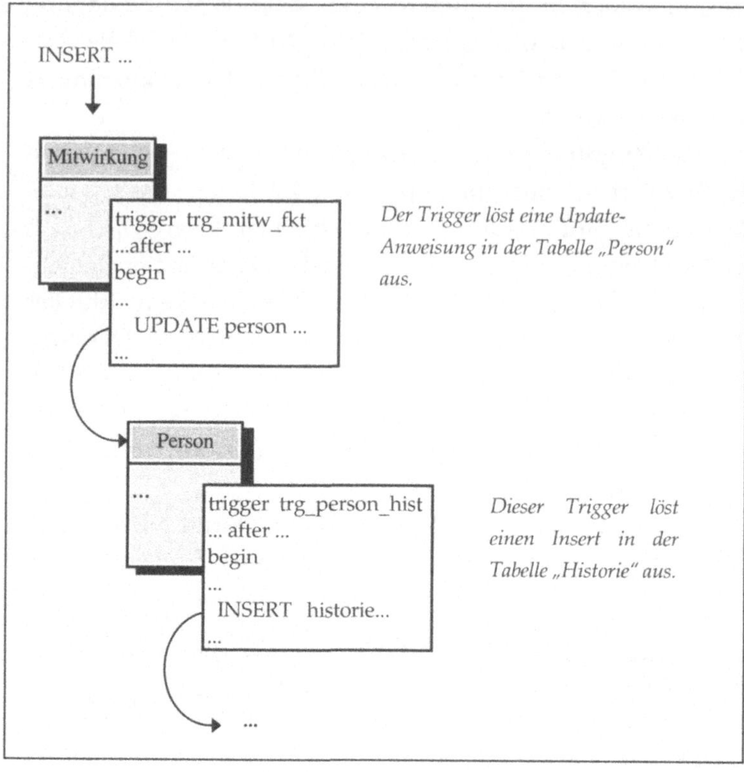

Verteilte SQL-Aufrufe

Im Ausführungsteil eines Triggers können verteilte SQL-Anweisungen enthalten sein. Tritt während der Ausführung des Triggers ein unbehandelter Fehler auf, werden auch die Änderungen in den entfernten Tabellen mittels der Zwei-Phasen-Commit-Mechanik zurückgesetzt.

Behandlung von Fehlern

Fehler können im Exceptionteil eines Triggers lokal behandelt werden. Dabei gelten die üblichen Regeln (vgl. Kapitel 4.12) zur Behandlung von Exceptions in PL/SQL.

Als Beispiel wird ein Trigger gewählt, der aufgrund von bestimmten Operationen den Wert einer globalen Packagevariablen ändert.

[20] Eine weitere obere Grenze legt der Parameter MAX_OPEN_CURSORS fest, da Oracle zur Ausführung eines Triggers intern einen Cursor öffnen muß.

```
trigger trg_titel_snapshot
after insert or update or delete on titel for each row
begin
   if INSERTING then
      /* Checkpoint setzen, dann Titel verteilen */
      globdefs.CHECKPOINT_FILM := 3;
      verteile_titel(:new.titel_id);
    end if;
   if UPDATING then
      ...
end;
```

Vor Ausführung des Triggers besitzt die Packagevariable *CHECKPOINT_FILM* den Wert 1.

Der Triggerbody enthält keinen Exceptionteil. Der Trigger wird durch eine Insert-Operation ausgelöst und die globale Variable erhält den Wert 3. In der Prozedur *verteile_titel* tritt aber ein Fehler auf, der die Transaktion bis vor die Insert-Anweisung zurücksetzt. Folgende Anweisung gibt den Inhalt der globalen Packagevariablen aus:

```
SQL> exec :i :=  globdefs.CHECKPOINT_FILM ;
SQL> print i;
      I
-------
      3
```

Der Inhalt zeigt die letzte durchgeführte Änderung, da Packagevariablen nicht dem Transaktionsmechanismus unterliegen. Der Fehler kann durch Einfügen eines Exceptionteils in den Triggerkörper behoben werden:

```
trigger trg_titel_snapshot
after insert or update or delete on titel for each row
declare
   initial number(3) := globdefs.CHECKPOINT_FILM;
   errtext varchar2(300);
begin

   if INSERTING then
      ...
exception
   when OTHERS then
      globdefs.CHECKPOINT_FILM := initial;
      errtext := sqlerrm;
      raise_application_error(-20023, errtext);
end;
```

Tritt während der Ausführung dieses Triggers ein Fehler auf, wird die globale Variable zurückgesetzt und die Fehlerursache durch *raise_application_error* weiter an den Aufrufer vermittelt.

6.3 Verwaltung

Die Verwaltung von Triggern in der Datenbank wurde von Oracle mit Version 7.3 entscheidend verbessert.

Verwaltung mit Oracle Version 7.2

Bis Version 7.2 werden Trigger wie SQL-Anweisungen während der Laufzeit beim ersten Aufruf syntaktisch und semantisch überprüft und in geparster Form im Shared-Pool der SGA abgelegt. Wie alle anderen Objekte des Shared-Pool Bereiches, werden Trigger bei Bedarf verdrängt und müssen beim nächsten Aufruf wieder neu geladen und kompiliert werden. Zusätzlich wird beim Ladevorgang kontrolliert, ob alle abhängigen Objekte vorhanden sind.

Diese Eigenschaften unterscheiden Trigger wesentlich von StoredProcedures, die als kompilierte Einheiten in der Datenbank gespeichert werden und deren abhängige Objekte dynamisch, d.h. bei jeder Änderung, überprüft werden. Da Trigger erst bei Aufruf übersetzt werden, kann die Dauer der auslösenden DML-Operation merklich beinflußt werden. Um die Kompilierungszeit zu minimieren, sollte die Anzahl der Anweisungen in einem Trigger auf möglichst wenige Zeilen begrenzt werden. Oracle empfiehlt ohne genauere Angabe von Gründen eine Länge von 60 Zeilen. Die Reduzierung der Triggerlänge kann zum Beispiel durch Auslagerung von logischen Abläufen in StoredProcedures erreicht werden, die keine weitere Kompilierungszeit beanspruchen. Diese Kombination wird in einem Beispiel in Abschnitt 6.1 angewandt.

Verwaltung mit Oracle Version 7.3

Ab Oracle Version 7.3 werden Trigger wie StoredProcedures mit kompiliertem P-Code in der Datenbank abgelegt. Die zuvor beschriebene Kompilierungszeit beim ersten Aufruf entfällt damit.

Ähnlich zur Verwaltung von StoredProcedures können die Operationen zur Verwaltung von Triggern wie folgt zusammengefaßt werden:

- Erzeugen, Ändern und Löschen eines Triggers
- Aktivieren und Deaktivieren eines einzelnen Triggers
- Aktivieren und Dekaktivieren aller Trigger einer Tabelle

Einige Beispiele zu diesen Operationen mit Triggern sind in der Tabelle 30 zusammengestellt.

Tabelle 30: Beispiele zur Triggerverwaltung

Operation	Beispiel
Erzeugen eines Zeilentriggers	**create trigger** trg_person_proto after delete or insert or update on person **for each row** ...
Erzeugen eines Anweisungstriggers	**create trigger** trg_person_proto before delete or insert or update on person ...
Ändern eines Triggers	**create or replace** trigger trg_person_proto ...
Löschen eines Triggers	**drop trigger** trg_person_proto;
Aktivieren eines Triggers	**alter trigger** trg_person_proto **enable**;
Deaktivieren eines Triggers	**alter trigger** trg_person_proto **disable**;

Ein Trigger gehört dabei immer genau zu einer Tabelle. Die Möglichkeit, Trigger in Abhängigkeit von mehreren Tabellen oder Views zu erzeugen, existiert nicht.

Erzeugen, Ändern und Löschen von Triggern

Erzeugen eines Triggers

Ein Trigger wird analog zu StoredProcedures mit der Anweisung CREATE erzeugt und in der Datenbank abgelegt.

Die syntaktische Formulierung dieser Anweisung lautet:

CREATE [OR REPLACE] TRIGGER *Triggername* { BEFORE | AFTER }
Tabellenoperationen on *Tabellenname*
[*Referenzbedingung*] [FOR EACH ROW]
[WHEN (*Bedingung*)]

Tabellenoperation ::=
{ INSERT [OR UPDATE [OF *Attributnamenliste*]] [OR DELETE]
| UPDATE [OF *Attributnamenliste*] [OR DELETE]
| DELETE }

Attributnamenliste ::=
Attributname1 [, *Attributname2* ...]

Referenzbedingung ::=
REFERENCING OLD [AS]
Ersatzname_für_old [NEW [AS] *Ersatzname_für_new*]

Die Anweisung zum Erzeugen eines Triggers beginnt mit den Schlüsselworten CREATE TRIGGER. Optional kann das Schlüsselwort REPLACE verwendet werden, um einen bestehenden Trigger zu ersetzen. Der Bezeichner des Triggers *Triggername* kann gemäß den syntaktischen Regeln für Objektnamen in Oracle gewählt werden, wobei der Objektname innerhalb des übergeordneten Datenbankschemas eindeutig sein muß. Der Auslösezeitpunkt wird durch eines der Schlüsselworte BEFORE oder AFTER spezifiziert. Anhand der Angabe der DML-Operationen ist erkennbar, von welchen Operationen die Ausführung des Triggers abhängt. Die Aktivierung eines Triggers aufgrund einer Update-Operation kann auf Änderungen von bestimmten Attributwerten eingeschränkt sein. Diese Attribute werden durch das Schlüsselwort OF eingeleitet und stehen durch Komma getrennt in *Attributnamenliste*. Ist diese Liste leer, wird der Trigger nach jeder beliebigen Update-Operation aktiviert. Der jeweilige Tabellenname folgt dem Schlüsselwort ON.

Referenzbedingung

Die Angabe einer Referenzbedingung ist nur in Ausnahmefällen notwendig.

Zeilentrigger können im Ausführungsteil die alten und neuen Attributwerte der veränderten Zeile referenzieren. Dazu werden die reservierten Bezeichner OLD und NEW durch den Punktseparator dem jeweiligen Attributnamen vorangestellt. Diese Bezeichner können in bestimmten Situationen, beispielsweise bei Existenz von gleichlautenden Tabellennamen, zu Namenskonflikten führen. Um derartige Konflikte zu vermeiden, kann die Bezeichnung von OLD bzw. NEW durch vom Programmierer definierte Bezeichner ausgetauscht werden.

FOR EACH ROW

Das Schlüsselwort FOR EACH ROW definiert einen Zeilentrigger. Fehlt diese Anweisung, so handelt es sich um einen Anweisungstrigger.

WHEN ...

Bei Bedarf können im When-Zweig Bedingungen stehen, die bei Zeilentriggern für jede, durch die jeweilige Operation, veränderte Zeile und bei Anweisungstriggern einmalig überprüft werden. Abhängig vom Ergebnis wird der Ausführungsteil des Triggers aktiviert oder nicht. Ist das Ergebnis der Auswertung FALSE, wird der Ausführungsteil des Triggers nicht ausgeführt. Dieser Fall wird allerdings nicht als Fehler gewertet und leitet keine Rollback-Aktion ein. Ergibt die Prüfung der Bedingung den Wert TRUE, verzweigt die Triggerausführung in den Ausführungsteil. Bedingungen können allerdings nur in SQL und nicht in PL/SQL formuliert werden. Die Verwendung von Unterabfragen ist auch nicht erlaubt.

Das folgende Beispiel zeigt eine typische Triggerdefinition:

```
create or replace trigger trg_person_protokoll
    after insert, update, delete on person
    for each row
    when (USER <> 'DBADMIN')
declare
   ...
```

Dieser Trigger wird nach jeder DML-Operation, deren Verursacher nicht der Benutzer DBADMIN ist, auf der Tabelle „Person“ ausgeführt.

Löschen eines Triggers

Trigger werden wie alle anderen Datenbankobjekte durch den bereits bekannten Drop-Befehl aus der Datenbank entfernt:

DROP TRIGGER *Triggername*

Der Bezeichner des Triggers wird in *Triggername* angegeben.

Trigger, deren Definitionsvereinbarung geändert werden soll, können nicht durch die Anweisung CREATE OR REPLACE ausgetauscht werden. Die einzige Möglichkeit besteht darin, den Trigger zu löschen und neu zu erzeugen.

Aktivieren und Deaktivieren von Triggern

Trigger, die durch CREATE oder CREATE OR REPLACE neu erzeugt werden, sind automatisch aktiviert. Nur aktivierte Trigger werden vom RDBMS vor oder nach der spezifizierten DML-Operation ausgeführt. In bestimmten Situationen ist es jedoch sinnvoll, einen Trigger nicht physikalisch aus der Datenbank zu löschen, sondern nur „abzuschalten". Beispielsweise laufen umfangreiche Batchjobs, die sehr viele DML-Operationen enthalten, ohne zusätzliche Rechenzeit für Trigger schneller ab. Allerdings muß in diesem Fall sichergestellt sein, daß die Triggeraktionen entweder nicht dringend erforderlich sind (beispielsweise bei Triggern mit Protokollfunktionalität) oder im nachhinein ausgeführt werden können.

Data Dictionary Views mit Triggerinformationen

Der Zustand eines Triggers kann über folgende Data Dictionary Views überprüft werden:

- *user_trigger, dba_trigger, all_trigger*
- *user_trigger_cols, dba_trigger_cols, all_trigger_cols*

Die View *user_trigger* bietet die Sicht auf die einzelnen Bestandteile eines Triggers, d. h. auf den Triggernamen, When-Teil oder den Triggerbody. Welche Spalten der Triggerbody durch :NEW oder :OLD referenziert, kann mit Hilfe der View *user_trigger_cols* festgestellt werden.

Deaktivieren eines einzelnen Triggers

Folgender Befehl schaltet einen einzelnen Trigger aus:

ALTER TRIGGER *Triggername* DISABLE;

Ein deaktivierter Trigger existiert unverändert in der Datenbank, wird aber nicht mehr ausgeführt.

Aktivieren eines einzelnen Triggers

Werden Tabellenconstraints, wie Primarschlüssel oder NOT-NULL-Constraints wieder reaktiviert, so wird der gesamte Tabelleninhalt bezüglich der Constraintvereinbarung überprüft. Das jeweilige Tabellenconstraint wird von Oracle nicht aktiviert, wenn die Constraintbedingung verletzt wird. Im Unterschied dazu erfolgt zum Zeitpunkt der Reaktivierung eines Triggers keine Kontrolle der Regeln, die durch den Trigger implementiert sind.

Der Trigger mit dem Namen *Triggername* wird durch die nächste Anweisung wieder aktiviert:

ALTER TRIGGER *Triggername* ENABLE;

Deaktivieren aller Tabellentrigger

Folgende Anweisung deaktiviert alle Trigger, die zu der Tabelle mit dem Namen *Tabellenname* gehören:

ALTER TABLE *Tabellenname* DISABLE ALL TRIGGERS;

Aktivieren aller Tabellentrigger

Analog können alle deaktivierten Trigger einer Tabelle durch das Kommando

ALTER TABLE Tabellenname ENABLE ALL TRIGGERS;

wieder aktiviert werden.

6.4 Einschränkungen

Da Trigger an einen bestimmten Verwendungszweck gebunden sind, existieren Einschränkungen in Bezug auf:

- Befehle zur Transaktionssteuerung
- Verwendung der Datentypen *long, long raw*
- Zugriffe auf Daten mit SQL-Anweisungen

Transaktionssteuerung

Innerhalb eines Triggers dürfen keine Befehle zur Transaktionssteuerung verwendet werden, da die Ausführung eines Triggers innerhalb der Transaktionsklammer der auslösenden Tabelle erfolgt. Dies gewährleistet, daß Trigger die aktuelle Transaktion nicht beenden oder beinflussen können. Diese Einschränkung gilt auch für alle StoredProcedures, die innerhalb des Triggerkörpers aufgerufen werden.

Enthält eine referenzierte StoredProcedure ein Commit-, Rollback- oder Savepoint-Kommando, wird bei der Ausführung des Triggers folgende Exception aktiviert:

```
ORA-04092:    cannot ROLLBACK in a trigger
ORA-04088:    error during execution of trigger
              'HUGO.TRG_FILM_HISTORIE'
```

Datentypen *long, long raw*

Die Datentypen *long* und *long raw* dürfen nicht als Variablentypen im Deklarationsteil eines Triggers verwendet werden. Attributwerte, die diese Datentypen besitzen, müssen entweder konvertiert werden oder können in SQL-Befehlen tatsächlich nicht verwendet werden. Auch der Zugriff auf Attributwerte des veränderten Datensatzes durch :OLD bzw. :NEW ist nicht erlaubt, wenn der jeweilige Datentyp *long* oder *long raw* ist.

Ausführung von SQL-Anweisungen in Triggern

Trigger können SQL-Befehle ausführen. Allerdings existieren aufgrund der Datenkonsistenzregeln gewisse Einschränkungen bezüglich der Tabellen, die gelesen und verändert werden dürfen. Diese Tabellen werden als „mutating tables" und als „constraining tables" bezeichnet.

Einschränkung: „mutating table"

Die „mutating table" ist – vereinfacht ausgedrückt – immer die Tabelle, die einen Trigger auslöst. Handelt es sich um kaskadierende Trigger, existieren mehrere „mutating tables". Dieser Begriff bezeichnet den Zustand einer Tabelle während einer DML-Operation: die Tabelle wird geändert und ist daher während der Ausführung des DML-Befehls nicht konsistent.

Einschränkung: „constraining table"

Eine „constraining table" steht in Abhängigkeit zu der geänderten oder zu ändernden Tabelle. Um Datenkonsistenz zu gewährleisten, muß das RDBMS diese Tabellen während der DML-Operation lesen und überprüfen. „Constraining tables" sind alle Tabellen, die Foreign-Keys auf die veränderte Tabelle besitzen.

Die Zustände „mutating" und „constraining" einer Tabelle sind laufzeitabhängig. Verletzungen der geforderten Einschränkungen können daher erst zur Laufzeit eines Triggers überprüft werden. Aus diesem Grund sollte das Verhalten von geänderten oder reaktivierten Triggern wiederholt getestet werden.

Folgendes Beispiel demonstriert einen unerlaubten Zugriff auf eine „muting-table" innerhalb eines Triggers:

```
create trigger trg_titel_del
after delete on titel for each row
declare
       anztitel number(2);
begin
     SELECT    count(*)
     INTO      anztitel
     FROM      titel
     WHERE     film_id = :old.film_id;

     if anztitel = 0 then
          ins_checkfilm('D', 'TITEL',  :old.film_id);
     end if;
end;
/
```

Dieser Trigger ist in der Datenbank angelegt. Die anschließende Ausführung der Anweisung

```
SQL> delete titel where titel_id = 91;
```

endet mit folgender Fehlermeldung:

```
ORA-04091:     table     DBA.TITEL     is     mutating,
              trigger/function may not see it
ORA-04088:    error    during    execution    of    trigger
              'DBA.TRG_TITEL_DEL'
```

Im Trigger-Ausführungsteil wird versucht, die Tabelle „Titel" zu lesen, die zur Ausführungszeit des Triggers verändert wird. Dies führt zur Aktivierung der Exception 04091 und zum vorzeitigen Abbruch der Delete-Operation durch impliziten Rollback der bereits gelöschten Zeile aus der Tabelle „Titel".

7 Abhängigkeiten und Verfügbarkeit

Views, gespeicherte Funktionen, Prozeduren, Packagedeklarationsteile, Packagekörper und Datenbanktrigger können andere Datenbankobjekte wie Tabellen, Views, Synonyme, Sequenzen, Prozeduren, Funktionen und Packageobjekte referenzieren. In diesem Zusammenhang wird das referenzierende Objekt als abhängiges Objekt bezeichnet.

Das RDBMS verwaltet und überwacht diese Objektabhängigkeiten. Abhängig von bestimmten Datenbankoperationen, wie z. B. bei strukturellen Änderungen eines Objekts, erhalten alle indirekt und direkt abhängigen Objekte automatisch den Status „INVALID". Die folgenden Abschnitte beschreiben, wie diese Objektabhängigkeiten verwaltet werden und welche Auswirkungen dieser gesetzte Status hat.

7.1 Modulstatus

Jedes Objekt in der Datenbank besitzt ein Statusattribut, das folgende Werte annehmen kann:

- INVALID
- VALID

Für das RDBMS bedeutet dieser Objektstatus folgendes:

Tabellen, Sequenzen und Synonyme können den Statuswert INVALID nicht erhalten, da sie keine Referenzen auf andere Objekte bilden können.

INVALID

Vor der nächsten Ausführung wird eine StoredProcedure oder ein Trigger (in Oracle Version 7.3) mit dem Status INVALID durch den PL/SQL-Prozessor implizit rekompiliert.

Eine als INVALID gekennzeichnete View wird vor ihrer Ausführung durch den SQL-Prozessor automatisch neu geparst. Kann dieser Kompilier- oder Parsevorgang nicht ohne Fehler wiederholt werden, so behält das jeweilige Objekt den Status INVALID.

VALID

Objekte mit dem Status VALID können ohne erneuten Übersetzungsvorgang ausgeführt werden.

View user_objects

Der aktuelle Objektstatus kann mit der View *user_objects* (*all_objects, dba_objects*) angezeigt werden (siehe Kapitel 9.4).

7.2 Statuswechsel

Das RDBMS kann die Korrektheit eines abhängigen Objekts unter folgenden Bedingungen nicht mehr gewährleisten:

- Die Struktur eines referenzierten Objekts wird geändert oder gelöscht.
- Die Berechtigungen des Eigentümers eines abhängigen Objekts werden verändert.
- Ein nicht existentes Schemaobjekt wird neu erzeugt.
- Der Zeitstempel eines entfernten Objekts wurde geändert.

Strukturänderung eines referenzierten Objekts

Wird beispielsweise eine Tabelle, die in einer Funktion verwendet wird, unbenannt, so kann die Funktion nicht mehr korrekt ausgeführt werden.

Durch ein dynamisches Verfahren setzt das RDBMS bei solchen Änderungen den Status aller direkt und indirekt abhängigen Objekte im Data Dictionary sofort auf „INVALID“, um zu kennzeichnen, daß diese Objekte vor ihrer nächsten Ausführung nochmals kompiliert oder geparst werden müssen.

Direkte und indirekte Abhängigkeiten

Abbildung 31 stellt die Auswirkung einer indirekten Abhängigkeit bei Strukturänderung der zugrundeliegenden Tabelle durch eine ALTER-Anweisung dar. Die von der Tabelle direkt abhängige View, wie auch die indirekt abhängige Prozedur erhalten den Status „INVALID".

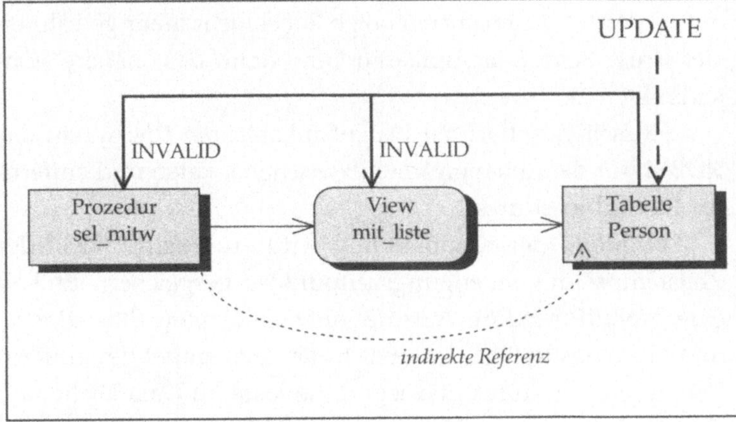

Abbildung 31: Indirekte Referenzierung

Änderung der Berechtigungen des Eigentümers einer StoredProcedure

Das RDBMS überprüft auch den Status von StoredProcedures, wenn die Privilegien ihres Eigentümers geändert werden. Dies ist nötig, um sicherzustellen, daß der Benutzer noch alle notwendigen Berechtigungen für die referenzierten Objekte besitzt. In diesem Fall werden die relevanten StoredProcedures nicht neu kompiliert, sondern nur deren Berechtigungen überprüft.

Erzeugen eines „nicht existenten" Objekts

Während der Kompilierung eines abhängigen Objekts werden Verweise auf referenzierte, unqualifizierte Objektnamen nach folgenden Regeln bestimmt:

1. Der referenzierte Objektname wird im Schema des aktuellen Benutzers gesucht.
2. Falls kein gleichnamiges Schemaobjekt vorhanden ist, wird im gleichen Schema ein privates Synonym unter diesem Namen gesucht.

3. War die Suche nach dem referenzierten Objekt bis zu dieser Stelle erfolglos, sucht das RDBMS ein Public-Synonym unter diesem Namen.

Objekte, die während dieser Suche nicht gefunden wurden, kennzeichnet das RDBMS als „nicht existente Objekte" und das übersetzte Objekt als abhängiges Objekt. Wird zu einem späteren Zeitpunkt eines dieser „nicht existenten" Objekte neu erzeugt, setzt das RDBMS den Status aller abhängigen Objekte auf INVALID, da ansonsten obige Regel nicht mehr gewährleistet wäre. Beim Rekompilieren kann dann das „nähere" Objekt referenziert werden.

Änderung von entfernten StoredProcedures

Zwischen entfernten Datenbankobjekten überwacht das RDBM nur die Abhängigkeiten zwischen lokalen und entfernten StoredProcedures.

Während der Kompilierung wird zu jedem Objekt der Zeitstempel des Erzeugungszeitpunktes gespeichert. Enthält eine StoredProcedure Aufrufe einer entfernten StoredProcedure, liest das RDBMS zusätzlich die Zeitstempel der entfernten StoredProcedures und legt diese lokal im Data Dictionary ab. Wird die lokal abhängige StoredProcedure ausgeführt, vergleicht das RDBMS die lokalen mit den entfernten Zeitstempeln. Stimmen diese Zeitstempel nicht überein, erhalten alle lokal abhängigen Objekte den Status INVALID und eine entsprechende Fehlermeldung wird erzeugt und ausgegeben.

Die Überprüfung von Zeitstempeländerungen führt das RDBMS dabei erst durch,wenn innerhalb einer lokalen StoredProcedure während der Laufzeit ein Aufruf einer entfernten StoredProcedure erfolgt.

In jedem Fall kann ein Objekt solange nicht ausgeführt werden, bis sowohl alle direkt und indirekt referenzierten Objekte als auch das Objekt selbst wieder den Status VALID besitzen.

Besitzt beispielsweise eine StoredProcedure den Status INVALID, wartet Oracle bis zum nächsten Aufruf dieser StoredProcedure, um sie zu kompilieren.

7.3 Rekompilieren von StoredProcedures

In bestimmten Fällen ist es von Vorteil, auf den Automatismus des RDBMS zu verzichten, und nicht mehr gültige Funktionen, Prozeduren oder Packages explizit zu kompilieren. Beispielsweise wird dadurch die zeitintensive automatische Nachkomilierung zur Laufzeit unterdrückt, und eventuelle Programmfehler aufgrund der Änderung eines abhängigen Objekts werden früher erkannt und können behoben werden.

Dazu steht folgende Variante des Alter-Kommandos zur Verfügung:

ALTER FUNCTION *Funktionsname* COMPILE;
ALTER PROCEDURE *Prozedurname* COMPILE;
ALTER PACKAGE *Packagename* COMPILE [PACKAGE BODY];

Das Schlüsselwort FUNCTION (PROCEDURE, PACKAGE) legt fest, daß eine bereits gespeicherte alleinstehende Funktion (Prozedur oder Package) neu kompiliert werden soll. Der Funktionsname wird in *Funktionsname* (*Prozedurname, Packagename*) angegeben. Optional besteht die Möglichkeit, den Deklarationsteil und den Body eines Packages getrennt zu übersetzen.

Dieser Vorgang ist mühsam, wenn sehr viele StoredProcedures, beispielsweise nach einem Releasewechsel von Oracle oder PL/SQL, nachzukompilieren sind, da diese per Namen angegeben werden müssen. Für diese Fälle gibt es von Oracle die Packagefunktion *dbms_utility.compile_all*, die durch

```
execute dbms_utility.compile_all;
```

aufgerufen wird. Diese Funktion kompiliert alle StoredProcedures die den aktuellen Status „invalid" besitzen.

8 Berechtigungen

Datenbanksysteme verwalten in der Regel Daten unterschiedlicher Anwendungen, die von einer Vielzahl von Anwendern gepflegt und visualisiert werden müssen.

Daten müssen vor unberechtigtem Zugriff geschützt werden. Diese Tatsache muß an dieser Stelle nicht diskutiert werden. Aber auch Zugriffsfunktionen auf diese Daten müssen geschützt werden.

Das Oracle-Berechtigungskonzept unterscheidet daher zwei Arten von Privilegien:

- Systemprivilegien
  Berechtigungen für Operationen, die den strukturellen Aufbau der Datenbank betreffen.
- Objektprivilegien
  Berechtigungen für Operationen, die den Inhalt von Datenbankobjekten betreffen.

Diese benannten Privilegien können einem Benutzer selektiv zugeordnet werden. Die Summe dieser zugeteilten Privilegien wird als Datenbank-Berechtigung eines Benutzers bezeichnet. Beispielsweise kann ein Benutzer berechtigt sein, lesend auf bestimmte Attribute einer Tabelle zuzugreifen, ohne diese in ihrer Struktur oder ihrem Inhalt ändern zu dürfen.

Zugriffsrechte werden im allgemeinen vom Eigentümer eines Objekts vergeben. Das Oracle-Privilegienkonzept teilt einem „normalen" Datenbankbenutzer Rechte nicht automatisch zu. Der Datenbankadministrator muß für den Benutzer mindestens das Recht „ALTER SESSION" vergeben, damit die

Anmeldung an Oracle erlaubt ist. Nach dem Anmelden befindet sich der Benutzer automatisch im zugeordneten Schemabereich, in dem er ohne weitere Berechtigungen keine SQL-Anweisungen ausführen kann.

Auf der organisatorischen Ebene können Rollen definiert werden, um bestimmte Berechtigungen übersichtlich zusammenzufassen.

Die übrigen Abschnitte dieses Kapitels beschreiben einige Grundlagen der Berechtigungszuteilung und die speziellen Privilegien, die für StoredProcedures und Trigger vergeben werden können[21].

8.1 Rechtezuteilung

Tabelle 31: Verwaltung und Zuteilung von Privilegien

SQL-Kommando	Beschreibung
CREATE ROLE *Rolle;*	Erzeugen einer Rolle.
GRANT *Privileg* TO *Benutzer;* GRANT *Privileg* TO *Rolle;* GRANT *Privileg* TO PUBLIC;	Zuteilung von Privilegien an einen Benutzer, an eine Rolle oder an den Benutzer PUBLIC.
GRANT *Rolle* TO *Benutzer;* GRANT *Rolle* TO *Rolle2;* GRANT *Rolle* TO PUBLIC;	Zuteilung einer Rolle an einen Benutzer, an eine andere Rolle oder an den Benutzer PUBLIC.
SET ROLE *Rolle;* SET ROLE ALL [EXCEPT *Rolle*[, *Rolle2* ...]]; SET ROLE NONE;	Aktiviert die Rolle *Rolle*, alle Rollen oder deaktiviert alle Rollen des aktuellen Benutzers. Optional können Rollen von der Zuweisung ausgeschlossen werden.
REVOKE *Privileg* ON *Objekt* FROM *Benutzer;* REVOKE *Privileg* ON *Objekt* FROM *Rolle;*	Entzug eines erteilten Privilegs eines Benutzers oder einer Rolle.
DROP ROLE *Rolle;*	Löschen einer Rolle

[21] Eine vollständige Beschreibung des Berechtigungskonzeptes enthält das Oracle-Handbuch „Server SQL Reference" (Release 7.2).

Berechtigungen werden auf zwei Arten an Benutzer erteilt:

- explizit, über Angabe des Benutzernames
- implizit, über Rollen

Tabelle 31 stellt die wichtigsten SQL-Operationen im Zusammenhang mit Privilegien und Rollen in einer Übersicht dar.

Explizites Recht über direkte Zuweisung

Objekt- und Systemprivilegien werden durch den Befehl GRANT einzeln an Benutzer vergeben. Beispielsweise erhält der Benutzer „Hugo" durch folgende Anweisung explizit das Recht, mit Select-, Insert- und Update-Anweisungen auf die Tabelle „Film" zuzugreifen:

```
GRANT SELECT, INSERT, UPDATE
ON film
TO hugo;
```

Bei vielen Datenbankbenutzern mit ähnlichen Berechtigungen erfordert diese Methode einen großen Verwaltungsaufwand.

Implizites Recht über Rollen

Eine Rolle ist eine Menge von beliebigen Objekt- und Systemprivilegien, die unter einem Namen zusammengefaßt werden. Rollen können Benutzern oder anderen Rollen zugeteilt werden. Eine Rolle, die einem Benutzer zugeordnet ist, kann dabei einen der folgenden Stati besitzen:

- Verfügbar (nach GRANT)
- Aktiviert (nach SET ROLE)
- Deaktiviert (beispielsweise vor SET ROLE)

Diese Eigenschaft macht es möglich, daß ein Benutzer nicht immer die Summe aller seiner Rechte besitzen muß, sondern nur die Privilegien, die er für die aktuelle Applikation benötigt.

Beispielsweise soll ein Benutzer nur innerhalb einer Applikation auf einen bestimmten Ausschnitt einer Tabelle lesend zugreifen. Die Applikation aktiviert nach dem Anmelden des Benutzers die geforderte Rolle; nach Verlassen der Session ist diese Rolle zwar noch verfügbar, aber nicht mehr aktiviert, und die entsprechenden Tabelleninhalte können mit keiner anderen Applikation gelesen werden.

Eine besondere Bedeutung besitzt die Default-Rolle, die automatisch nach dem Anmelden eines Benutzers aktiviert wird.

Erzeugen einer Rolle

Um eine Rolle zu erzeugen, muß ein Benutzer das Privileg CREATE ROLE besitzen. In der Regel obliegt dieses Recht dem Benutzer „System".

Zuteilung von Berechtigungen

Nach der Definition einer Rolle werden die gewünschten Berechtigungen mit dem Kommando GRANT an die Rolle vergeben. Mit dem gleichen Befehl kann einem Benutzer eine Rolle zugeordnet werden. Nach Ausführung dieses Befehls „verfügt" der Benutzer zwar über diese Rolle, kann aber die jeweilige Berechtigung nicht ausüben. Eine Rolle kann

- explizt, über das Kommando SET ROLE
- implizit, durch Definition einer Default-Rolle mit der Anweisung ALTER USER

aktiviert werden.

Informationen über Rollen und Zugriffsrechte eines Benutzers können mit den Data Dictionary Views

- *role_sys_privs, role_tab_privs, user_sys_privs (all_sys_privs, dba_sys_privs)*
- *user_tab_privs (all_tab_privs, dba_tab_privs)*

abgefragt werden.

8.2 Privilegien für PL/SQL-Objekte

PL/SQL-Objekte können erzeugt, geändert, gelöscht und ausgeführt werden; Trigger können zusätzlich aktiviert und deaktivert werden. Um diese Operationen durchzuführen, sind folgende Privilegien erforderlich:

- Anlegen – Eine StoredProcedure oder ein Datenbanktrigger darf in ein bestimmtes Schema abgelegt werden.

- Ändern – Der Inhalt einer StoredProcedure oder eines Datenbanktriggers darf verändert werden.
- Löschen – Das jeweilige Objekt darf gelöscht werden.
- Ausführung – Die Zugriffsrechte auf das Objekt werden an einen Benutzer oder an eine Rolle vergeben. Das PL/SQL-Objekt kann zwar ausgeführt, aber nicht verändert werden.

Einen Überblick über die Bezeichner aller dafür nötigen Systemprivilegien gibt Tabelle 32.

Damit ein Benutzer in seinem eigenen Schema StoredProcedures verwalten kann, benötigt er das Privileg CREATE PROCEDURE. Weitere Privilegien zum Ändern oder Löschen sind nicht erforderlich.

Die Anweisung CREATE OR REPLACE ersetzt eine vorhandene Prozedur, Funktion oder ein vorhandenes Package, ohne die bestehenden EXECUTE-Rechte zu löschen.

Objektprivileg: EXECUTE-Recht

Als einziges Objektprivileg steht EXECUTE zur Verfügung. Dieses Recht wird für ein Package *match* beispielsweise mit folgender Anweisung an den Benutzer PUBLIC vergeben:

```
GRANT EXECUTE ON match TO PUBLIC;
```

Gespeicherte Prozeduren, Funktionen und Packages können von jedem Benutzer aufgerufen werden, der das Execute-Recht an diesen Objekten besitzt. Erhält ein Benutzer das Recht, ein Package aufzurufen, kann er alle Funktionen und Prozeduren explizit ausführen, die in diesem Package vereinbart sind.

StoredProcedures sind auch ein Mittel, um Datensicherheit zu gewährleisten. Rechte auf Datenbankobjekte wie Tabellen oder Views können eingeschränkt vergeben werden, wenn das Ausführungsrecht einer Prozedur oder Funktion an den Anwender vergeben wird. Eine StoredProcedure wird dabei mit den Rechten ihres Eigentümers ausgeführt, ohne daß der Ausführende selbst Rechte an den von der StoredProcedure referenzierten Objekten besitzen muß. Allerdings besteht

Tabelle 32: Systemprivilegien für PL/SQL-Objekte

Privileg	Beschreibung
ALTER ANY PROCEDURE	Berechtigt einen Benutzer, beliebige StoredProcedures mit dem Kommando ALTER zu ersetzen.
ALTER ANY TRIGGER	Erlaubnis, Trigger eines beliebigen Eigentümers zu aktivieren, zu dekativieren oder zu kompilieren.
CREATE ANY PROCEDURE	Erteilt das Recht, StoredProcedures in einem beliebigen Schema zu erzeugen.
CREATE ANY TRIGGER	Berechtigt einen Benutzer, in einem beliebigen Schema Trigger zu erzeugen.
CREATE PROCEDURE	Erteilt dem Benutzer das Recht, im eigenen Datenbankschema StoredProcedures zu erzeugen.
CREATE TRIGGER	Berechtigt einen Benutzer, im eigenen Schema Trigger zu erzeugen.
DROP ANY PROCEDURE	Privileg, aus einem beliebigen Schema StoredProcedures zu löschen.
DROP ANY TRIGGER	Trigger dürfen aus einem beliebigen Schema gelöscht werden.
EXECUTE ANY PROCEDURE	Recht, alle StoredProcedures aufzurufen.

darin auch eine Gefahr, da beispielsweise eine Funktion eine andere Funktion mit weitergehenden Rechten aufrufen kann. Solche Auswirkungen müssen mit dem Entwurf der Zugriffsfunktionen berücksichtigt und ausgeschlossen werden.

9 Entwicklung und Fehlersuche

Oracle stellt mit dem Procedure Builder ein graphisches Werkzeug zur Entwicklung und Fehlersuche von PL/SQL-Programmen zur Verfügung. Dieses Werkzeug ist im Programmpaket Oracle Developer/2000 enthalten, das weitere nützliche Einzelwerkzeuge wie Oracle*Forms oder Oracle* Reports zur Verfügung stellt. In der Version 1.5 des Procedure Builder ist ein Debugger integriert, der ein PL/SQL-Programm schrittweise ausführen und Variableninhalte ausgeben kann.

Leser, die nicht über dieses Oracle-Werkzeug verfügen, können ihre PL/SQL-Skripte mit einem Oracle-Werkzeug wie SQL*DBA oder SQL*Plus erstellen und ausführen.

Die nächsten Abschnitte zeigen einige Beispiele, wie PL/SQL-Objekte in diesen Umgebungen entwickelt werden.

9.1 Ausführung

Die Entwicklung von PL/SQL-Objekten ist der Entwicklung von SQL-Skripten sehr ähnlich. Der eigentliche Programmtext wird in der Regel mit einem Editor erstellt und in einer Datei gespeichert.

Die Programmdatei mit dem Namen *match.sql* wird in SQL*Plus bespielsweise durch folgenden Befehl ausgeführt:

```
SQL> start match.sql
PL/SQL procedure successfully completed.
```

Als Ergebnis der Ausführung des Start-Kommandos erhält man entweder eine positive (wie „procedure ... completed") oder eine negative Meldung (wie „warning: procedure created with compilation errors").

Unterschiedliche Behandlung von Textdateien durch den PL/SQL-Prozessor

Eine Textdatei, die vom PL/SQL-Prozessor verarbeitet wird, kann anonyme Blöcke oder Anweisungen zum Erzeugen von StoredProcedures enthalten. Der prinzipielle Unterschied besteht dabei in der Verfahrensweise des PL/SQL-Prozessors mit der jeweiligen Textdatei: Handelt es sich um anonyme Blöcke, werden diese geparst und anschließend sofort ausgeführt. Enthält eine Textdatei Anweisungen zum Erzeugen oder Ändern von StoredProcedures, werden diese geparst und in den entsprechenden Tabellen in der Datenbank eingetragen oder ersetzt.

Die Ausführung einer StoredProcedure muß dann explizit, wie beispielsweise durch die Anweisung

```
SQL> exec match.ins_matchcode(23, 40, 'EN',
                              'BUS STOP');
```

aktiviert werden oder kann, wie im nächsten Beispiel, innerhalb eines anderen Programmteils erfolgen:

```
funktion ins_titel(ti_satz IN titel%ROWTYPE)
return boolean is
   ...

begin
   ...
   match.ins_matchcode(ti_satz.film_id,
           ti_satz.titel_id, ti_satz.sprache,
           ti_satz.titel);
   ...
end;
```

Semantische Fehler, die während der Ausführung eines PL/SQL-Objekts auftreten, werden abhängig von der Art des Fehlers von Oracle oder vom PL/SQL-Prozessor als Exceptions an einen Exceptionhandler im jeweiligen PL/SQL-Block weitergegeben oder führen zum Abbruch der Ausführung.

9.2 Fehlererkennung

Alle Fehler, die der PL/SQL-Prozessor während der syntaktischen oder semantischen Analyse sowie zur Ausführungszeit feststellt, werden im Data Dictionary in der Tabelle „Error$“ abgelegt. Folgende Views zeigen die eingetragenen Fehlermeldungen:

- *user_error, all_error, dba_error*

Innerhalb von SQL*Plus oder SQL*DBA besteht durch das Kommando

Fehlerprotokoll in der Tabelle „Error$“

```
SHOW ERRORS [PACKAGE.FUNCTION Funktionsname]
SHOW ERRORS [PACKAGE.PROCEDURE Prozedurname]
```

eine weitere Möglichkeit, den Fehler abzufragen. Dieser Befehl liest die entsprechenden Fehlermeldungen aus der Tabelle „Error$“ und bereitet sie leserlich auf.

Beispielsweise werden folgende Fehler nach Aufruf von SHOW ERR angezeigt:

```
SQL> start c:\temp\matchdek
Warning: Package created with compilation errors.
SQL> show err;

Errors for PACKAGE MATCH:
LINE/COL ERROR
-----------------------------------
2/5      PL/SQL: Declaration ignored
4/38     PLS-00302: component 'TITEL_ID$TYPE' must be
         declared
```

Die Ausgabe besteht aus einer Liste mit Zeilennummern, Spaltennummern und Fehlermeldungen. Die erste Spalte zeigt leider nicht immer die Nummer der fehlerhaften Zeile im Quelltext, weshalb es oft sehr schwierig ist, die fehlerhafte Stelle im Programmtext zu finden.

Kommando: SHOW ERROR

Handelt es sich um StoredProcedures wie Funktionen oder Packages, dann bezieht sich die Zeilennummer auf den Quelltext, der in der Datenbank gespeichert wird.

Der Quelltext wird vor der eigentlichen Übersetzung in der Datenbank abgelegt; daher ist er auch noch vorhanden, wenn die Übersetzung nicht erfolgreich abgeschlossen werden konnte. Visualisiert wird dieser Quelltext über folgende Data Dictionary Views:

user_source, all_source, dba_source

Beispielsweise zeigt folgende einfache Abfrage dieser View die als fehlerhaft gemeldete Zeile im Package *match* an:

```
SQL> select substr(text, 1, 80)
     from   user_source
     where line = 4 and name = 'MATCH';

SUBSTR(TEXT,1,80)
--------------------------------------------------------------
    in_titel_id  IN   titel.titel_id$TYPE,
```

Der Fehler erweist sich als einfacher Tippfehler: statt %TYPE enthält der Sourcetext eine nicht interpretierbare Deklaration durch $TYPE.

9.3 Debugmöglichkeiten

Der Begriff „Debugging" im Zusammenhang mit PL/SQL verspricht schon fast zuviel.

Package dbms_output

Eine Möglichkeit ist durch das Package *dbms_output* gegeben, das Ein- und Ausgabefunktionen zur Verfügung stellt (Abschnitt 4.10 beschreibt den Packageinhalt genauer).

Beispielsweise kann die überladene Prozedur

```
dbms_output.put_line(...)
```

benutzt werden, um Variableninhalte unterschiedlicher Typen auszugeben und zu überprüfen.

Die Verwendung dieser Funktion als „Debughilfe" wird anhand des folgenden Beispiels gezeigt.

Das Package *match* ist aus einem vorhergehenden Beispiel bereits bekannt. Folgender Aufruf der Packageprozedur *ins_matchcode* liefert nicht das gewünschte Resultat:

```
SQL> exec match.ins_matchcode(96, 118, 'DE',
                        'MARX BROTHERS IM THEATER');
SQL> PL/SQL procedure successfully completed.
SQL> select * from titel_match where titel_id = 118;
no rows selected
SQL> select * from matchliste where wort like 'THEA%';
SPRAC WORT
----- --------
DE    THEATER
```

In die Tabelle „Titel_Match" wurden keine Einträge zum übergebenen Titel vorgenommen, obwohl das Wort 'THEATER' Bestandteil des Titel ist und als Schlagwort in der Tabelle „Matchliste" enthalten ist.

Prozedur:
dbms_output.put_line

Um die Fehlerursache festzustellen, werden folgende Anweisungen zusätzlich in den Quelltext eingefügt:

```
...
package body match is
   ...

   function wort_in_matchliste
        (in_sprache       IN      varchar2,
         in_wort          IN      varchar2)
   return boolean is
      anz_vorhanden number(2) := 0;

   begin
        /* Vergleich, ob Wort vorhanden ist */

      SELECT   count(*)
      INTO     anz_vorhanden
      FROM     matchliste
      WHERE    sprache = in_sprache
        AND    wort    = UPPER(rtrim(ltrim(in_wort)));
      dbms_output.put_line('Wort gefunden: ' ||
                           anz_vorhanden);
      if anz_vorhanden > 0 then
         ...
   ...
```

```
procedure ins_matchcode
     (in_film_id   IN   film.film_id%TYPE,
      in_titel_id  IN   titel.titel_id%TYPE,
      in_sprache   IN   titel.sprache%TYPE,
      in_titel     IN   titel.titel%TYPE)
is
   v_titel titel.titel%TYPE := in_titel || ' ';
   v_nextwort  varchar2(20)      := NULL;

begin
   while length(v_titel) > 0 loop
      v_nextwort := lese_naechstes_wort(v_titel);
      dbms_output.put_line('Wort: ' || v_nextwort);
      ...
...
```

Das Package wird erneut übersetzt und die Prozedur *match.ins_matchcode* anschließend ausgeführt:

```
SQL>  start c:\temp\match
Package created.
Package body created.
SQL> set serverout on;
SQL> exec match.ins_matchcode(96, 118, 'DE', 'MARX
BROTHERS IM THEATER');
Wort: MARX
Wort gefunden: 0
Wort: BROTHERS
Wort gefunden: 0
Wort: IM
Wort gefunden: 0
Wort: THEATER
Wort gefunden: 0
```

Nach Analyse dieser Ausgabe kann der Fehler in der Select-Anweisung der Funktion *wort_in_matchliste* lokalisiert werden, die kein Ergebnis liefert, obwohl das Wort in der angegebenen Sprache in der Tabelle „Matchliste" vorhanden ist. Die Überprüfung der Tabellenstruktur durch

```
SQL> desc matchliste;
 Name                             Null?    Type
 -------------------------------- -------- ----
 SPRACHE                                   CHAR(5)
 WORT                                      VARCHAR2(30)
```

zeigt den Datentyp des Feldes „Sprache": *char(5)*.

Es liegt also ein typischer Fehler vor: Der formale Parameter wurde mit dem Datentyp *varchar2* deklariert und der Vergleich lieferte das Ergebnis FALSE. Zur Behebung des Fehlers wird der Datentyp *varchar2* durch *char* ersetzt und die nächste Ausführung liefert ein korrektes Ergebnis:

```
SQL>  start c:\temp\match
Package created.
Package body created.
SQL> set serverout on;
SQL> exec match.ins_matchcode(96, 118, 'DE',
                              'MARX BROTHERS IM THEATER');
Wort: MARX
Wort gefunden: 0
Wort: BROTHERS
Wort gefunden: 0
Wort: IM
Wort gefunden: 0
Wort: THEATER
Wort gefunden: 1
PL/SQL procedure successfully completed.
SQL> select * from titel_match;
  FILM_ID  TITEL_ID WORT
--------- --------- --------------------
       96       118 THEATER
```

Die Aufgabe ist gelöst: Das „Schlagwort "THEATER" wird in die Tabelle „Titel_Match" eingefügt.

9.4 Data Dictionary Views

Das Data Dictionary enthält eine Reihe von Views, die alle notwendigen Informationen zu gespeicherten PL/SQL-Objekten anbieten:

- *user_dependencies, all_dependencies, dba_dependencies*
- *user_errors, all_errors, dba_errors*
- *user_objects, all_objects, dba_objects*
- *user_object_size, all_object_size, dba_object_size*
- *user_source, all_source, dba_source*
- *user_triggers, all_triggers, dba_triggers*

Stellvertretend für die Views mit dem Präfix *all_* und *dba_* werden im folgenden die Views mit dem Präfix *user_* genauer untersucht.

Die View *user_dependencies* (siehe Kapitel 7) veranschaulicht Abhängigkeiten zwischen Objekten in der Datenbank, wie z. B. zwischen StoredProcedures und den referenzierten Tabellen.

Folgender Aufruf dieser View zeigt alle gespeicherten PL/SQL-Objekte, die lesend oder schreibend auf die im Parameter *&1* angegebene Tabelle zugreifen:

```
SET CONCAT ON
SET VERIFY OFF
SELECT     substr(type, 1, 10) AS obj_type,
           name,
           referenced_name,
           referenced_type,
           substr(referenced_owner, 1, 8),
           substr(referenced_link_name, 1, 8)
FROM       dba_dependencies
WHERE      referenced_name like UPPER('&1' || '%')
  AND      referenced_type = 'TABLE'
ORDER BY obj_type;
```

Die Attribute *type* und *name* beziehen sich dabei auf das jeweilige PL/SQL-Objekt und die Attribute mit dem Präfix *referenced_* auf das abhängige Datenbankobjekt.

View: user_errors

Diese View zeigt, wie im Abschnitt 9.2 beschrieben, alle Fehler, die während der Übersetzung und Ausführung von PL/SQL-Objekten auftreten.

View: user_objects

Die View *user_objects* zeigt alle Objekte an, deren Eigentümer der aktuelle Benutzer ist. Unterschieden werden diese Objekte nach ihrem Typ:

```
CLUSTER      DATABASE LINK  FUNCTION
INDEX        PACKAGE        PACKAGE BODY
PROCEDURE    SEQUENCE       SYNONYM
TABLE        TRIGGER        VIEW
```

Folgender Befehl zeigt beispielsweise alle alleinstehenden StoredProcedures mit ihrem Gültigkeitsstatus an:

```
SQL> break   on object_type
SQL> SELECT  object_type, substr(object_name, 1, 30),
             status
      FROM   user_objects
      WHERE  object_type in ('FUNCTION', 'PROCEDURE')
      ORDER BY  object_type;

OBJECT_TYPE   SUBSTR(OBJECT_NAME,1,30) STATUS
------------- ------------------------ ------
FUNCTION      INS_PERSON               VALID
              LESE_BENROLLE            VALID
              NAECHSTER_WERT           VALID
PROCEDURE     CREATE_FKINDEXE          INVALID
              CREATE_SYN               VALID
              CRE_FKINDEX_ANW          INVALID
              VERTEILE_TITEL           VALID
              TEST3                    VALID
              SUCHE_FILME              VALID
              LESE_LOGINRECHT          VALID
              INS_CHECKFILM            VALID
```

Ein weiteres Viewattribut ist „created". Dieses zeigt den Zeitpunkt der Erzeugung eines Objekts durch den Befehl CREATE an. Während der Lebensdauer eines Objekts in der Datenbank wird dieser Attributwert nicht verändert.

View: user_object_size

Mit Hilfe der View *user_object_size* kann die Größe (in Bytes) von allen Objekten in der Datenbank überprüft werden. Für gespeicherte PL/SQL-Objekte wird die Bytegröße des Quelltextes und des geparsten Programmtextes gespeichert.

Ein Beispiel:

```
set break on type
SELECT  type, name, source_size, parsed_size
FROM    user_object_size
WHERE   type like 'PACK%'
   OR   type in ('FUNCTION', 'PROCEDURE')
ORDER BY type;
```

View: user_source

Die View *user_source* visualisiert den Quelltext von gespeicherten StoredProcedures.

Folgendes Beispiel zeigt den Anfang des gespeicherten Textes des Packages *match* an:

```
SQL> select line, substr(text, 1, 60)
  2   from user_source
  3   where name = 'MATCH' and type = 'PACKAGE BODY';

LINE SUBSTR(TEXT,1,60)
--------- -------------------------------------------
   1 package body match is
   2 /***********************************************
   3       Lokaler Packagebodyteil
   4 ***********************************************/

   5     function wort_in_matchliste
   6         (in_sprache        IN     char,
   7          in_wort           IN     varchar2)
   8     return boolean is
   9         anz_vorhanden number(2) := 0;
  10     begin
  11         /* Vergleich, ob Wort vorhanden ist */
  12         SELECT  count(*)
  13         INTO    anz_vorhanden
```

View: user _triggers

Zur Visualisierung von Triggern steht eine eigene View mit dem Namen *user_triggers* zur Verfügung.

```
SQL>  SELECT    trigger_name, trigger_type, table_name
  2   FROM      user_triggers;
TRIGGER_NAME                   TRIGGER_TYPE     TABLE_NAME
-------------------------- ---------------- ----------
TRG_TITEL_DEL                  AFTER EACH ROW   TITEL
TRG_TITEL_SET_CHECKPOINT       AFTER EACH ROW   TITEL
TRG_TITEL_SNAPSHOT             AFTER EACH ROW   TITEL
```

Weitere Viewattribute (wie z. B. *triggering_event*, *when_clause* und *trigger_body)* existieren, um die einzelnen Bestandteile eines Triggers darzustellen. Beispielsweise werden der Triggerstatus (ENABLED oder DISABLED), die Triggerereignisse (INSERT, UPDATE, DELETE) und der Triggerzeitpunkt (BEFORE, AFTER) angezeigt.

10 Einsatzbereiche von PL/SQL

Immer mehr Bedeutung wird PL/SQL zugestanden, wenn es um die Entwicklung von Client-Server-Applikationen auf Oracle-Datenbanken geht. Die Datenbank fungiert nicht mehr nur als Datenserver, sondern stellt in Form von StoredProcedures Anwendungslogik bereit.

Version 7.1 bietet die Möglichkeit, innerhalb von SQL-Anweisungen beliebige PL/SQL-Module aufzurufen. Diese Tatsache erscheint im ersten Moment nicht so interessant, da SQL-Build-in-Funktionen bereits in SQL-Statements verwendet werden konnten. Bei genauerer Betrachtung erweitert diese Möglichkeit jedoch den Funktionsumfang von SQL beträchtlich und ermöglicht daneben neue Maßnahmen zum Tuning einer bestimmten Art von SQL-Statements.

Die folgenden Abschnitte untersuchen diese beiden Aspekte genauer.

10.1 Kapselung der Datenzugriffe

Die wesentlichen Anforderungen eines Client-Programmes an eine Datenbank sind, erforderliche Daten aus der Datenbank zu lesen und Änderungen dort zu speichern. In herkömmlichen Client-Server-Applikationen spielt Oracle dabei die Rolle des Datenservers, da die Zugriffslogik im Client-Programm implementiert ist. In den meisten Fällen müssen die verwendeten Tabellen- und Attributnamen dem Client-Programm bekannt sein.

Durch PL/SQL bietet sich ein neuer Einsatzbereich für Oracle. Sämtliche Zugriffe und Operationen an den Tabellen können mittels PL/SQL-Programmen in der Datenbank als definierte Zugriffsschicht vorliegen. Ein interessanter Aspekt ist auch, einen Teil der Anwendungslogik durch Stored-Procedures in die Datenbank zu legen. Der Austausch von Daten mit einem Client-Programm erfolgt nur über diese PL/SQL-Funktionen und Prozeduren. Für die Programmentwicklung bietet es den wesentlichen Vorteil, daß alle Datenzugriffe gekapselt und zentral vorliegen. Modifikationen an den Tabellen und an den Zugriffen können ohne Änderung der Client-Seite durchgeführt werden, sofern die Schnittstelle zwischen PL/SQL-Funktion und Client nicht verändert werden muß. Die Bereitstellung einer definierten Schnittstelle, über die jedes Anwendungsprogramm auf die Datenbank zugreifen muß, ist auch in bezug auf die Datensicherheit interessant. Abbildung 32 stellt diese Schichtenarchitektur der traditionellen Schnittstelle mit direktem Zugriff auf die Datenbanktabellen gegenüber.

Abbildung 32: Zugriffsarchitektur mit und ohne PL/SQL

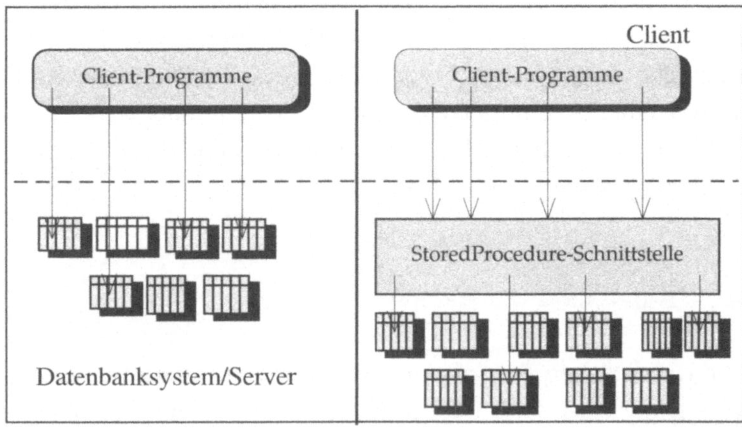

Ein weiterer Vorteil betrifft das Laufzeitverhalten, da auf der Datenbankseite transaktionsintensive Operationen schneller durchgeführt werden können.

Nachteilig bei der Programmentwicklung ist die Pflege von zwei unterschiedlichen Sprachschnittstellen wie beispielsweise von C++ und PL/SQL. Änderungen an dieser Schnittstelle sind oft nur unter hohem Zeitaufwand durchzuführen. Der nötige Aufwand steigt in der Regel mit der Anzahl der Applikationen, die auf die PL/SQL-Schnittstelle zugreifen.

Es überwiegt jedoch der Vorteil, daß unterschiedliche Applikationen, die eventuell mit unterschiedlichen Sprachen entwickelt wurden, nur mit einer Datenbankschnittstelle kommunizieren, in der die Geschäftsregeln zentral implementiert vorliegen.

Die in der Paramterleiste von StoredProcedures erlaubten Datentypen sind seit Version 7.2 auch geeignet, große Datenmengen an das Client-Programm zurückzuliefern. Mit PL/SQL-Tabellen können einzelne Spalten einer Tabelle beispielsweise an einen Array im C-Programm übergeben werden. Damit bietet sich die Möglichkeit, durch **einen** Aufruf einer StoredProcedure mehrere Zeilen aus Datenbanktabellen als Ergebnis zu liefern. Diese Funktionalität wurde mit Version 7.3 weiter verbessert, da als Datentypen von PL/SQL-Tabellen erstmalig auch strukturierte Typen wie Records erlaubt sind.

Wird als Programmschnittstelle zu Oracle OCI (**O**racle **C**all **I**nterface) eingesetzt, erweist sich diese Methode in bestimmten Fällen als etwas unbequem, da eine obere Grenze für den Austausch von Daten zwischen einem C-Array und einer PL/SQL-Tabelle existiert[22]: Ist die Datenmenge in der PL/SQL-Tabellenspalte größer als dieser maximal vorgegebene Wert, muß die Ergebnismenge in Portionen unterteilt werden.

Der Einsatz von Views, für umfangreiche Lesezugriffe, neben der StoredProcedure-Schicht könnte dieses Problem lösen.

[22] Die maximale Anzahl der Array-Elemente errechnet sich aus 32512 Bytes geteilt durch die Bytelänge des Datentyps des jeweiligen Elementes.

10.2 PL/SQL innerhalb von SQL

Seit PL/SQL Version 2.1 (Oracle Version 7.1) besteht die Möglichkeit, aus SQL-Anweisungen gespeicherte PL/SQL-Funktionen aufzurufen. PL/SQL-Funktionen können an jeder der folgenden Stellen innerhalb einer SQL-Anweisung stehen, an der auch Standard-SQL-Funktionen vorkommen dürfen:

- SELECT-Liste,
- WHERE-Liste
- START WITH-Liste
- GROUP BY-Liste,
- HAVING -Liste
- ORDER BY-Liste
- SET-Liste,
- VALUES-Liste

PL/SQL-Prozeduren können nicht verwendet werden, da sie kein Ergebnis liefern.

Der Funktionsbezeichner kann wie gewohnt durch die Notation

```
[Schemaname.][Packagename.]Funktionsname
        [@Datenbanklink][(Parameter)]
```

angegeben werden. Die Parameter dürfen allerdings nur positional angegeben werden, namentliche oder gemischte Übergabe ist nicht erlaubt.

Das folgende Beispiel zeigt zuerst die Implementierung der Packagefunktion *lese_titel*, dann ihren Aufruf innerhalb einer SQL-Anweisung.

```
package film_lst as
   /* Benutzerspezifische Spracheinstellung */
   glob_titel_sprache    varchar2(5) := 'DE';

   function  lese_titel
      (in_filmid       in      titel.film_id%TYPE,
       in_sprache      in      titel.sprache%TYPE)
   return titel.titel%TYPE;

   pragma restrict_references
      (lese_titel, WNDS, WNPS, RNPS);
end film_lst;

package body film_lst as
/***********************************************
  Abhangig von der ubergebenen Sprache wird ein
  bestimmter Titel des Beitrages zuruckgeliefert;
***********************************************/
function  lese_titel(
             in_filmid         in      titel.film_id%TYPE,
             in_sprache        in      titel.sprache%TYPE)
   return titel.titel%TYPE is
      v_titel titel.titel%TYPE := NULL;
   begin
      if (in_filmid is not NULL) and (in_filmid > 0)
      then
         SELECT     titel
         INTO       v_titel
         FROM       titel t1
         WHERE      t1.film_id       = in_filmid
           AND      typ =
                    (SELECT min(typ)
                     FROM   titel t2
                     WHERE  t2.film_id = t1.film_id
                       AND  t2.sprache = in_sprache);
      end if;
      return(v_titel);
   exception
      when NO_DATA_FOUND then
         return NULL;
   end;
end film_lst;
```

Die Funktion *lese_titel* liefert in Abhängigkeit der übergebenen Sprache den Titel mit dem „kleinsten" Typ. Das Attribut „Typ" legt dabei ein Kriterium für die Wichtigkeit eines Titels innerhalb einer bestimmten Sprache fest.

Die Implementierung einer View mit Aufruf dieser Funktion innerhalb der Select-Liste hat folgendes Aussehen:

```
CREATE VIEW  vtitelliste
(     film_id,
      jahr,
      genre,
      deutschertitel,
      orginaltitel)
AS
SELECT   f.film_id, f.jahr, g.text,
         film_lst.lese_titel(f.film_id, 'DE') TIDE,
         film_lst.lese_titel(f.film_id, 'OF') TIOT
FROM     film f, titel t, genre g
WHERE f.film_id  = t.film_id
  AND    f.genre    = g.genre_id;
```

Funktionen, die innerhalb von SQL verwendet werden sollen, müssen folgende Voraussetzungen erfüllen, um mögliche Begleiterscheinungen während der Ausführung der SQL-Anweisung zu verhindern:

Parametermodus IN

1. Die formalen Funktionsparameter müssen als Eingabeparameter deklariert sein.

SQL-Datentypen

2. Als Datentypen der Parameter und des Ergebniswertes sind alle SQL-Typen erlaubt. Die beiden PL/SQL-spezifischen Basisdatentypen *binary_integer* und *boolean* wie auch die strukturierten Typen, wie z. B. „PL/SQL-Tabelle" und „Record", dürfen demnach nicht verwendet werden.

SQL-Operation

3. Innerhalb des Funktionskörpers darf keine Insert-, Update- oder Delete-Anweisung stehen.

Package-Variablen

4. Lokale Funktionen dürfen zwar Packagevariablen referenzieren, diese aber nur verändern, wenn der Funktionsaufruf in der Select-, Values- oder Set-Liste der SQL-Anweisung benutzt wird. Bei Funktionsaufrufen in einer verteilten Datenbank ist es nicht erlaubt, Packagevariablen zu referenzieren.

Diese Einschränkungen gelten auch für alle im Funktionskörper referenzierten Prozeduren oder Funktionen. Die Überprüfung dieser Regeln führt das RDBMS zur Übersetzungszeit einer alleinstehenden oder einer Packagefunktion durch. Funktionen in Packages können vor ihrer eigentlichen Implementierung bereits in einem Packagedeklarationsteil in der Datenbank bekannt sein und innerhalb einer View referenziert werden.

Packagefunktionen, die innerhalb von SQL-Anweisungen verwendet werden sollen, müssen daher im Packagedeklarationsteil mit einer speziellen Pragma-Anweisung gekennzeichnet werden, um die Einhaltung dieser Regeln zu garantieren.

Die Syntax dieser Anweisung lautet:

```
PRAGMA RESTRICT_REFERENCES
        (Funktionsname, WNDS [, WNPS][, RNDS][, RNPS])
```

Mit dieser Anweisung werden die Implementierungsmöglichkeiten der Funktion mit dem Bezeichner *Funktionsname* eingeschränkt. Die Pragma-Anweisung muß im Packagedeklarationsteil nach der Funktionsdeklaration stehen. Die etwas kryptischen Konstanten bedeuten im einzelnen:

WNDS (**W**rites **N**o **D**atabase **S**tate)
Verspricht, keine Insert-, Update- oder Delete-Anweisung auszuführen.

WNPS (**W**rites **N**o **P**ackage **S**tate)
Zusicherung, daß die Funktion keine globale Packagevariable ändern wird.

RNDS (**R**eads **N**o **D**atabase **S**tate)
Innerhalb der Funktion wird keine Select-Anweisung verwendet.

RNPD (**R**eads **N**o **P**ackage **S**tate)
Die Funktion wird keine globale Packagevariable referenzieren.

Welche Konstanten verwendet werden, hängt vom tatsächlichen Einsatz der Funktion ab.

11 Standard-Packages

Oracle stellt ab Version 7.0 mit dem Datenbanksystem neben den Packages *standard* und *dbms_standard* eine Reihe von PL/SQL-Packages bereit, deren Funktionalität mehr als die üblichen Anforderungen zur Programmierung von Datenbankskripten abdeckt. Einige dieser Packages wurden bereits in den vorhergehenden Abschnitten beschrieben, wie beispielsweise die Packages *dbms_output* und *dbms_sql*.

Alle Packagenamen besitzen das Präfix „dbms" und gehören dem Benutzer SYS. Jeder Packagebezeichner ist mit einem gleichnamigen Public Synonym versehen; dadurch sind sie aus jedem Schema aufrufbar. Prozeduren und Funktionen in den Standard-Packages können ohne Packagenamen aufgerufen werden, da *standard* und *dbms_standard* als „Default"-Packages behandelt werden. Alle anderen Packagenamen müssen beim Aufruf angegeben werden.

Dieses Kapitel soll einen Überblick über einige der vorhandenen DBMS-Packages geben, ohne sie vollständig zu beschreiben. Tabelle 33 bietet eine vollständige Übersicht über alle Packagenamen.

Tabelle 33: DBMS-Packages

Packagename	Beschreibung
dbms_ transaction	Enthält Prozeduren zur Transaktionssteuerung.
dbms_session	Stellt die Funktionalität von SQL-Befehlen zur Sessionsteuerung in Form von Prozeduren zur Verfügung.

Packagename	Beschreibung
dbms_ddl	Erlaubt die Ausführung von einigen DDL-Befehlen innerhalb von PL/SQL.
dbms_utility	Bietet nützliche Unterprogramme, um Informationen über die Datenbank zu erfahren.
dbms_lock	Ermöglicht, einige Mechanismen des OLM (Oracle Lock Management) zu nutzen, um benutzerspezifische Sperren zu erzeugen und einzusetzen.
dbms_output	Enthält eine Reihe von Ein- und Ausgabefunktionen.
dbms_snapshot	Bietet eine Programmierschnittstelle, um Snapshots und deren Datenausschnitte zu verwalten.
dbms_mail	Sendet eine Nachricht an einen Oracle*Mail-Benutzer.
dbms_pipe	Enthält Funktionen und Prozeduren zum Verwalten von Datenbankpipes und zum Senden und Empfangen von Daten über eine Pipe.
dbms_alert	Bietet Möglichkeiten, um Programme asynchron über Änderungen in der Datenbank zu informieren.
dbms_job	Stellt eine Schnittstelle mit Funktionen zum Verwalten von Jobs in der Datenbank bereit.

Package dbms_mail

Das Package *dbms_mail* enthält eine Prozedur mit dem Namen *send*. Mit Hilfe dieser Packageprozedur kann eine Mail an einen Benutzer des Oracle-Werkzeuges Oracle*Mail verschickt werden. Der Aufruf kann dabei aus jeder Oracle unterstützenden Anwendung, direkt aus einem PL/SQL-Objekt oder aus einem Trigger erfolgen.

Package dbms_transaction

Das Package *dbms_transaction* bildet unter anderem die Funktionalität einiger SQL-Befehle zur Transaktionssteuerung durch Prozeduren nach. Die Tabelle 34 stellt die jeweilige Prozedur dem analogen SQL-Befehl gegenüber. Allerdings wird der Aufruf von einigen Packageprozeduren nur in einer bestimmten Umgebung erlaubt. Beispielsweise kann die Prozedur *commit* nicht aus Triggern, SQL*Forms oder aus einer entfernten Session heraus aufgerufen werden.

Prozedurname	SQL-Anweisung
advise_commit advise_rollback advise_nothing	alter session advise commit; alter session advise rollback; alter session advise nothing;
commit	commit;
commit_comment (cmnt varchar2)	commit comment *text;*
commit_force (xid varchar2, scn varchar2 default null)	commit force *text;*
rollback	rollback;
rollback_force (xid varchar2)	rollback force *text;*
rollback_savepoint (svpt varchar2)	rollback to savepoint *savepoint_name;*
savepoint (savpt varchar2)	savepoint *savepoint_name;*
read_only read_write	set transaction read only; set transaction read write;
use_rollback_segment (rb_name varchar2)	set transaction use rollback segment *segment_name;*

Tabelle 34: Prozeduren im Package dbms_transaction

Package dbms_pipe

Das Package *dbms_pipe* bietet verschiedenen Oracle-Prozessen die Möglichkeit, Daten über eine Pipe auszutauschen. Im Unterschied zum Package *dbms_alert* unterliegt *dbms_pipe* nicht dem Oracle-Transaktionsmechanismus.

Sender und Empfängerprogramme können in beliebigen Sessions auf der gleichen Datenbankinstanz aktiv sein. Dabei können beliebig viele Prozesse auf die gleiche Pipe lesend oder schreibend zugreifen. Eine Pipe kann man sich als FIFO(first in first out)-Liste vorstellen: die Daten, die zuerst in die Liste geschrieben werden, müssen auch zuerst gelesen werden. Bidirektionale Pipes werden nicht direkt unterstützt, können aber durch zwei eigenständige Pipes realisiert werden.

Pipes können seit PL/SQL Version 2.2 als private oder öffentliche Pipes definiert sein, wobei eine private Pipe nur von ihrem Eigentümer genutzt werden kann.

Folgende Funktion erzeugt eine Pipe:

```
function create_pipe( pipename        IN varchar2,
                      maxpipesize     IN integer DEFAULT 8192,
                      private         IN boolan  DEFAULT TRUE)
return integer;
```

Der Parameter *pipename* kennzeichnet den Namen der Pipe, der in der Datenbank eindeutig sein muß. Eine Richtgröße für die Länge der Daten in der Pipe kann im Parameter *maxpipesize* vorgegeben werden. Der dritte Parameter *private* kennzeichnet den Verwendungszweck als lokale oder öffentliche Pipe. Im Erfolgsfall wird der Wert 0 als Ergebnis geliefert.

Die Prozedur *pack_message* stellt die zu verschickenden Daten in einen von der Pipe intern verwalteten Speicherbereich. Die Prozedur *unpack_message* liest die gesendeten Daten wieder aus diesem Speicherbereich. Diese Aufrufe müssen für jedes zu schreibende oder zu lesende Literal oder für jede Variable erfolgen. Um definierte Daten zu erhalten, muß gewährleistet sein, daß die Reihenfolge der Aufrufe auf der Sender- und Empfängerseite bekannt ist und von beiden eingehalten wird. Die Schnittstellen dieser beiden überladenen Prozeduren lauten:

```
procedure pack_message( item        IN varchar2);
procedure pack_message( item        IN number);
procedure pack_message( item        IN date);
procedure pack_message_raw( item    IN raw);
procedure pack_message_rowid(item   IN rowid);

procedure unpack_message(item           OUT   varchar2);
procedure unpack_message(item           OUT   number);
procedure unpack_message(item           OUT   date);
procedure unpack_message_raw(item       OUT   raw);
procedure unpack_message_rowid(item     OUT   rowid);
```

Die Funktion

```
function dbms_pipe.send_message(
                    pipename       IN  varchar2
                    timeout        IN  integer DEFAULT maxwait,
                    maxpipesize    IN  integer DEFAULT 8192)
return integer;
```

stellt die Daten in die Pipe, und die Funktion

```
function dbms_pipe.receive_message
                  (pipename        IN        varchar2
                   timeout         IN        integer default maxwait)
return integer;
```

liest die Daten aus der Pipe.

Eine Pipe wird durch Aufruf der Funktion

```
function remove_pipe(pipename      IN        varchar2)
return integer;
```

wieder gelöscht.

Package dbms_jobs

Mit Hilfe dieses Packages können auf einfache Weise PL/SQL-Batchjobs in der Datenbank ausgeführt werden. Beispielsweise können damit periodische oder einmalig aufwendige Arbeitsschritte zu einem bestimmten Zeitpunkt aktiviert werden.

Die Prozedur *submit* definiert einen Job und stellt ihn in eine sogenannte Jobwarteschlange:

```
procedure submit(   job          OUT    binary_integer,
                    what         IN     varchar2,
                    next_date    IN     date         DEFAULT sysdate,
                    interval     IN     varchar2     DEFAULT NULL,
                    no_parse     IN     boolean      DEFAULT FALSE);
```

Der Ausgabeparameter *job* liefert eine eindeutige Jobnummer, die für spätere Operationen zur Verwaltung dieses Jobs benötigt wird. Der Parameter *next_date* spezifiziert, wann der Job wieder gestartet werden soll. Der Name des Programms, das ausgeführt werden soll, erhält der Parameter *what*.

Jeder Job kann durch Aufruf der folgenden Prozedur wieder aus der Warteschlange gelöscht werden:

```
procedure remove(job        IN        binary_integer);
```

Die eindeutige Jobnummer wird an den Parameter *job* übergeben.

Folgende Prozedur kann benutzt werden, wenn ein in der Warteschlange vorhandener Job sofort ausgeführt werden soll:

```
procedure run(job        IN        binary_integer);
```

Zur Überwachung der Jobschlange stehen folgende Data Dictionary Views zur Verfügung:

- *user_jobs*
  (*all_jobs, dba_jobs*)

- *user_jobs_running*
  (*all_ jobs_running, dba_ jobs_running*)

Package dbms_alert

Das Package *dbms_alert* bietet Routinen, um Programme über Zustandsänderungen in der Datenbank zu informieren. Diese Interessenten müssen sich explizit für dieses Ereignis in der Datenbank registrieren lassen. Die relevante Zustandsänderung in der Datenbank kann von einem Trigger oder einer StoredProcedure festgestellt und als Nachricht an den jeweiligen Adressaten geleitet werden.

Literatur

Dieses Buch wurde auf der Basis von Oracle 7.2 und PL/SQL 2.2 geschrieben.

1. PL/SQL User's Guide and Reference Version 2.2, 1995
2. SQL*Plus User's Guide and Reference Version 3.1, 1992
3. SQL Language Reference Manual, 1992
4. Concepts Manual, 1992
5. Steven Feuerstein: Oracle PL/SQL Programming, O'Reilly & Associates, Sept. 1995
6. Günther Stürner: Oracle7, dbms Publishing, 1993

Abbildungen

Abbildung 1: Zusammenhang zwischen Instanz und Datenbank.....2
Abbildung 2: Physikalische und logische Ebene.....4
Abbildung 3: Architektur des PL/SQL-Prozessors im Server.....27
Abbildung 4: Architektur des PL/SQL-Prozessors im Client.....28
Abbildung 5: SQL und PL/SQL-Aufrufe aus Clientprogrammen.....30
Abbildung 6: Anonymer Blockaufbau.....62
Abbildung 7: Benannter Blockaufbau.....63
Abbildung 8: Unterschiedliche Blockvarianten.....64
Abbildung 9: Aufbau des Deklarationsteils.....66
Abbildung 10: Aufbau des Anweisungsteiles.....67
Abbildung 11: Aufbau des Exceptionsteiles.....69
Abbildung 12: PL/SQL-Tabelle.....77
Abbildung 13: Deklaration einer Variablen mit %TYPE.....82
Abbildung 14: Deklaration einer Variablen mit %ROWTYPE.....85
Abbildung 15: Gültigkeit und Sichtbarkeit von Variablen.....102
Abbildung 16: Die vier Cursor-Phasen.....139
Abbildung 17: Aufbau des Exceptionteils.....164
Abbildung 18: Behandlung einer Exception.....171
Abbildung 19: Benutzerdefinierte Exception.....178
Abbildung 20: Phasen einer dynamischen Select-Anweisung.....189
Abbildung 21: Parametermodi IN, OUT, IN OUT.....218
Abbildung 22: Methoden zur Parameterübergabe.....221
Abbildung 23: Overloading von Funktionen.....229
Abbildung 24: Spezifikationsteil und Packagebody.....235
Abbildung 25: Spezifikationsteil eines Packages.....237
Abbildung 26: Aufruf einer entfernten Packagefunktion.....249
Abbildung 27: Ausführung von Triggern nach UPDATE.....255
Abbildung 28: Triggeraufbau.....257
Abbildung 29: Typischer Ausführungsteil eines Zeilentriggers.....258
Abbildung 30: Kaskadierende Trigger.....260
Abbildung 31: Indirekte Referenzierung.....273
Abbildung 32: Zugriffsarchitektur mit und ohne PL/SQL.....294

Index

-- 59
!= 106
%FOUND 145
%ISOPEN 144; 197
%NOTFOUND 145; 151
%ROWCOUNT 145; 151; 198
%ROWTYPE 88; 238
%TYPE 82
* 104
+ 104
:NEW 258
:OLD 258
< 106
<= 106
= 106
>= 106
|| 109

A

Abbruchbedingung 129
Abhängigkeiten 216
abs 114
add_months 122
Aktivierungszeitpunkt 254
aktuelle Datum 122
aktuelle Parameter 217; 221
Aliasname 87; 98
ALTER 13
AND 108
anonymer Block 201; 212; 227
Anweisung 125
Anweisungsteil 64; 67
Argumente 217
Arithmetische Operatoren 104
Array 78; 295
AS 65
ascii 117
Assoziationsoperator 222
Aufruf eines Packageobjekts 245
Aufrufstelle 69
Ausdruck 103
Ausführungsplan 3
Ausführungsteil 206
Ausgabeparameter 204
Ausgabeprozedur 158
Auslösezeitpunkt 264
Ausnahmesituation 65; 68; 165; 170

B

Bedingung 132
Bedingungsteil 125
Befehlsspeicherbereich 37
BEGIN 67
Benutzer-Variable 45
Berechtigung 254
Berechtigungskonzept 21

BETWEEN 108
binary_integer 77
Bind-Variable 42; 43
Block 62
  anonymer 62
  benannter 63
Blockbezeichner 72
boolean 106
Built-in-Funktionen 113

C

ceil 114
chr 117
Client 79
CLOSE 142
Cluster 8
column_value 193
COMMIT 19; 53; 161
concat 117
constraining table 268
Constraintbedingung 267
count 113
CREATE 13; 62; 215
  Package 233
  Trigger 263
CREATE OR REPLACE 215
  Package 234
Currval 23
Cursor 137
  explizit 138
  global 238
  implizit 138
  öffnen 140
  Parameterübergabe 147
  Statusmeldungen 138
Cursor-Ergebnismenge 133
Cursor-For-Schleife 154
Cursorname 153
Cursorparameter 145

D

Data Definition Language 12
Data Dictionary 9; 186; 234; 289
  Views 10
Database Buffer Cache 2; 3
date 106
Datenbank 1; 2
  verteilte 203
Datenbankbenutzer 124
Datenbankdateien 5
Datenbanklink 248
Datenbankobjekt 235
Datenbanksystem 1; 248
Datenbanktrigger 230; 251
Datenintegrität 251
Datenserver 293
Datensicherheit 10; 230; 281; 294
Datenstruktur 137
Datentyp 73
  abgeleiteter 84
  elementarer 76; 88
  explizite Umwandlung 89
Datentypdeklaration
  implizit 84
Datentypkonvertierung 99; 217
dbms_alert 306
dbms_mail 302
dbms_pipe 303
dbms_sql 185
dbms_utility.compile_all 275
DDL-Anweisungen 14
Debugger 283
Debuginformationen 158
DEFAULT 92

Default-Rolle 280
Defaultwert 218
DEFINE 45
Definition 225
Definitionsteil 203; 257
Deklaration 225
  Cursor 145
  Variable 92
Deklarationsteil 64; 65; 206
DELETE 17
DESCRIBE 37
Developer/2000 283
disable 158
DML-Operation 14; 258
DROP 14
  Funktion 216
  Package 234
  Prozedur 216
  Trigger 265

E

Eingabeparameter 146
Einstellungen 124
ELSE 126
END 67
END LOOP 129
entfernte Datenbankobjekte 274
entfernte Tabellen 260
Ereignis 69; 164
Ergebniszeile 138
Error$ 285
Exception 69; 150; 162
  benannte 179
  benutzerdefiniert 178
  Definition 164
  Erzeugung 163; 179
  intern 172
  namenlos 180
  Sichtbarkeitsregel 179
  unbehandelt 166
  Vereinbarung 179
Exceptionbereich 64
Exceptionbezeichner 175; 176
Exceptionhandler 69; 170
  reserviert 165
Exceptionhandling 162
Exceptionteil 68; 163; 181; 207; 261
Exceptiontypen 176
execute 191; 281
execute_and_fetch 191
EXIT 135

F

Fallunterscheidung 126; 127
FALSE 111
Fehlerbehandlung 233
FETCH 141
fetch_rows 191
Fetch-Anweisung 97; 142
FIFO-Liste 303
FOR EACH ROW 265
FOR-Loop 131
formale Parameter 221
Formatierung 33
Fremdschlüssel
  dynamisch indizieren 198
FUNCTION 204
Funktion 8; 63; 202
  kompilierte 230
  rekursive 225
  Resultatwert 208
  Sichtbarkeitsbereich 213
  überladene 226; 242

G

Geparste Form 262
GET_LINE 160
GOTO 133; 136
GRANT 14; 279
greatest 123
Gültigkeitsbereich 101
  Cursorparameter 149
  Exception 183
  Packageobjekt 238
  Unterprogramm 213; 214

I

IF 126
IN 107
IN OUT 204
Index 8
Initialisierung 92
  Recordvariable 86
  Variable 92
INPUT 38
INSERT 15
Instanz 1; 2
instr 117
instrb 118
Interne Exceptions 177
INTO-Klausel 137
INVALID 272
IS 16; 65
IS NOT 16

K

Klammern
  von Operanden 104
Kommandodatei 41
  Argumente an 47
Kommentare 59
Kompilierungszeit 82
Konkatenation 110
Konstante 56; 73; 91
  Boolesche 57
  Deklaration 93
  numerische 57
Kontrollstruktur 125
  iterative 129
  konditionale 125
Konvertierung 88

L

Label 72; 129; 134; 207
Labelname 72; 73
last_row_count 198
last_row_id 198
last_sql_function_code 198
Laufzeit 95
Laufzeitverhalten 184; 294
Lebensdauer
  Variable 66
length 118
LEVEL 24
LIKE 107
LIST 38
LOG_BUFFER 3
long 268
long raw 268
Loop-Schleife 130
lower 119
lpad 119
ltrim 120

M

max 113
min 113
mod 114
Modularisierung 201
Module 201

Multi-Threaded-Server 3
mutating table 268

N

Nachricht 306
Namensgebung 54
Namenskonflikte 66; 93; 265
namentliche Übergabe 147; 222
Netzwerkaufruf 32
Netzwerkbelastung 79; 230
NEXTVAL 23
NLS_DATE_FORMAT 90
NO_DATA_FOUND 173
NOT IN 108
NOT LIKE 107
NOT NULL 17; 77; 83; 92
NULL 16; 105; 107; 110

O

Objekt
  Abhängigkeit 274
  öffentliche 236
  private 236
Objektnamen
  unqualifizierte 273
Objektprivileg 277
OCI-Programm 78
Operator
  binäre 103
  logische 108
  unäre 103
Operatorpriorität 103; 104; 111
OR 108; 110
Oracle-Applikation 245
Oracle-Fehlernummer 172
Oracle-Instanz 20
Oracle-Server 27
Oracle-Werkzeug 208
Others-Exceptionhandler 165
OUT 204

P

Package 202
  kompiliert 231
  standard 301
Packagebody 235; 239
Packagename 239
Package-Spezifikationsteil 233
Packagevariable 236; 239; 247; 298
Parameter 145; 218
  aktuelle 217
  formale 217
Parameterleiste 204; 217
Parametermodus 218
  IN 218
  IN OUT 219
  OUT 219
Parametrisierte Cursor 140
P-Code 26; 233
Pipe 304
PL/SQL-Batchjobs 305
PL/SQL-Block 34
  Aufruf 41
PL/SQL-Interpreter 211
PL/SQL-Objekte 3
  kompiliert 3; 215
PL/SQL-Prozessor 26; 34; 228; 242
  am Client 29; 30
PL/SQL-Symbole 58
PL/SQL-Syntaxfehler 54
PL/SQL-Tabelle 77; 97; 298
PL/SQL-Versionen 29
Platzhalter 46
Positionale Übergabe 147; 222

power 115
PRAGMA EXCEPTION_INIT 175
Pragma-Anweisung 299
Precompiler 31
Primärschlüssel 8; 78; 97
Privileg 245; 273
  CREATE PROCEDURE 281
PROCEDURE 204
Procedure Builder 283
Programmausführung 170
Programmcursor 136
Programmeinheiten 49
Programmentwicklung 294
Programmkontrolle 208
Programmschleife 129
Prozedur 63; 202
  Spezifikation 203
prozedurale Option 26; 49
Prozedurkopf 203
Pseudospalten 23
PUBLIC 10
Punktnotation 87; 245
put 159

R

raise 176
raise_application_error 181
RDBMS 271
Record 76; 79; 298
Recordkomponente 96
Recordvariable 85; 87; 96; 154
  initialisieren 85
Redo Log Buffer 3
Redo-Log-Datei 5
Referenzbedingung 264
RENAME 14
REPLACE
  Trigger 264
RETURN 140; 208
REVOKE 14
RNDS 299
RNPD 299
ROLLBACK 19; 161
Rolle 279
  Status 279
round 116
ROWID 22
ROWNUM 22
rpad 119
Rückwärtspositionierung 142
RUN 39

S

SAVE 38
Savepoint 19; 161
Schema 7
Schemabereich 278
Schleifenlabel 72
Schleifenrumpf 131
Schlüsselwort 55
Schnittstelle zu Applikationen 236
Segment 6
SELECT 17
Select-Liste 140
Sequenz 7
Server 29
SERVEROUT 158
SERVEROUTPUT 159
Session 20
SET ROLE 21
SGA 2; 230
SHOW ERROR 285
Sichtbarkeitsbereich 101

sign 115
Speicherbereich 91
Spezifikationsteil 235
  Package 236
SPOOL 36
Sprachschnittstellen 294
SQL 11
  Aufruf von Funktionen 296
  dynamisch 184
SQL%FOUND 151
SQL%ISOPEN 151
SQL*Forms 28
SQL*Plus 33; 158
  Hilfesystem 36
sqlcode 113; 123; 167
sqlerrm 113; 167
SQL-Operatoren 102
SQL-Prozessor 26; 272
sqrt 115
Standardmodus 219
Standard-Package 175
Start 47
Status 272
Statusattribut 271
Statusinformation 143
Steuerdateien 5
STORAGE_ERROR 225
StoredProcedure 63; 202; 213; 230; 272
  alleinstehende 227
  Ausführung 284
  Nachladen 230
  Start-Kommando 284
StoredProcedure: 213
substr 121
Symbole 53
Synonym 8
SYS 9
sysdate 122
Systemprivileg 277
Systemtabellen 9

T

Tabelle 7
Tabellenconstraints 266
Tabellenspalte 76
Tablespace 6
  SYSTEM 6
Textdatei 284
THEN 126
TO_CHAR 90
TO_NUMBER 90
Top-Down-Vorgehensweise 236
Tracing 21
Transaktion 18; 20; 35; 79; 161; 230
Transaktionssteuerung 49; 267; 302
translate 121
Trennzeichen 54
Trigger
  after 254
  Aktivierung 251
  before 254
  Deaktivierung 266
  Einschränkungen: 267
  kaskadierende 259
  When-Bedingung 259
Triggeraufbau 256
Triggerbody 259
Triggername 266
Triggertypen
  Anweisungstrigger 254
  Zeilentrigger 253
TRUE 111
trunc 116

TRUNCATE 17
Typdeklaration 231
TYPE 77; 79
Typkonvertierung
  explizit 89
  implizit 210

Ü

Übergabemodus 223
Übergabeparameter 220
Übersetzungszeitpunkt 186; 230

U

Umgebungsvariable 39; 220
Unterprogramm
  öffentlich 214
Unterprogrammaufruf 208
user 124
user_dependencies 290
user_errors 290
user_object_size 291
user_source 291
user_sys_privs 280

V

VALUE_ERROR 90; 99
Value-Klausel 15
Variable 65; 73; 91
Variablenbezeichner 100
Verdrängung 230
Vergleichoperator 111
Vergleichsoperatoren 106
verteilte Datenbanken 247
View 7
Vorwärtsdeklaration 92; 223

W

Wahrheitstafel 109
WHEN 164
Where-Klausel 146
While-Schleife 132
WNDS 299
WNPS 299

Z

Zeichenkette 109; 119
Zeichenkonstante 56
Zeichensatz 53
Zeilentrigger 258; 264
Zeitstempel 274
Zugriffspfad 141
Zugriffsrecht 277
Zuweisung 99
Zuweisungsoperator 95; 205; 220

Springer und Umwelt

Als internationaler wissenschaftlicher Verlag sind wir uns unserer besonderen Verpflichtung der Umwelt gegenüber bewußt und beziehen umweltorientierte Grundsätze in Unternehmensentscheidungen mit ein. Von unseren Geschäftspartnern (Druckereien, Papierfabriken, Verpackungsherstellern usw.) verlangen wir, daß sie sowohl beim Herstellungsprozess selbst als auch beim Einsatz der zur Verwendung kommenden Materialien ökologische Gesichtspunkte berücksichtigen. Das für dieses Buch verwendete Papier ist aus chlorfrei bzw. chlorarm hergestelltem Zellstoff gefertigt und im pH-Wert neutral.

Wir wollen unsere Computerbücher noch besser machen!

Das können wir aber nur mit Ihrer Hilfe. Deshalb möchten wir Sie bitten, die Karte ausgefüllt an uns zurückzuschicken. Alle Kommentare und Anregungen sind willkommen.

Herzlichen Dank für Ihre Unterstützung.

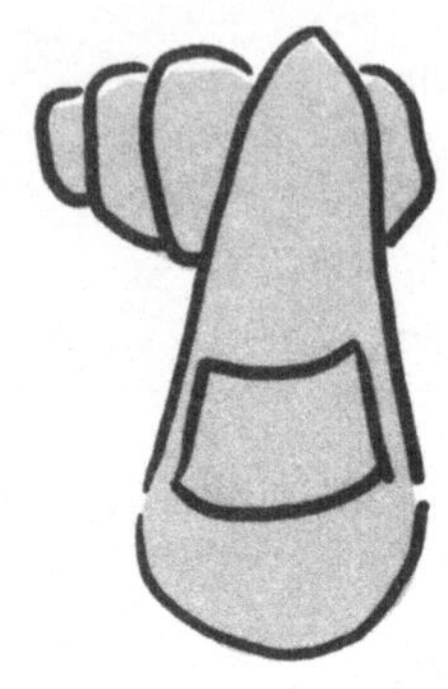

[you]

Enter Springer. Enter Solution.

[sir]

user

Was erwarten Sie von unseren Computerbüchern, und wie werden Ihre Erwartungen erfüllt?	**Bitte geben Sie an, wie wichtig für Sie die Kriterien sind.**	**Bitte vergeben Sie Noten, wie dieses Buch Ihre Erwartungen erfüllt.**
wertvolle Hinweise für die Lösung konkreter beruflicher Aufgaben	sehr wichtig ☐1 ☐2 ☐3 ☐4 ☐5 unwichtig	sehr gut ☐1 ☐2 ☐3 ☐4 ☐5 unzureichend
ausführliche Darstellung neuer Theorieansätze	sehr wichtig ☐1 ☐2 ☐3 ☐4 ☐5 unwichtig	sehr gut ☐1 ☐2 ☐3 ☐4 ☐5 unzureichend
Fortbildung über das Tagesgeschäft hinaus	sehr wichtig ☐1 ☐2 ☐3 ☐4 ☐5 unwichtig	sehr gut ☐1 ☐2 ☐3 ☐4 ☐5 unzureichend
einen schnellen Überblick über neue Produkte und Verfahren	sehr wichtig ☐1 ☐2 ☐3 ☐4 ☐5 unwichtig	sehr gut ☐1 ☐2 ☐3 ☐4 ☐5 unzureichend
nützliche Computersoftware auf einer beiliegenden Diskette/CD-ROM	sehr wichtig ☐1 ☐2 ☐3 ☐4 ☐5 unwichtig	sehr gut ☐1 ☐2 ☐3 ☐4 ☐5 unzureichend

[you]

[sir]

user

Enter Springer. Enter Solution.

Internet: http://www.springer.de

Türscher: PL/SQL

Absender

Name ....

Straße ....

PLZ/Ort ....

Wofür nutzen Sie dieses Buch?

☐ Berufliche Weiterbildung – Branche ....

☐ Studium – Fach .... Semester ....

☐ Privat

Antwortkarte

An

Springer-Verlag
Product Manager, Planung Informatik
Tiergartenstraße 17
D-69121 Heidelberg

Bitte freimachen falls Briefmarke zur Hand.